《列国志》编辑委员会

主　任　陈佳贵
副主任　黄浩涛　武　寅
委　员　（以姓氏笔画为序）
　　　　于　沛　王立强　王延中　王缉思
　　　　邢广程　江时学　孙士海　李正乐
　　　　李向阳　李静杰　杨　光　张　森
　　　　张蕴岭　周　弘　赵国忠　蒋立峰
　　　　温伯友　谢寿光
秘书长　王延中（兼）　谢寿光（兼）

中国社会科学院重大课题
国家"十五"重点出版项目

读者反馈卡

所购图书书名: _____

购书地点:
☐新华书店 ☐民营书店 ☐书摊 ☐网上书店 ☐超市或机场
☐本社图书展销厅 ☐邮购

购书日期: _____ 年 __ 月 __ 日

您购买本书的动机:
☐封面吸引 ☐书名吸引 ☐内容题材 ☐作者知名度 ☐广告促销
☐其他（请注明）_____

您从哪里得知本书信息:
☐在书店偶然碰到 ☐报刊书评或书目介绍 ☐广告 ☐亲友推荐
☐本社其他图书上的相关链接广告 ☐其他（请注明）_____

您对本书的满意度:
☐很满意 ☐较满意 ☐一般 ☐不满意 ☐很不满意

您通常以哪种方式购买图书:
☐书店 ☐书摊 ☐网上书店 ☐邮购 ☐书市 ☐本社图书展销厅
☐超市或机场 ☐其他（请注明）_____

您是否浏览过我们的网站 www.ssdph.com.cn:
☐是 ☐否

您认为本社的产品和服务需要在哪些方面进行改进:
☐选题 ☐装帧和版式设计 ☐购书便利 ☐信息的有效送达

其他意见与建议: _____

读者反馈卡

请您填写以下内容并将此问卷寄回给我们:
地址：北京市东城区先晓胡同 10 号 社会科学文献出版社 网络出版中心
邮编：100005
或者直接将您的想法 E-mail 至: ssdph@ssdph.com.cn
感谢您! 您的意见将能够帮助我们今后的工作,同时您也将能够在第一时间获得我社不定期出版的最新书讯《阅读引擎》及相关礼品。

预了解更多相关信息请登陆社会科学文献出版社网站 www.ssdph.com.cn
邮购图书请联系 客户服务中心
电话：(010)85195284,85195875,65285539 传真：(010) 65230105

您的个人情况

姓名：_____ 性别：_____ 电话：_____ 电子信箱：_____
邮编：_____ 通讯地址：_____

您的学历：
☐高中、中专 ☐大专 ☐大学本科
☐双学位、硕士 ☐博士

您的年龄：
☐22 岁以下 ☐22-25 岁 ☐25-35 岁
☐35-45 岁 ☐45-55 岁 ☐55 岁以上

您的职务／身份：
☐董事长／企业所有人 ☐部门／项目经理 ☐政府官员 ☐专业技术人员
☐教师 ☐专家学者 ☐会计师、律师 ☐在校学生 ☐离退休人员
☐其他人员（请注明）：_____

列国志

GUIDE TO THE WORLD STATES

中国社会科学院《列国志》编辑委员会

国际货币基金组织

● 王德迅 张金杰 编著

社会科学文献出版社
Social Sciences Academic Press (China)

国际货币基金组织会徽

位于美国华盛顿的国际货币基金组织总部大厦

卡米勒·卡特，1946～1951年间担任基金组织首任总裁

艾瓦尔·鲁斯，1951～1956年间担任基金组织总裁

皮尔·雅各布森，1956～1963年间担任基金组织总裁

保罗·施威泽，1963～1973年间担任基金组织总裁

约翰尼斯·韦特文，1973～1978年间担任基金组织总裁

雅克·德拉罗西埃，1978～1987年间担任基金组织总裁

米歇尔·康德苏，1987～2000年间担任基金组织总裁

霍斯特·科勒尔，2000～2004年间担任基金组织总裁

2004年5月4日,罗德里戈·拉托当选国际货币基金组织总裁

国际货币基金组织现任第一副总裁安妮·克鲁格

国际货币基金组织财务官员在工作

霍斯特·科勒尔（右一）与世界银行行长沃尔芬森（左一）在国际货币基金组织/世界迪拜年会上（2003年9月）

国际货币基金组织中国执行董事魏本华（左一）与其他执行董事交谈（2002年）

1946年，国际货币基金组织董事会在美国佐治亚州莎瓦纳召开成立大会。图为美国财政部长助理怀特（左）与英国财政部荣誉顾问凯恩斯交谈

1999年4月19日在华盛顿总部召开的国际货币基金组织执行董事会议

国际货币基金组织工作小组与阿富汗当地官员合影(2003年)

国际货币基金组织和世界银行对重债务国圭亚那的援助项目

前　言

自 1840 年前后中国被迫开关、步入世界以来，对外国舆地政情的了解即应时而起。还在第一次鸦片战争期间，受林则徐之托，1842 年魏源编辑刊刻了近代中国首部介绍当时世界主要国家舆地政情的大型志书《海国图志》。林、魏之目的是为长期生活在闭关锁国之中、对外部世界知之甚少的国人"睁眼看世界"，提供一部基本的参考资料，尤其是让当时中国的各级统治者知道"天朝上国"之外的天地，学习西方的科学技术，"师夷之长技以制夷"。这部著作，在当时乃至其后相当长一段时间内，产生过巨大影响，对国人了解外部世界起到了积极的作用。

自那时起中国认识世界、融入世界的步伐就再也没有停止过。中华人民共和国成立以后，尤其是 1978 年改革开放以来，中国更以主动的自信自强的积极姿态，加速融入世界的步伐。与之相适应，不同时期先后出版过相当数量的不同层次的有关国际问题、列国政情、异域风俗等方面的著作，数量之多，可谓汗牛充栋。它们

国际货币基金组织

对时人了解外部世界起到了积极的作用。

当今世界，资本与现代科技正以前所未有的速度与广度在国际间流动和传播，"全球化"浪潮席卷世界各地，极大地影响着世界历史进程，对中国的发展也产生极其深刻的影响。面临不同以往的"大变局"，中国已经并将继续以更开放的姿态、更快的步伐全面步入世界，迎接时代的挑战。不同的是，我们所面临的已不是林则徐、魏源时代要不要"睁眼看世界"、要不要"开放"问题，而是在新的历史条件下，在新的世界发展大势下，如何更好地步入世界，如何在融入世界的进程中更好地维护民族国家的主权与独立，积极参与国际事务，为维护世界和平，促进世界与人类共同发展做出贡献。这就要求我们对外部世界有比以往更深切、全面的了解，我们只有更全面、更深入地了解世界，才能在更高的层次上融入世界，也才能在融入世界的进程中不迷失方向，保持自我。

与此时代要求相比，已有的种种有关介绍、论述各国史地政情的著述，无论就规模还是内容来看，已远远不能适应我们了解外部世界的要求。人们期盼有更新、更系统、更权威的著作问世。

中国社会科学院作为国家哲学社会科学的最高研究机构和国际问题综合研究中心，有11个专门研究国际问题和外国问题的研究所，学科门类齐全，研究力量雄

前言

厚,有能力也有责任担当这一重任。早在20世纪90年代初,中国社会科学院的领导和中国社会科学出版社就提出编撰"简明国际百科全书"的设想。1993年3月11日,时任中国社会科学院院长的胡绳先生在科研局的一份报告上批示:"我想,国际片各所可考虑出一套列国志,体例类似几年前出的《简明中国百科全书》,以一国(美、日、英、法等)或几个国家(北欧各国、印支各国)为一册,请考虑可行否。"

中国社会科学院科研局根据胡绳院长的批示,在调查研究的基础上,于1994年2月28日发出《关于编纂〈简明国际百科全书〉和〈列国志〉立项的通报》。《列国志》和《简明国际百科全书》一起被列为中国社会科学院重点项目。按照当时的计划,首先编写《简明国际百科全书》,待这一项目完成后,再着手编写《列国志》。

1998年,率先完成《简明国际百科全书》有关卷编写任务的研究所开始了《列国志》的编写工作。随后,其他研究所也陆续启动这一项目。为了保证《列国志》这套大型丛书的高质量,科研局和社会科学文献出版社于1999年1月27日召开国际学科片各研究所及世界历史研究所负责人会议,讨论了这套大型丛书的编写大纲及基本要求。根据会议精神,科研局随后印发了《关于〈列国志〉编写工作有关事项的通知》,陆续为启动项目拨付研究经费。

为了加强对《列国志》项目编撰出版工作的组织协调，根据时任中国社会科学院院长的李铁映同志的提议，2002年8月，成立了由分管国际学科片的陈佳贵副院长为主任的《列国志》编辑委员会。编委会成员包括国际片各研究所、科研局、研究生院及社会科学文献出版社等部门的主要领导及有关同志。科研局和社会科学文献出版社组成《列国志》项目工作组，社会科学文献出版社成立了《列国志》工作室。同年，《列国志》项目被批准为中国社会科学院重大课题，国家新闻出版总署将《列国志》项目列入国家重点图书出版计划。

在《列国志》编辑委员会的领导下，《列国志》各承担单位尤其是各位学者加快了编撰进度。作为一项大型研究项目和大型丛书，编委会对《列国志》提出的基本要求是：资料详实、准确、最新，文笔流畅，学术性和可读性兼备。《列国志》之所以强调学术性，是因为这套丛书不是一般的"手册"、"概览"，而是在尽可能吸收前人成果的基础上，体现专家学者们的研究所得和个人见解。正因为如此，《列国志》在强调基本要求的同时，本着文责自负的原则，没有对各卷的具体内容及学术观点强行统一。应当指出，参加这一浩繁工程的，除了中国社会科学院的专业科研人员以外，还有院外的一些在该领域颇有研究的专家学者。

前言

　　现在凝聚着数百位专家学者心血、约计200卷的《列国志》丛书，将陆续出版与广大读者见面。我们希望这样一套大型丛书，能为各级干部了解、认识当代世界各国及主要国际组织的情况，了解世界发展趋势，把握时代发展脉络，提供有益的帮助；希望它能成为我国外交外事工作者、国际经贸企业及日渐增多的广大出国公民和旅游者走向世界的忠实"向导"，引领其步入更广阔的世界；希望它在帮助中国人民认识世界的同时，也能够架起世界各国人民认识中国的一座"桥梁"，一座中国走向世界、世界走向中国的"桥梁"。

《列国志》编辑委员会

2003年6月

CONTENTS

目 录

序　　言 / 1

第一章　国际货币基金组织的诞生 / 1

一　第二次世界大战前的国际货币制度 / 1
　　1. 国际货币制度 / 1
　　2. 国际金本位制度的形成 / 2
　　3. 国际金本位的垮台 / 3
二　国际货币基金组织的诞生 / 5
　　1. 怀特计划与凯恩斯计划 / 5
　　2. 以基金协定为法律基础 / 7
三　国际货币基金组织的先天缺陷 / 7
　　1. 布雷顿森林体系的崩溃 / 7
　　2. 旧货币体系下国际货币基金组织的作用 / 10

第二章　国际货币基金组织的性质与职责 / 14

一　国际货币基金组织的性质 / 14
　　1. 国际货币基金组织的宗旨 / 14
　　2. 具体的行动准则 / 15
二　国际货币基金组织的职责 / 16

CONTENTS 目 录

  1. 评估与监督的一般职责 / 16

  2. 实施有效监督的必要条件 / 19

  3. 国别监督 / 20

  4. 全球监督 / 22

 三 国际货币基金组织的汇兑安排与对危机的预测 / 25

  1. 对成员国的汇兑安排 / 25

  2. 国际货币基金组织对金融危机的预测 / 25

第三章 国际货币基金组织资金来源及其运作 / 28

 一 特别提款权的设立 / 28

  1. 设立的艰辛 / 28

  2. 新国际储备货币的诞生 / 31

 二 普通提款权 / 33

  1. 普通提款权的创立与使用 / 33

  2. 两种提款权的区别 / 35

 三 特别提款权的分配与交易 / 37

  1. 特别的一次性分配 / 37

  2. 特别提款权的定值、利率与交易 / 37

  3. 特别提款权的持有格局 / 38

CONTENTS

目 录

  四 资金来源与贷款 / 39
   1. 成员国应缴纳份额 / 39
   2. 普通资金账户下的资金存款 / 42
   3. 国际货币基金组织的贷款 / 42
   4. 其他收入与负担分摊 / 47
   5. 资金保障原则 / 49

第四章 成员国资格与内部机构设置 / 52

  一 成员国资格 / 52
   1. 申请条件 / 52
   2. 退出条件 / 54
   3. 成员国份额及其投票权 / 55
  二 内部机构设置 / 58
   1. 理事会 / 59
   2. 执行董事会 / 61
  三 国际货币和金融委员会及发展委员会 / 62
   1. 国际货币和金融委员会 / 62
   2. 发展委员会 / 63
  四 国际货币基金组织职能部门情况 / 64

CONTENTS 目录

1. 地区部门 / 64
2. 其他职能和特殊服务部门 / 64
3. 信息与网络部 / 66
4. 辅助服务部门 / 67

五 国际货币基金组织内部人事管理 / 68

1. 总裁的选举 / 68
2. 工作人员的任命与管理 / 69
3. 内部业务考核 / 77

第五章 与其他国际组织的关系 / 80

一 与世界银行的关系 / 80

1. 初期的分工 / 80
2. 亟待解决的业务分工 / 81
3. 两家机构目前日益加深的合作 / 83

二 与其他国际组织的关系 / 84

1. 与联合国的关系 / 84
2. 与国际清算银行的关系 / 85
3. 与世界贸易组织的关系 / 86
4. 与地区开发银行及政府集团的关系 / 86
5. 国际货币基金组织驻外三大办事处的国际联系 / 87

CONTENTS

目　录

第六章　**国际货币基金组织发展历史回顾** / 89

一　国际货币基金组织的初期发展 / 89
　1. 初期的平价制度 / 89
　2. 确立货币可兑换性受挫 / 92
　3. 国际经济格局发生的变化 / 94
　4. 牙买加协议下的汇率制度 / 97
二　国际货币基金组织的中期发展 / 98
　1. 国际金融市场的日益繁荣 / 99
　2. 欧洲美元市场的兴起 / 100
　3. 国际资本的自由流动浪潮 / 102
　4. 国际货币体系脆弱的问题 / 107
　5. 大量出现的金融衍生工具 / 109
三　欧元的诞生与国际货币基金组织的态度 / 111
　1. 欧元诞生的背景 / 112
　2. 国际货币基金组织对欧元诞生的态度 / 124

第七章　**墨西哥金融危机中的国际货币基金组织** / 126

一　墨西哥金融危机情况简介 / 126

CONTENTS

目 录

  1. 危机前的金融改革措施 / 126
  2. 金融风险的剧增 / 127
  3. 金融危机爆发 / 129
 二 国际货币基金组织的调查与援助 / 130
  1. 派出工作组和提供贷款 / 130
  2. 帮助调查金融危机的爆发根源 / 130

第八章 东南亚金融危机中的国际货币基金组织 / 136

 一 东南亚金融危机情况简介 / 136
  1. 泰国金融危机爆发过程 / 136
  2. 东南亚金融危机全面爆发 / 139
 二 国际货币基金组织在金融危机中紧急行动 / 141
  1. 苛刻的国际货币基金组织援助条件 / 141
  2. 国际货币基金组织的援助效果 / 143
 三 国际货币基金组织对东南亚金融危机的认识与总结 / 149
  1. 对危机性质的判断 / 149
  2. 坚持经济开放的立场 / 152

CONTENTS

目 录

  3．坚持对外资的导向与管理／153
 四 国际社会对国际货币基金组织在危机中
   作用的评价／154
  1．危机前的预警作用／154
  2．危机中给予力所能及的援助／155
  3．关于苛刻的援助条件／156

第九章 进入21世纪的国际货币基金组织发展趋势／159

 一 新世纪国际货币基金组织面临的新问题／159
  1．虚拟经济的发展／159
  2．发达国家的虚拟经济／161
  3．国际资本流动的证券化／165
  4．国际银行业的规模垄断趋势明显／167
  5．金融创新与金融风险的同步增加／170
 二 国际货币基金组织的应对措施／174
  1．制定"金融部门评估规划"／175
  2．促进国际标准与守则的实施／176
  3．加强储备充足性的管理／177

CONTENTS 目 录

4．建立"早期预警系统"／177

第十章　大势所趋的国际货币基金组织改革／179

一　改革的必要性／179

1．关于重建国际货币体系／179

2．改革与建议／181

二　来自国际货币基金组织内部的改革压力／186

1．从总裁之争看大国矛盾／186

2．美、欧、日的总裁之争／189

三　国际货币基金组织的改革方向／192

1．管理层的立场／192

2．日趋明确的改革方向／194

3．不容乐观的改革前景／196

第十一章　中国在国际货币基金组织中的地位与影响／200

一　中国与国际货币基金组织的关系／200

1．席位的恢复与初期的份额／200

2．中国的增资与最新份额／201

CONTENTS

目 录

二 在国际货币基金组织中的地位与影响／202
　1．国际货币基金组织中的模范成员国／202
　2．合作日益加深的相互关系／203

附 录

国际货币基金组织协定（节选）／205

附表1　国际货币基金组织主要成员国配额和
　　　　投票权／254

附表2　储备资产官方持有额（10亿特别提款权）／258

附表3　各种货币占可识别的官方外汇储备持有总额的
　　　　比重／260

附表4　官方外汇持有的货币构成（百万特别提款权）／261

附表5　1995～2000年间各财政年度按贷款和
　　　　政策分类的基金组织信贷余额／263

附表6　减贫与增长贷款、捐款估计数／264

主要参考文献／266

序　言

作为与世界银行、世界贸易组织并列的三大国际经济组织，国际货币基金组织从成立至今，见证了当代世界经济的发展。将其几十年来的发展历程及工作职责、在国际货币体系中的作用与影响等方面，比较详尽地介绍给广大读者，是经济学者义不容辞的责任。在查阅了大量文献资料并同有关学者进行交流的基础上，我们终于完成了这本书的编写工作。

成立已历经半个多世纪的国际货币基金组织，其目前在世界经济中的作用与影响，当然已远不及布雷顿森林体系的时代。在那个时代，国际货币基金组织成为稳定国际货币体系的核心机构。国际货币基金组织以《国际货币基金协定》为宪章，将其功能定位在维持国际货币体系的稳定方面。而《国际货币基金协定》也成为二战后国际货币金融领域的行为准则，使各成员国有了统一的货币行为标准。应该说，在布雷顿森林体系下，国际货币基金组织对于保持国际货币和金融体系的稳定，促进世界经济的发展，做出了应有的贡献。

但是，由于国际货币体系的内在因素和矛盾，最终造成了布雷顿森林体系的崩溃。作为布雷顿森林体系的遗产，国际货币基金组织并未因该体系的崩溃而垮台。20世纪80年代后，伴随着金融全球化的迅速发展，在国际资本流动规模巨大、流动速度加快的情况下，国际货币基金组织显得越来越难以应对形势的变化。它经常是哪里发生金融危机,便以"消防队员"的身份出现在哪里,努力帮助有关国家摆脱危机。但是,对于解决这些危机背后的国际金融体制性问题,国际货币基金组织总是显得那样的无能为力。面对墨西哥金融危机、东南亚金融危机等一系列重大金融事件,尽管国际货币基金组织都是努力提供援助,但却往往招致来自许多方面的批评和责难。在新的世界经济形势下,人们要求国际货币基金组织进行改革的呼声日渐高涨,许多改革建议和方案汹涌而出。可以说,从重建国际货币金融体系的角度而言,国际货币基金组织的改革是一种必然的趋势。

对于那些希望了解当代国际金融历史、现状和发展趋势的读者来说,熟悉国际货币基金组织的发展历程、组织结构、工作职能和目前的工作状况,无疑是一个很好的切入点。同时,伴随着经济国际化进程的加快,中国与包括国际货币基金组织在内的国际经济组织之间的合作,将会日益密切,越来越多的人也希望更详细地了解这些国际经济组织。正是基于这种背景,我们努力地做好本书的编写工作。但囿于资料不足和我们水平的有限,错误和遗漏之处在所难免。在此,我们真诚地希望能够得到读者的批评和指正。

在本书的写作过程中,社会科学文献出版社的杨群、宋培军、李敏等同志提出了许多宝贵的建议,并进行了辛勤的编辑工作。我们向他们表示衷心的感谢。对于其他所有帮助和支持本书编写工作的朋友们,在此一并致谢。

王德迅　张金杰

2004年6月于北京

第一章

国际货币基金组织的诞生

国际货币基金组织（International Monetary Fund, IMF），是一个全球性的国际金融组织，是所有国际金融组织中规模最大、成员最多、影响最广泛的国际性机构。作为第二次世界大战后国际货币体系的核心，国际货币基金组织在加强国际经济与货币合作、稳定国际金融秩序等方面，发挥着极为重要的作用。

一 第二次世界大战前的国际货币制度

1. 国际货币制度

所谓国际货币制度，是指各国政府根据货币在国际范围内发挥世界货币职能所确定的原则、采取的措施和建立的组织形式，以适应国际贸易和国际支付的需要。国际货币制度一般包括如下主要内容：

第一，确定各国货币比价。各国之间的货币要确定一个比价，即确定一个汇率。在确定比价的同时，各国政府一般还要规定货币比价确定的依据、浮动界限以及维持汇率水平所采取的措施等。

第二，各国货币的兑换性与对国际支付所采取的措施。各国政府一般都颁布相关金融法规，以确定本国货币是否对外支付进行限制等方面的问题。

第三，确定国际储备资产。为应对国际支付的需要，各国都要有一定数量的为世界各国所接受的国际储备资产。

第四，国际结算原则。一国对外的债权债务，或者立即进行结算，并在国际结算中实行自由的多边结算；或者进行定期结算，并实行限制的双边结算。

第五，黄金外汇流动与转移是否自由。在一定时期内和在某些国家中，黄金外汇的流动与转移或是没有限制，可以自由流动，或是限制流动与转移。例如有的国家规定，黄金外汇可以在一定的范围内，在同一的货币区内自由流动，而在货币区外则没有自由等。

2．国际金本位制度的形成

第一次世界大战前，世界主要资本主义国家都实行金本位制度。顾名思义，金本位意味着黄金是最可靠的保值货币。在金本位制度下，各国政府规定的自由铸造、自由兑换和黄金自由输出输入构成这个制度的三大特点。具体来说，按照金本位，黄金作为合法货币同银行券一起在国内市场流通，银行券可以换成黄金。在国际上，只有当多数国家按相当固定汇率维持黄金与本国货币单位之间双行道的无限制兑换，黄金在很大程度上不受干预地自由输出输入的时候，国际性的金本位制才得以存在。但充分的完全国际金本位制度实际上大约在第一次世界大战前40年才流行。

完全金本位制度首创于英国。英国1816年的《铸币法》授权铸造金币。到1821年，硬币才取得充分可兑换能力。英国能

第一章 国际货币基金组织的诞生

通行金本位制,其原因在于英国的官方黄金和白银的比价有利于黄金,造成套汇者把黄金运到英国,把白银运出英国。19世纪,英国雄居工业化和世界贸易的首位,提高了黄金同货币联系的威信。1791年,美国在其《铸币法》中曾规定,美元和银元同时存在的复本位制。在其他欧洲国家中,法国等国家也实行复本位制。这些国家努力稳定金本位和银本位货币之间的汇率。英镑和法郎之间由它们的相对黄金含量相联系。

1865年,欧洲成立了拉丁货币同盟,包括法国、比利时、瑞士、意大利和希腊。但这期间的国际性金本位制仍未形成。德国、荷兰、瑞典、芬兰和亚洲国家都在采用银本位。直到1878年前后才过渡到金本位制或可兑换纸币制。美国和日本都是在1897年才开始正式采取金本位,金本位也就是在这一时期才在世界许多国家普遍被采用。总的来说,第一次世界大战前国际金本位制度是一个统一而松散的国际货币制度。

3. 国际金本位的垮台

在金本位制下,各国货币都与黄金挂钩,由于金本位制存在一些可以自动调节各国国际收支平衡的有力机制,在19世纪末20世纪初世界经济处于繁荣、稳定时期,由于物价水平具有相当大的灵活性,并且英镑作为国际惟一重要的外汇储备货币不存在信心问题,所以金本位制运行顺利。但是,国际性的金本位实行时间并不长。由于第一次世界大战,特别是20世纪20年代末开始的世界性经济萧条,各国政府不得不加强货币管理。第一次世界大战后的10年中,金本位由于种种困难(如黄金不足,分配失衡等)运行不灵,国际金融货币制度处于极端不稳定的状况,且日益严重。到了1929年爆发世界经济大危机,主要资本主义国家之间矛盾加深,贸易战、货币战愈演愈烈,各国无法维持金融货币稳定,纷纷被迫放弃金本位。1931

年，英国放弃了金本位。美国则因担心削弱美国出口商品的竞争能力而拒绝固定美元与黄金的比价，1934年美国停止了私人以美元购买黄金的交易，美元对黄金的比价下跌了60%，每盎司黄金的价格由20.67美元提高到35美元。虽然美元可以兑换黄金，但已经取消铸造金币和发行金证券，全部货币供应都是现钞和信用货币。只有按照财政部的规定，才能购买、出卖、持有和使用黄金。实际上，财政部只向外国中央银行或官方机构出售黄金，还供应合法的国内工业使用黄金。继英、美之后，法国等几个金本位集团的国家也不得不放弃金本位，这样造成国际金本位制度的最终崩溃。

国际金本位的垮台，造成国际货币关系的一片混乱。正常的国际货币秩序遭到破坏，西方国家组成相互对立的货币集团，加强外汇管制，实行外汇倾销，进行激烈的货币战。这种情况对20世纪30年代世界经济危机起着直接的重要的负面影响。为了避免重蹈历史覆辙，国际社会普遍认为，应尽快地创立一个稳定的国际货币制度，并以这一货币制度为基础，建立能够获得广泛认可的国际贸易和国际金融的行为准则。

早在1936年9月，英国、美国和法国三个西方大国为了恢复秩序，达成了《三国货币协定》（Tripartite Declaration）。在该协定中，三个国家承认对汇率的国际责任，同意对汇率的行动相互磋商，并采取稳定的措施。三国还同意，应维持协定成立的汇价，尽可能不再实行货币贬值，并共同合作以维持稳定的货币关系。同年10月，三国又签订了关于自由兑换黄金的《三国黄金协定》。后来，由于三国间出现各种矛盾，未能实际履行《三国货币协定》和《三国黄金协定》。尽管如此，在某些方面（如制止外汇倾销），三个国家建立的货币协定，还是收到了一些效果。更为重要的是，这些协定为国家间建立国际合作，谋求货币稳定进行了有益的先期探索，也为在第二次世界大战后建立新的国际货币体系,积累了可资借鉴的经验。

二 国际货币基金组织的诞生

1. 怀特计划与凯恩斯计划

早在第二次世界大战结束之前,美、英等国就进行了频繁的接触,彼此交换意见。它们准备汲取历史经验教训,以重建战后金融货币体系。其中,首先发起这一活动的是美国。美国的目的,一方面是为了改变20世纪30年代资本主义世界货币金融关系的混乱局面,另一方面,更为重要的,是为了取代英国在世界的经济大国地位,建立一个以美元为支柱的国际货币体系。于是,在战争期间,美国政府就提出了关于战后国际货币金融体系的"怀特计划"。但是,英国并不甘心轻易失去其旧日国际霸主的地位,从其本国利益出发,提出了"凯恩斯计划"。

①怀特计划

所谓怀特计划,是美国财政部官员怀特提出的"国际稳定基金"方案。方案规定,各国必须缴纳资金来建立国际货币基金组织,各国的发言权和投票权取决于各国缴纳份额的多少。国际货币基金组织发行一种国际货币,名为"尤尼塔"(Unitas),作为计算单位,其含金量相当于10美元,各国货币与"尤尼塔"保持固定比价。

按照怀特计划,国际货币基金组织的主要任务是稳定汇率,并对会员国提供短期信贷以解决国际收支不平衡问题。美国提出怀特计划的中心目的是建立由自己一手操纵和控制的国际货币基金组织,从而获得国际金融领域的统治权。

②凯恩斯计划

所谓凯恩斯计划，是英国关于二战后国际货币体系的设想，是由英国财政部顾问、著名经济学家凯恩斯提出来的。凯恩斯建议，应当设立一个世界性的中央银行，即"国际清算联盟"。由"国际清算联盟"发行不兑现纸币"班柯尔"（意大利语 Bancor），并以此作为国际清算单位。通过"班柯尔"存款账户的转账，对各国官方的债权债务进行清算。

按照凯恩斯计划，各国在"国际清算联盟"所承担的份额，以战前三年进出口的平均贸易额计算。但是，会员国并不需要缴纳黄金或现款，而只是在"国际清算联盟"中开设往来账户。当一国国际收支有盈余时，就将款项存入账户。一旦发生赤字，则按规定的份额申请透支或提存。英国显然考虑到本国黄金缺乏，而在大战中大发横财的美国却垄断了世界黄金储备的一半，因而反对以黄金作为主要储备。

应该说，无论怀特计划还是凯恩斯计划，都反映了美、英两国经济地位的变化，是两国争夺世界金融霸权的一个缩影。由于美国的经济实力已经远远强于英国，在最终的方案确定中，还是怀特计划拔得头筹。1944年7月，在美国新罕布尔州的布雷顿森林，召开了有44国参加的"联合和联盟国家国际货币金融会议"。会议以怀特计划为基础，通过了《国际货币基金协定》（又称《布雷顿森林协定》）。从此，一个以美元为中心的国际货币体系开始形成。所谓以美元为中心，包括两个挂钩：一个是美元同黄金挂钩；另一个是其他国家货币同美元挂钩。这样，美元被公认为黄金的等价物。美元依靠黄金，取得了西方发达国家国际储备货币的特权地位。因此，从金本位到布雷顿森林体系，英国成为资本主义世界中最大的输家，它表明，美国已经接替英国，成为资本主义世界政治与经济的新盟主。

第一章 国际货币基金组织的诞生

2. 以基金协定为法律基础

根据《国际货币基金协定》，国际货币基金组织成为一个能够处理日常国际货币事务的全球性组织。可以说，这一协定，是国际金融历史上最大胆、最成功的一次国际货币合作。其基本运行规则，是在国际金本位制度的基础上，采取双挂钩的兑换安排。正如一位学者所言，国际货币基金组织是这样的一个合作机构："各会员国之所以自愿加入，是因为它们看到通过这一论坛与其他成员协商可以保持一个稳定的外汇买卖制度，并具有能够使国际间外汇支付顺利进行而不拖延的好处。"①

综上所述，国际货币基金组织是布雷顿森林体系的产物，是少数发达国家操纵国际金融体系彼此妥协的结果。但是，我们还必须看到，无论布雷顿森林体系还是维持这一体系的国际货币基金组织，对于稳定战后的国际货币金融体系，推动世界经济的发展，毕竟还是发挥了一定的积极影响和作用。这一点，应当予以充分的肯定。

三 国际货币基金组织的先天缺陷

1. 布雷顿森林体系的崩溃

从表面上看，布雷顿森林体系的建立，使人们看到了一个新的稳定的国际货币体系的形成，但是，实质上，美元已成为这个新体系的中心和支柱，并从法律上确立了美国在世界货币金融领域的绝对主宰地位。这样做的结果，也为以后这

---

① David D. Driscoll: "What is the Interarntional Monetary Fund", Washington D.C., *IMF*, 1994, p.1.

一体系的崩溃埋下了祸根。同样，这样做的结果，既是国际货币基金组织得以建立和发展的基础，也是其未来面临诸多指责的主要原因。

对美国来说，布雷顿森林体系的重要好处，是在堆积巨额国际收支赤字的情况下，美国可以利用它发行的债务偿还赤字，而不像其他国家必须用黄金、商品、外汇和劳务等偿还逆差。当然，美国这样做必须支付利息成本。外国私人和外国官方持有的美元余额，都是生息的美元债券或活期存款。而且，外国持有的巨额美元流进、流出美国，会造成美国货币市场的混乱。如果美国国际收支顺差，就意味着国际市场会出现"美元荒"（dollar shortage），相反，美国国际收支逆差，会使国际市场又出现"美元灾"（dollar glut）。当美元数量超过美国黄金储备总量时，整个国际货币制度就会崩溃。正如美国著名经济学家罗伯特·特里芬早在1959年指出的，由于布雷顿森林体系是以一国货币（美元）作为主要储备资产，具有内在的不稳定性，"势必随着（美国）国际收支逆差的日积月累而外债不断增加，以至最终无力按债权人的要求以黄金偿付这种债务"。[①] 布雷顿森林体系的这一缺陷，就是著名的"特里芬难题"或"特里芬悖论"。

事实正如特里芬教授所言。由于美国连年的国际收支逆差，使得美元的地位逐渐由强转弱。1951～1956年，美国平均每年的国际收支逆差约有20亿美元，1958～1962年，则上升到每年30亿美元。国际金融的特点从二战后初期的"美元荒"逐渐向美元过剩转化，美国黄金开始大量外流，对外短期债务剧增。进入20世纪60年代后，由于美国的国际收支逐渐恶化，美元危机越来越严重。这一结果，对国际货币制度的稳定构成了巨大的威

[①] 〔美〕杰拉尔德·M.迈椰：《世界货币秩序问题》，中国金融出版社，第304页。

胁。

在美元危机的影响下，美元汇率波动更加频繁而剧烈，这对世界投资和贸易都带来不利的影响。从20世纪70年代开始，由于美国商品在世界市场上的竞争力大为削弱，1971年出现了自1893年以来的第一次对外贸易逆差。在产生经济衰退时，政府采取增加财政支出、降低利率、放松银根、扩张经济的政策，结果加速了通货膨胀，资金大量外流，国际收支进一步恶化。1970年赤字高达220亿美元，当时美国黄金储备只有111亿美元，而对外短期债务猛增至678亿美元，还不够抵偿国外债务的1/6。

如果说，美国过去还能动用库存黄金来保持美元的霸权地位，但到了70年代就再也维持不下去了。1971年5月在美元爆发危机时，尼克松政府一筹莫展，只得于8月15日宣布实行"新经济政策"。新经济政策的核心是停止美元兑换黄金，并对进口商品增加10%的附加税，压迫西德和日本等国实行货币升值，以改善美国的国际收支状况。

面对国际金融市场极度混乱的情形，在国际货币基金组织的参与下，"十国集团"经过4个多月的讨价还价和激烈斗争于1971年12月18日在华盛顿举行的财政部长和中央银行行长会议上，达成妥协方案，这就是著名的《史密森协议》。

《史密森协议》的主要内容，是调整比价和扩大汇率波动范围。具体来说：①美元和黄金的比价贬值7.89%；②一些国家的货币对美元实现升值2.76%～7.66%不等；③将外汇市场汇率的波动幅度从黄金平价上下的1%扩大到平价上下各2.25%。

这个协议只是对付美元危机的暂时性措施，并没有解决各国货币关系中的根本性问题。关键在于，布雷顿森林体系是建立在美国的经济实力包括它对黄金的垄断的基础上，一旦这个条件消失了，整个体系自然就要发生动荡。

1972年6月～1973年初，美元又连续爆发了两次危机，美国政府再次将美元贬值10%，每盎司黄金官价提高到42.22美元。但仍不能平息这场危机风暴，于是，各主要资本主义国家普遍实行浮动汇率制，不再承担维持美元汇率的义务，美元也不再成为各国货币的中心。之后，其他国家也相继实行浮动汇率。

应当说，美元仅是一个国家的货币，布雷顿森林体系把它作为国际储备货币，以美元代替黄金充当世界货币，这就限制了黄金的货币作用。当时，只是由于美国垄断了巨额的黄金储备和对各国政府做了兑换黄金的保证，所以这一体系的确获得了成功，并持续了20多年的时间。但是，当美国的黄金大量流失和美元作为国际储备货币的物质基础大大削弱时，整个体系也就开始瓦解了。

美元停止兑换黄金和固定汇率制的垮台，既标志着二战后以美元为中心的货币体系已经瓦解，也意味着国际金融领域开始进入了一个动荡不安的时期。而以布雷顿森林体系为存在土壤的国际货币基金组织，将面临新的更多挑战。

2. 旧货币体系下国际货币基金组织的作用

布雷顿森林会议是在美国和英国主导下召开的，虽然美国谈判代表和英国谈判代表分歧较多，但他们存在一个共同的认识基础，即要对国际资本流动实行控制。国际货币基金组织的作用与影响，也自然会受布雷顿森林体系的局限。

可以说，布雷顿森林体系的形成，是国际货币历史上的里程碑，布雷顿森林协定的签订，认可了新的国际货币制度，国际货币基金组织成立成为其最重要的象征。国际货币基金组织的各项规定，成为二战后国际货币金融领域的行为准则，使各成员国有了统一的货币行为标准，使国际金融出现了相对稳定的局面，从而有力地推动了世界经济发展。

总的来说，从国际货币基金组织成立到布雷顿森林体系崩溃

第一章 国际货币基金组织的诞生

前的20多年时间里，按照基金协定的规定，它所发挥的作用及影响可以概括为：

第一，国际货币基金组织作为稳定二战后国际经济体系的核心机构，负责对货币事项进行国际磋商。每个国家一旦参加国际货币基金组织，即按它在国际贸易中的重要性分得一个份额。而一国的份额决定它在国际货币基金组织的投票权以及贷款额。每5年各成员国的份额要重新审定一次，以反映成员国在国际经济中相对地位的变化。

第二，美元直接与黄金挂钩，即各国确认1934年1月美国规定的35美元一盎司的黄金官价，各国政府或中央银行可用美元按官价向美国兑换黄金；其他国家的货币则与美元挂钩，把美元的含金量作为各国规定货币平价的标准，各国货币与美元的汇率可按各国货币的含金量来确定，或者不规定含金量而只规定与美元的比价。

第三，可调整盯住汇率制度（adjustable peg）。参加布雷顿森林会议的各国代表认为，自由浮动汇率使国际贸易与投资活动受到损害，而20世纪20年代长期固定不变的汇率制度又过于僵硬。因此决定采用一种可调整的盯住汇率制度。按照《国际货币基金协定》第四条第3款规定，各国货币对美元的汇率，一般只能在平价上下各1%的幅度内波动，各国政府有义务对外汇市场进行干预，以便保持外汇行情的稳定，使它不致背离平价过远。这样，各国货币便通过固定汇率与美元连接在一起，美元就成为世界主要国家货币所必须围绕的中心。根据该协定，只有在一国国际收支发生"根本不平衡"时，才允许贬值或升值2%。平价的任何变动都要经过国际货币基金组织的批准，事实上，在平价10%以下的变动可以自行决定，如在10%～20%之间，则需国际货币基金组织的同意，在72小时内做出决定，而更大的变动，则没有时间限制。

国际货币基金组织

第四，通过预先安排的资金融通措施，国际货币基金组织保证向成员国提供辅助性的储备资金来源。按照《国际货币基金协定》第三条规定，成员国份额的25%以黄金或可兑换成黄金的货币缴纳，其余部分（即份额的75%）则以本国货币缴纳。成员国在需要货币储备时，可用本国货币向国际货币基金组织按规定程序购买一定数额的外汇，并在规定期限内以购回本国货币的方式偿还所借用的款项。成员国所认缴的份额越大，得到的贷款也就越多，贷款只限于成员国用于弥补国际收支赤字，即用于贸易和非贸易的经常项目支付。普通资金账户是国际货币基金组织最基本的一种贷款。成员国借用普通资金的累计最高额为其份额的125%。国际货币基金组织的贷款实行分档政策，即根据贷款数额按比例分不同档次，给予不同的贷款条件。贷款数额不超过份额25%的称为储备部分贷款，该贷款没有任何限制，其余100%的贷款称为信用贷款部分贷款。这部分贷款分为四档，每档的贷款额都相当于份额的25%。第一档信用部分贷款的条件基本上没有限制，只要贷款国做出计划，说明借款是用于克服国际收支困难即可获得批准。其余的第二到第四档贷款被统称为高档信用部分贷款，档次越高，条件越苛刻。借款国不仅要支付更高的利息率，还必须制定内容广泛、有数量指标的具体计划，在保证实现并取得国际货币基金组织批准、接受其监督的条件下才能使用。

第五，取消外汇管制。《协定》第八条规定，成员国不得限制经常项目的支付，不得采取歧视性的货币措施，要在兑换性的基础上实行多边支付，要对现有国际协议进行磋商，这是成员国的一般义务。但有三种特殊情况例外。一是货币兑换性只适用于国际贸易中的经常项目，对经常项目的交易，不允许各国政府限制外汇的买卖，但允许对资本项目的交易采取管制措施；二是成员国在处于战后过渡期的情况下，由于条件不具备，也可延迟履

第一章　国际货币基金组织的诞生

行货币兑换性的义务，这类国家被称为"第四条款国家"，履行兑换性义务的，则被称为"第八条款国家"；三是成员国有权对"稀缺货币"采取临时性的兑换限制。

第六，制定了稀缺货币条款。《国际货币基金协定》采纳英国的意见，制定了这一条款。当国际货币基金组织已将持有的某国货币全部贷出，即该国国际收支持续大量盈余时，国际货币基金组织可将该国货币宣布为"稀缺货币"，并允许成员国在对稀缺货币发行国进行贸易时实行歧视，即国际货币基金组织可按逆差国家的需要实行限制分配，其他国家有权对"稀缺货币"采取临时性的兑换限制。

总之，布雷顿森林体系的形成，国际货币基金组织的建立，既是英国和美国妥协以满足西方国家利益的产物，也是顺应时代趋势的产物。只是由于国际货币体系的内在因素和矛盾，最终造成了其生存根基的布雷顿森林体系的崩溃。作为布雷顿森林体系的遗产，其时代局限性还没有得以根本性的改变，并不断招致批评和责难。但是，即使在布雷顿森林体系垮台后，在世界经济发展过程中，在推动国际货币合作方面，在帮助一些国家解决经济危机方面，以及在扶助最不发达国家方面，等等，国际货币基金组织还是能够发挥一些积极作用。它在这些方面的影响，往往是其他国际经济组织所无法相比的。

第二章

国际货币基金组织的性质与职责

一 国际货币基金组织的性质

1. 国际货币基金组织的宗旨

国际货币基金组织的宗旨,是对成员国的汇率政策进行监督,确保国际体系的有效运作。根据《国际货币基金协定》,国际货币基金组织的宗旨主要包括:

①国际货币基金组织是一个常设的、开放的全球性经济组织。通过这一组织,便于组织内各成员国就货币与金融问题进行商讨,通过协作以促进国际货币体系的稳定运行。

②国际货币基金组织要努力推动国际贸易规模的扩大与平衡发展,鼓励成员国制定提高就业水平与国民实际收入的经济政策,并帮助成员国促进生产资源的开发。

③促进汇率的稳定,是国际货币基金组织义不容辞的责任。国际货币基金组织应努力维持成员国间有秩序的外汇安排,避免竞争性的外汇贬值。

④作为维护国际贸易发展的一部分,国际货币基金组织应协助各成员国建立经常性交易的多边支付制度,消除妨碍世界贸易发展的外汇管制。

第二章　国际货币基金组织的性质与职责

⑤国际货币基金组织要在有充分保证的前提下，通过向成员国提供普通资金，使其有信心通过向国际货币基金组织借款调整其国际收支的不平衡，反对成员国采取有害于本国和国际贸易的措施。

⑥国际货币基金组织要努力帮助成员国尽快缩短国际收支周期，减轻其不平衡的程度。

上述六项是自国际货币基金组织成立以来连续一贯的宗旨。其中，第一、二项属于国际货币基金组织的总旨，其余都属于国际收支调节机制的范畴。

尽管时间已经过去了半个多世纪，具体的国际货币基金组织内部规章也进行过几次修改，但是，上述六点方针却成为一直不变的工作原则。国际货币基金组织认为，如果成员国的经济状况基本是健康的，汇率基本是稳定的，没有实行外汇管制并且货币可以自由兑换，那么，当其发生暂时性的国际收支困难时，国际货币基金组织就应该给予资金上的援助，帮助成员国度过暂时性的困难时期，使其尽可能不采取直接的外汇管制或易货贸易的下策，从而破坏自由贸易的正常运转。

2. 具体的行动准则

为了实现上述宗旨，针对如何维护国际货币体系的稳定，国际货币基金组织又制定了更为具体的国际货币行为准则。

①一个国家的外汇汇率并非仅仅一国的内部事务，它是国际上共同关心的事情。因此，一种平价制度应当建立在科学研究的基础上，并得到国际认可。国际货币基金组织所有的成员国，都必须按含金量或有特定含金量的美元来制定其通货平价。在没有与国际货币基金组织磋商之前，成员国不得改变这一平价，这样汇率就固定下来。为了维持汇率的稳定性，成员国的货币当局在其认为必要时，应当充当外汇市场上的差额买主或卖主，进行干

预，以防止汇率的上升或下降。国际货币基金组织认为，汇率可以定期变动，这样才符合"可调整挂钩"的要求。

②国际货币基金组织认为，除非出现某些暂时性的非常情况，一般不允许按经常性国际支付来控制汇率，也不允许成员国采取任何歧视性的货币安排。国际货币基金组织还反对采取多种货币汇率的做法。作为国际货币基金组织的成员国，有义务将其他成员国所持有的本国货币按照平价兑换回来。

③国际货币基金组织还要求，成员国的黄金和货币储备应当不断扩充。这样，当发生国际收支逆差时，国家就不会遭受通货紧缩和失业增加之苦。成员国在国际货币基金组织里的份额，应以提款权的形式表示。同时，每个成员国向国际货币基金组织的认缴额与其在国际货币基金组织里的份额相等。向国际货币基金组织认缴的资金组成一个国际货币储备库，成员国可以从这里得到短期的资金援助。国际货币基金组织认为，成员国所享有的用本国货币同国际货币基金组织兑换其他货币的权利，应当受国际货币基金组织综合规定的制约。

④对于国际收支不平衡，国际货币基金组织认为必须采取逆差国和顺差国双方共同承担的原则。在承认这一原则的前提下，按照协议，允许国际货币基金组织官员宣布某种货币发生"普遍稀少"。如果这个"稀少货币"条款对国际收支持续有巨大顺差的国家不利时，对稀少货币的兑换，成员国可以采取临时性限制措施，也可对它采取歧视性的外汇管制办法。

二　国际货币基金组织的职责

1. 评估与监督的一般职责

基于自身的宗旨，国际货币基金组织对成员国进行必要内容的评估与监督。这里所指的必要内容，是指成员

第二章 国际货币基金组织的性质与职责

国的经济发展政策与宏观经济稳定的目标是否一致。国际货币基金组织的评估工作是就这一内容与成员国进行定期讨论的。这样，在金融风险的萌芽阶段，国际货币基金组织就可以发出信号，帮助成员国及早采取纠正性的政策措施。

监督通常被认为是国际货币基金组织最重要的职责。从概念上说，国际货币基金组织的职责，来源于它最初作为布雷顿森林体系中固定但可调整的汇率平价制度的监督者角色。布雷顿森林体系虽然于20世纪70年代崩溃了，但毕竟国际货币基金组织仍然保留下来。确实，该组织维护国际货币体系的功能远不如20世纪70年代以前，其价值不断受到质疑，但是，成员国通过定期地增加该组织的资源，扩大国际货币基金组织的资金份额，证明了国际社会对其价值的认同。

在过去几十年的时间里，国际货币基金组织多次对《国际货币基金协定》进行修改。在1978年第二次新协定出台之前的旧协定中，提出为了维持成员国汇率的稳定，每个成员国都有义务建立本国货币平价。这种货币平价，可以用黄金表示，也可以用美元表示。例如，规定自己货币含金量的国家，可以通过同美元含金量的对比，同美元挂钩，确定对美元的汇率；没有规定本国货币含金量的国家，则可以只确定对美元的汇率。这一货币平价一经确定，便不能随意改变。为了矫正"根本失衡"而要改变这一货币平价，需征得国际货币基金组织的同意。

国际货币基金组织的监督行为，也是随着世界经济形势的变化而变化的。20世纪80年代以后，伴随着经济全球化和国际金融市场的一体化，国际货币基金组织日益感到其监督职责的重要性。尤其是1994年墨西哥金融危机和1997～1998年亚洲和俄罗斯危机，更增加了国际货币基金组织的这种使命感。

目前，国际货币基金组织的监督工作，重点放在那些容易受金融危机打击的因素。这些因素包括：金融体系、资本账户变化、薄弱的金融治理以及公债和外债管理。近年来，国际货币基金组织继续开发更好的分析工具，利用这些分析工具来评估储备充足性和容易受危机打击的程度。而且，国际货币基金组织努力将金融市场所有有关的发展情况纳入其监督活动。为了实施准确监督，国际货币基金组织还强调正确、及时和全面地报告统计数据的重要性，并鼓励成员国公布本国的经济与金融发展报告，以便让公共部门和私有部门做出更有依据的决定。国际货币基金组织认为，通过这样的努力，其监督工作的公正性，可以不断得到提高，重点也更加突出。

国际货币基金组织认为，国际货币制度的基本目标是提供一个框架以便于商品、劳务和资本的交易，并维持稳健的经济增长。按照这一基本目标，国际合作是确保金融和经济稳定的必要条件。成员国必须同国际货币基金组织和其他成员国合作，以获得有秩序的外汇安排，促进稳定的汇率制度的达成。这一切意味着成员国有义务调整其对内对外的经济和金融政策，并积极创造条件，促进在物价合理稳定下的有秩序的经济增长。

国际货币基金组织对会员国汇率政策的监督，实行多边监督和个别监督两种方式。通过多边监督，国际货币基金组织主要分析工业化国家国际收支和汇率政策的相互作用，并评估这些政策在何种程度上能促进一个健康的世界经济环境。以执行董事会和理事会临时委员会提出的《世界经济展望》为依据，对国际货币制度有重要影响的国家政策进行协调，尤其是加强西方发达国家之间的经济与金融政策协调。

对个别国家的监督，主要通过对会员国的汇率政策的检查，分析其是否与基金协定有关条款所规定的义务相一致。对此，国际货币基金组织要求，所有会员国应将其汇率安排的变化及时通知国际货币基金组织，从而使国际货币基金组织能够进行监督和协调。

2. 实施有效监督的必要条件

根据《国际货币基金协定》和半个多世纪的实践，要对国际货币体系进行有效监督，国际货币基金组织应当满足如下条件：

①提供及时、可靠和全面的数据。国际货币基金组织要求每个成员国提供监督所必需的信息。国际货币基金组织还鼓励成员国提高政策和经济发展状况的透明度，如公布关于外汇储备、相关债务和短期外债的数据。国际货币基金组织的技术援助在改善国家的数据系统和制度安排以及帮助它们达到透明度要求方面发挥着重要的作用。

②持续监督。国际货币基金组织的监督十分强调连续性。为了保持连续性，国际货币基金组织还通过临时安排工作人员访问和执行董事会经常举行非正式会议评估主要国家的重大发展等方式来补充成员国的年度磋商。

③突出监督重点。随着经济全球化和金融全球化，20世纪末的监督，涉及更严格地检查金融部门问题、资本账户发展以及公债和外债管理问题。监督工作还包括评估一国的金融健康状况以及金融政策间的相互依存和"波及"风险（即危机从一个国家向其他国家的扩散）。

④遵守标准和守则。国际货币基金组织和其他国际机构制定了国际公认的良好行为标准和守则，这些标准和守则可用于帮助国家改善经济和金融政策及其体系，从而加强国际金融体系。成员国遵守这些标准和守则是自愿的，但是这些守则可在帮助避免金融危机和改善经济表现方面发挥重要作用。已经实施的标准和守则包括国际货币基金组织的"数据干部特殊标准"（该标准涵盖主要经济数据）以及关于货币、财政和金融部门政策透明度的守则。

⑤透明度。维护和恢复市场信誉至关重要,其重要性突出了透明度的价值。国际货币基金组织已经采取措施,鼓励成员国增强政策透明度。对于国际货币基金组织而言,成员国在决策和提供关于经济与金融发展数据方面越是公开、直接和坦率,整个国际货币基金组织体系就越能更好地运作。近年来,在改善自身透明度方面,国际货币基金组织在出版、网站开发等方面加大投入力度。通过提供更多信息,加强与各成员国之间的交流,促进彼此间的工作互动。例如,国际货币基金组织经常公布公共信息通告;公布受到国际货币基金组织支持的成员国经济发展政策;公布对国际货币基金组织政策的各种批评与建议;发布国际货币基金组织的财务信息;等等。

3. 国别监督

在布雷顿森林体系条件下,成员国要改变汇率平价时,必须与国际货币基金组织进行磋商并得到它的批准。而在浮动汇率制度下,成员国调整汇率不需再征求国际货币基金组织的同意。但是国际货币基金组织汇率监督的职能并没有因此而丧失,它仍然要对成员国的汇率政策进行全面估价。这种估价要考虑其政策对国际收支调整的影响,并考虑对实现持续经济增长、财政稳定和维持就业水平所产生的影响。国际货币基金组织的汇率监督,不仅运用于那些经济上比较落后的国家,运用于那些因国际收支失衡而要求得到国际货币基金组织贷款支持的国家,而且,更重要的是运用于那些经济实力强大的西方国家。这些国家的国内经济政策和国际收支状况,会对世界经济产生重大的影响,国际货币基金组织可以通过它的活动,使这些国家考虑它们的政策所产生的外部经济效应。

为了执行监督,国际货币基金组织对每个成员国进行一年一度的"咨询活动"。国际货币基金组织工作人员代表团与政府官

第二章　国际货币基金组织的性质与职责

员会面,以回顾经济政策运作。这些代表团做出机密的报告,以备国际货币基金组织的 24 个成员执行委员会进行细致的审核。该委员会是通过一种广泛的基于成员国在经济上重要性的加权投票制度产生的,代表一般成员(国际货币基金组织的《年度报告》提供了该委员会的重要讨论的概述)。

如上所述,对成员国的汇兑安排监督,以及对资金国际流动的监督,是国际货币基金组织最主要的两项监督业务,这是国际货币基金组织的重要职能之一。在国际货币基金组织与成员国进行定期磋商时,国际货币基金组织工作人员通常都要为监督工作收集所需的资料并加以分析。在评价成员国的汇兑政策时,根据该成员国的储备和外债情况,国际货币基金组织对其国际收支的未来发展做出估价。这项估价要考虑国内外政策对国际收支调整所起的作用,以及该成员国所采取的政策对实现经济稳定、持续的经济增长与高就业所需的基本条件的促成程度。工作人员的报告在取得总裁认可后提交执行董事会,执行董事会加以审查,然后对成员国的汇率政策是否与《国际货币基金协定》第 4 条所规定的义务相一致做出结论。

在 20 世纪 70 年代,世界经济长期处于滞胀的局面,石油危机的爆发使许多会员国的国际收支失衡,从而形成严重的国际收支调整问题。进入 20 世纪 80 年代以后,又发生了发展中国家的债务危机。20 世纪 90 年代,又相继发生墨西哥金融危机和东南亚金融危机等一系列重大事件。这些全球性的问题更需要会员国,特别是主要工业化国家从国际的角度来协调国内经济政策,因此,国际货币基金组织的监督和协调作用就显得尤为重要。事实证明,国际货币基金组织在协调各国政策,稳定国际金融形势,特别是在缓解国际债务危机方面所起的作用是不容忽视的。

当然,必须指出,国际货币基金组织对成员国的监督行为,不同于人们通常认识的法律监督,对各个成员国不具有强制行为。针对各个主权国家而言,国际货币基金组织的监督,对不同主权国家所产生的效用和接受程度也有所不同。这样,国际货币基金组织的作用与影响自然受到了很大局限。但是,最为重要的,是通过国际货币基金组织,可以为不同成员国之间建立沟通渠道,建立国际经济与金融合作的软调节关系。国际货币基金组织的这种作用与影响,对于世界经济发展来说,同样是不可或缺的。

通常情况下,国际货币基金组织每年都会派出工作人员访问团,与各成员国的政府和中央银行官员举行会谈,进行收集经济与金融信息的活动。与当局讨论最近的经济发展,研究该国正在推行的货币、财政和相关的结构性政策。与成员国当局会谈的主要宗旨,就是评估成员国的经济发展和政策。这些磋商涉及宏观经济和金融部门政策主要领域,同时还涉及影响成员国宏观经济的其他政策,例如,产业结构性政策和公司治理等方面的政策。

与成员国磋商结束后,国际货币基金组织工作人员一般会发布一份声明,或者提供一份备忘录。在声明或备忘录中,阐述国际货币基金组织与成员国的讨论情况,并将这份声明或备忘录留给成员国政府。回到总部后,工作人员将准备一份书面报告,汇报受访成员国的经济状况和政府举行的政策讨论的内容,评估该成员国的经济与金融政策。然后,执行董事会将讨论这份报告。代表该国的执行董事将参加董事会的讨论。执行董事们在会议上发表的意见由国际货币基金组织总裁或代理主席进行总结,并形成一份"总结发言"。如果代表该成员国的执行董事同意,全部磋商报告将对外发表。"总结发言"将与背景介绍材料一道,作为"公共信息通告"对外发表。

4. 全球监督

国际货币国际货币基金组织对全球经济形势的监督,可由该组织工作人员撰写的《世界经济展望》报告反映

第二章 国际货币基金组织的性质与职责

出来。一般情况下,《世界经济展望》每年发布两次。报告对世界经济和各个地区及国别的经济发展前景,进行全面分析和评估。每当报告一发表,便立即受到世界各国政府及经济学家的普遍关注。

从《世界经济展望》主要内容看,国际货币基金组织的全球监督活动包括:主要货币区的发展情况、如何不断改善成员国财政和货币政策、监督国际资本流动的发展与变化、关注金融衍生工具、发挥外国银行在新兴市场中的积极作用,等等。

墨西哥金融危机、东南亚金融危机等发生在20世纪90年代的重大金融事件,给国际货币基金组织、世界银行等国际经济组织以极大震动。国际货币基金组织在发生这些金融危机后总会发表许多报告,它强调加强对资本跨国界流动监控的重要性,这是重建国际经济新秩序的当务之急。在国际货币基金组织的协调与帮助下,一些国家和地区明确宣布严格限制短期资本的流入。1998年10月,在美国华盛顿召开了"十国集团"会议,国际货币基金组织高层人员出席了会议。在会议发表的声明中,与会国家与组织明确要求,所有的发达国家和新兴市场经济国家,都必须采取步骤,努力改善其金融领域的运作情况。并且指出:各国限制短期资本,限制它们在市场中所获得的允许范围,而投资者需要必要的信息,需要资金接受国和机构能够提供及时、全面和准确的信息。

国际游资对世界经济和国际金融的冲击是巨大的,但同时,我们也不能因此否定国际资本自由流动的发展所产生的一些积极作用。世界经济是由各国的经济构成的,资本之所以从一个国家流入其他国家,主要是因为资本可以在这些资本相对短缺的国家获得较高的利润率,并发挥更高的生产效率。换句话说,资本流入使资本输入国增加的国内生产总值,大于资本流出使资本输出国减少的国内生产总值，从而使世界实际总产值获得增加。世界总产值的增加，又会促进世界各国对外贸易的发展。而对外贸易的发展，又会使得世界各国进一步增加国民收入。同时，国际资本流动还会加强世界各国的经济联系、经济依存和经济合作关系，使国际分工在世界范围内充分展开，从而使世界经济获得进一步发展。因此，总的说来，国际资本的自由流动，对发展世界经济是起了积极作用的。第二次世界大战后，特别是20世纪80年代后的国际资本流动的规模越来越大，也可以充分说明这一点。

对于东道国来说，外资的流入，尤其是一定规模的外国直接投资，对本国经济的正面影响也是应当加以肯定的。具体可以表现在以下几个方面：

①解决国内经济建设资金不足的困境，增大了投资能力，将资金用于自然资源的开发和生产能力最大限度的利用，使经济增长的步伐不断加快。

②调整和优化产业结构，加速产业结构的升级，从而提高国民经济效率。

③引进先进的技术与管理经验，为改造本国企业的技术与管理注入新鲜血液。

④开辟新的就业领域，增加就业机会，可以部分解决失业问题。

⑤外资的流入和外资企业的建立，使得东道国增加政府税收。

⑥从长期来看，由于许多跨国公司的经营战略不仅是为了占领东道国市场，更重要的是为了争夺国际市场，因此，外资企业的增加与经营规模的扩大，也带动了东道国出口能力的增强，改善了东道国国际收支状况。

第二章　国际货币基金组织的性质与职责

三　国际货币基金组织的汇兑安排与对危机的预测

1. 对成员国的汇兑安排

根据《国际货币基金协定》的规定，国际货币制度的宗旨，是提供一个促进国与国之间商品、服务和资本的交换框架，并以此框架来保持经济健康增长。为了实现这一宗旨，各成员国应当保证同国际货币基金组织和其他成员国合作，以保证有秩序的汇兑安排，并促进形成一个稳定的汇率制度。具体说来，国际货币基金组织要求各成员国做到：

第一，制定符合自身状况的经济和金融政策，从而促进经济的稳定增长；

第二，努力通过创造有秩序的经济和金融环境，确保货币制度的稳定；

第三，在汇率政策方面，成员国政府不应操纵汇率。否则，势必妨碍国际收支的有效调整，并会使某些会员国获得不公平的竞争优势。

2. 国际货币基金组织对金融危机的预测

一国经济中的任何紧张形势和混乱，都可能影响到金融系统。由于金融领域的性质，银行是最容易暴露出潜在危机的金融部门。这是因为它所依赖的储蓄数倍于其资本，它对经济不同部门都拥有不确定的债权，其资产的期限长于负债而流动性又不如负债，对参与国际交易的银行而言，其资产与负债是以不同的货币计值的。在这些变量之外，还应加上一种可能性，即：问题可能产生于金融系统本身，其原因或是内部控制松弛，或是管理不善。当一家银行面临可能破产的局面时，其所有者和经理人员如要避免承担责任，可能会冒更大风险。其结果是，原本可以控制的问题被扩大了，金融系统迟早会出现困境。

从根本上说，一国经济的结构特点，尤其是其金融领域的结构特点，将决定它对金融危机的敏感性。一般来说，即使是在金融危机如暴风雨般突然来临时，它通常也有一个较长时期的酝酿阶段。如果我们能认真研究，是可以获得表明金融危机发生的信息的。为了预测发生金融危机的时间，或至少说出危机的高风险或低风险发生的时间，人们必须确定哪些是可靠的指标并监督它们的变化情况。一个有用的指标是这样一种变量，它可以被我们轻易地跟踪，在银行系统没有压力时，它表现为一种方式，而当银行系统受到压力时，它又表现为另外一种截然不同的方式。理想的情况是：一个指标应能为测算危机的程度提供一个尺度，或对金融系统可能出现的问题做出提示。一旦银行的紧张局势现出端倪，同期指标的建立可以在某种程度上说明危机的严重性及其后果。

有用的指标可以来自不同的来源，并反映经济不同部门的发展情况。有些可以是金融系统自身，有些可以来自金融系统外的部门，还有一些则可能是宏观经济指标。在银行部门的指标中，有些指标可以用来预测金融危机，其中最明显的是那些与金融系统健全性直接相关的指标。银行资产负债表中的项目和收支表可以清楚地表明风险上升的时间，进而说明出现问题的时间。这些变量在各个银行这一级上就可获得，金融系统的紧张形势也是从这些银行开始的。

首先，银行资本市值水平。表明银行部门健全性和发生困难可能性的重要指标是银行资本市值水平，即银行的资产超过其负债的数量。资本作为抵御冲击的缓冲器，它使一家银行即使在其

资产价值下跌的情况下,也能承担其债权。一家银行应持有的成本数额主要取决于其资产的风险度。比如提供给企业贷款这样的资产,其本质上就比现金和中央银行持有的储备更有可能蒙受损失。如果一家银行的主要贷款客户是企业,而这些企业的产出和赢利又会由于外部事件而发生大规模的波动,或是企业在居高不下、变幻莫测的通货膨胀环境中经营,那么,显然这家银行需要有较高的资本市值水平。

其次,银行资本市值水平的变动,尤其是银行赢利情况中披露的资本市值变动,具有很重要的意义。因为吸纳大量亏损而使银行资本受到迅速侵蚀,这既是金融系统出现紧张局势的信号,又是形成这一局势的重要因素。即使银行还可以继续赢利,不履约贷款或亏损贷款比例的迅速上升也是个明显的危险信号。贷款质量的恶化一向是绝大多数系统性金融危机的中心问题。因此,不履约贷款水平就是银行困难程度的重要指标。

再次,银行资产负债表。银行资产负债表结构的变化与已经发生亏损的数据相比,能更早地发出警报。在某些情况下,向某个部门贷款的迅速扩大似乎已经成为金融危机的先兆。某些部门(如房地产)尤其容易发生涨价、大举投资、大举借贷、价格暴跌的周期。这个问题曾经造成了美国在20世纪80年代储蓄和贷款的突发灾难,造成了英国在1973~1975年和90年代初期银行部门多种困难的局面,泰国金融危机在这方面的教训更是十分深刻的。

这些微观的、通常是某个银行的具体指标极有价值,但由于取得这些指标十分困难,因此,我们往往还要依靠一些宏观经济指标,进行密切关注。因为,一些宏观经济指标在金融系统局势紧张的成因和局势的发展方面,通常显示出一种很有意义的信息。我们对这些相关的宏观和微观的经济指标加以跟踪、分析,对于预测与防范金融危机具有重要的意义。

第三章

国际货币基金组织资金来源及其运作

一 特别提款权的设立

1. 设立的艰辛

特别提款权是相对于普通提款权而言的。所谓特别提款权,是指在国际货币基金组织之外,由国际货币基金组织分配给参加特别提款权账户的成员国一种自动的提款权。设立特别提款权的目的,是用以解决经常出现的国际储备不足的问题。参加国所分配到的特别提款权,连同官方所持有的黄金、硬通货以及在国际货币基金组织的储备资产,共同构成该国的国际储备资产。不过,需要指出的是,特别提款权并非是一种现实的货币,不能直接便利地用于国际支付手段,不能用于贸易或非贸易支付,也不能兑换黄金。准确地说,特别提款权只是针对国际货币基金组织成员国而言,是成员国在国际货币基金组织特别提款权账户上的一种账面资产。成员国在其认为需要的时候,有权向国际货币基金组织要求特别提款权。

可以说,特别提款权的设立并非一帆风顺,而是经历了一个十分艰难的过程。1958年底,罗伯特·特里芬教授提出了著名的

第三章 国际货币基金组织资金来源及其运作

"特里芬难题",之后,国际货币体系的发展,也证明了特里芬教授的论断,证明了布雷顿森林体系的严重缺陷。

1958~1960年,美国连续三年出现国际收支逆差,国际储备不足的现象十分严重。在客观上,产生这一情况的原因,还在于世界经济形势的巨大变化。首先,西欧各国和日本废除了外汇管制,恢复了货币的自由兑换。在这一情况下,国际短期资金得以自由流动。为了应付突如其来的国际短期资本流动,西方各国的货币当局需要经常地以较多的外汇储备来防备不时之需。其次,由于国际贸易急剧发展,全球贸易总额以平均每年8%的速度迅速增长,从而促进了各国对美元的需求。

为解决这一问题,各国金融官员和学者纷纷开始研究各种方案。比较集中的建议包括:放弃布雷顿森林体系建立的货币含金量和固定汇率,实行浮动汇率;提高黄金价格;扩大国际货币基金组织成员国的配额;建立新的国际储备;等等。在这些建议中,关于建立新的国际储备的建议得到西方国家的广泛认同。1961年,美国、英国、西德、法国、意大利、荷兰、比利时、瑞典、日本和加拿大十国财长聚会巴黎,组成十国集团。而建立十国集团的目的,就是为了筹集60亿美元的资金,用于紧急贷款。

1964年8月,十国集团指定以意大利银行奥沙罗为首的专家小组专门研究各国的外汇储备问题。1965年8月,奥沙罗小组建议,由国际货币基金组织发行一种集体储备货币。在对这一建议的核心思想认同的基础上,有许多经济学家和官员提出了许多相关建议。其中,美国经济学家伯恩施坦的建议,最终形成了后来创立的特别提款权的雏形。

伯恩施坦提出,在西方国家之间,建立一种和黄金有联系而同时包括不同比重的主要货币的新的国际储备单位。这些主要货币应当包括:美元、英镑、法国法郎、联邦德国马克、荷兰盾、意大利里拉、加拿大元和日元。

尽管奥沙罗研究小组以及伯恩施坦的建议受到英、美等国的赞同，但也不是每个国家都同意，法国就是反对派中的突出代表。为此，法国与美国发生了激烈的争论。美国一贯主张，应当维护布雷顿森林体系。法国的戴高乐总统和当时的财政部长、后任总统的德斯坦，都积极主张恢复国际金本位。德斯坦认为，国际货币体系的主要问题，不是别的原因，而是国际流通太多。法国认为，在以美元为中心的国际金汇兑本位制度下，国际货币体系缺乏生命力，而这只能有利于美国、英国两国无止境地扩大它们的国际收支差额，形成长期的美元泛滥、通货过剩，最终束缚世界经济的发展。因此需要设立一种以黄金为基础的储备货币来代替美元。

法国官员的主张公开发表后，1965年7月，美国财政部副部长福奇勒建议，应立刻召开国际货币会议，讨论如何尽快建立新的国际储备问题。于是，1965年秋天，十国集团便指定以联邦德国银行的艾明格为首的代表团，专门研究这一问题。1966年8月，十国集团发表了共同声明，指出除法国外，都同意制定"备用计划"，确定创立新储备资产的基本原则，以解决国际流通不足的问题。

西方国家关于国际储备货币的争论，曾引起广大发展中国家的关注。许多发展中国家指出，增加国际储备的目的，是使国际贸易得以顺利进行。达到这一目的的办法，是把新的外汇储备转移给那些需要使用的国家，而不是仅限于那些愿意持有的国家。因此，这些发展中国家认为，十国集团争论的问题，涉及世界各国利益，应当在更加广泛的范围进行讨论。1966年5月，由31个发展中国家联合发表的宣言指出："货币的管理和合作必须是真正国际化的……由所有的国家参加。如仅由少数国家来采取某一计划，是严重违反原则并有害于国际货币合作的发展。"[1]

---

[1] 《国际货币基金1966~1971》，第1卷，第198页。

第三章 国际货币基金组织资金来源及其运作

由于发展中国家的抗议，当时的国际货币基金组织总裁施威泽也主张，国际储备的设立，不应只限于某些国家，应面向所有的国际货币基金组织成员国。而西方国家此时也开始意识到，排斥发展中国家是政治上不明智的做法，也不利于发达国家自身的经济利益。于是，这些发达国家便同意了施威泽的建议，举行由国际货币基金组织执行董事和十国集团代表团参加的联席会议。这样，利用国际货币基金组织执行董事的身份，发展中国家也可以参与进来，与发达国家一起，讨论如何建立新的国际储备问题。由此可见，特别提款权的最终设立，既是西方国家内部斗争妥协的结果，也是发展中国家为了维护自身权益进行积极斗争的产物。

2. 新国际储备货币的诞生

在各方反复争论和磋商的基础上，各国逐渐达成一些共同意见。这些意见包括：①创立新的可面向所有成员国的国际流通手段；②不采用储备资产的名称，而采用特别提款权的名称，以区别于普通提款权；③特别提款权仍通过国际货币基金组织分配，不另设附属机构；④发行特别提款权，不需要发行准备金，由参与国承担兑换本国货币的义务；⑤特别提款权的发行，采用基金账户方式间接发行；⑥采用补充头寸的方式，即：在每5年期内，成员国平均持有的特别提款权不得少于其分配额的一定百分比，低于此水平的，应以黄金或其他外汇换取特别提款权来补足；⑦分配新的特别提款权，必须由85%的拥有投票权的代表投票通过。

1967年，在巴西里约热内卢，国际货币基金组织举行了具有历史意义的年会。在这一年会上，通过了关于"国际货币基金组织中特别提款权业务"的原则协议，新的特别提款权，只是简单地在国际货币基金组织总的账目上列上一项，允许有逆差的国家使用分配给它的特别提款权，用以清算其部分的国际收支逆差。在里约热内卢签订原则协议的过程中，国际货币基金组织总裁施威泽对特别提款权做出了这样的解释："特别提款权的使用权，仅限于各国货币当局，或许还有一个或两个国际机构，包括国际货币基金组织的'总账户'。有些人喜欢把特别提款权看成货币，其他一些人则把它当成一种信贷形式。……实际上并不在乎它被称为什么，而在于能用它来做什么。当成员国在完成了适当的转让手续后，有义务接受它和提供可兑换的货币或资金。其前提，是要求成员国所持有的数额，没有超过国际货币基金组织分配给他们的特别提款权的三倍。可接受的限额水平，是为了确保在任何合理的情况下，这项计划能够提供足够的弥补差额的清偿能力。"[1]

里约热内卢会议之所以十分重要，是因为它所签订的"国际货币基金组织特别提款权业务"，其原则协议是由包括发展中国家在内的许多国家进行协商的结果，是世界金融史上第一次由各国共同决定创建国际储备。这一国际储备，可以支持国际贸易的稳步增长和支付所需要的储备数额。该协议对新的储备资产使用的基本年限、时间的选择、数量以及分配等方面都做出了必要的规定。

1969年7月，在24届年会上，国际货币基金组织通过了创立特别提款权的协定，经3/5成员国政府批准后生效。1970年1月1日，基金向成员国进行了第一次特别提款权分配。

"十国集团"达成了一项期限为3年的特别提款权的分配方案。1970年分配35亿特别提款权，1971年和1972年各分配30亿特别提款权。第一个三年基期过去后，对特别提款权业务情况

---

[1] 〔美〕杰拉尔德·M.迈椰:《世界货币秩序问题》，王槐安译，中国金融出版社，1989，第125页。

第三章　国际货币基金组织资金来源及其运作

进行重新估价。特别提款权的最初分配，是根据每个国家在国际国际货币基金组织中的份额大小来决定的，美国最多，大约占到总额的25％，"十国集团"共占总额的60％左右，而所有发展中国家所占比例只有25％。

为了保证特别提款权的价值稳定，当时曾经规定1单位特别提款权的含金量为0.888671克纯金，与美元具有同样的含金量。后来，由于美元危机不断加深，1971年美元贬值后，所有国家的货币与美元脱钩，不再公布新的含金量。但是，各国都公布与特别提款权的固定比价，即中心汇率。自1974年7月1日起，1单位特别提款权改为用标准货币篮计算，由16种货币篮子加权平均定值，其中美元的币种为40％。1981年1月1日，篮子中的货币减少为5种。其中，美元所占的权重为42％。1990年7月31日后，美元的权重不足39％。

从上面的介绍和分析中，可以看到，特别提款权是以国际货币基金组织为中心的新的国际储备资产。它的产生具有重要的意义。自布雷顿森林体系建立以来，在国际货币合作方面取得的最显著成就，就是特别提款权的创立。它的创立，大大增加了国际货币基金组织的贷款能力，减轻了在国际清偿能力中对美元的严重依赖，增加了新的货币定值标准和国际计价单位，为国际储备资产摆脱某种贵金属如黄金的非货币化提供了新的手段。

二　普通提款权

1. 普通提款权的创立与使用

对国际货币基金组织普通资金的使用，是通过在普通资金账户下提款完成的。在国际货币基金组织提款，是指在成员国遇到国际收支失衡时，以本国货币向国际货币基金组织购买其他一个或几个国家的货币或特别提款权。这种以本国货币为交换,从基金普通资金账户下取得外汇的权利与过程,就是普通提款权(General Drawing Right),即普通资源账户的使用(Use of General Resource Account)。普通提款权的创立时间,大大早于特别提款权。自基金协定1945年生效、创立国际货币基金组织开始,作为成员国的一项法律权利,普通提款权就已经被确立了。

按照基金协定第5条规定,使用基金普通资金的条件包括:

①成员国应制定普通资金的使用政策;

②提供国际收支或储备变化等状况,这是成员国提出购买普通资金的基本依据;

③申请购买普通资金有一定的限额,即应购买在储备档额度内的份额;

④如果申请国违反国际货币基金组织有关条款,并且没有得到及时纠正,那么,该成员国没有资格使用国际货币基金组织的普通资金。

从上述规定中可以看到,使用普通提款权的目的,是支持成员国的国际收支调整。因为,只有在大多数成员国国际收支状况良好的情况下,国际货币基金组织才能有效地实现国际货币体系的稳定,促进国际货币合作,促进国际贸易的扩大和平衡发展。

在实践中,在出现收支平衡失调时,国际货币基金组织鼓励成员国采取早期行动,并希望它们与国际货币基金组织展开积极合作。根据成员国的国际收支需要,国际货币基金组织决定可以提供贷款的数量,并考察成员国是否有足够的措施来调整国际收支失衡。在1978年对《国际货币基金协定》进行第二次修改后,根据三个要素,国际货币基金组织考察成员国使用资金的要求。这三个要素包括:第一,成员国的国际收支状况;第二,成员国的外汇储备状况;第三,成员国储备头寸的趋势。对于成员国来

第三章 国际货币基金组织资金来源及其运作

说,它可以根据其中的任何一个因素,对国际货币基金组织提出资金需求。

对于在何种情况下丧失使用普通资金资格,基金协定也有明确规定。国际货币基金组织要求,当它认为任何一个成员国使用普通资金的方式违反国际货币基金组织的总则时,即应向该国发出通告,阐明国际货币基金组织的意见,并规定适当的答复期限。在发出通告后,国际货币基金组织可限制该国使用国际货币基金组织的普通资金。如果在规定期限内,该成员国对于基金的意见报告不予答复,或者答复不能令人满意,那么,国际货币基金组织将继续限制使用基金的普通资金。或者,在给予该成员国适当通知后,将告知该成员国丧失使用基金的普通资金的资格。①

对普通资金账户的使用,是国际货币基金组织最基本的贷款措施。对储备部分和信用部分提款的使用,构成了国际货币基金组织业务的最主要部分。可以说,普通提款权创立后半个多世纪来的使用,其显示出的作用和影响日益突出。在国际货币基金组织协定 1978 年第二次修订后,国际货币基金组织已经可以作为重要的金融中介,其贷款规模不再完全依赖于成员国份额,还可以把一国的融资转移到另一个国家。

2. 两种提款权的区别

那么,在国际货币基金组织的资金实际运用中,特别提款权与普通提款权之间有什么不同呢?具体来说,这种区别主要体现在如下几个方面:

①普通提款权的行使,需要成员国事先向国际货币基金组织缴足份额。而特别提款权账户的参加国,不必事先缴纳黄金或任

---

① 《国际货币基金组织协定》,中国金融出版社,1995,第 8 页。

何货币。

②普通提款权中只有黄金与硬通货部分可计入国际储备，而特别提款权的参加国，可将其所获得的特别提款权全部计入国际储备。

③普通提款权的动用需附加条件。特别提款权在使用时，一般不附加条件。它意味着成员国无条件地支配可兑换货币的权利。

④普通提款权行使后，提取的资金要在规定的期限内偿还国际货币基金组织。特别提款权账户的参加国，可以把分配到的特别提款权全部用掉，无需偿还。

⑤普通提款权只有成员国可以拥有，而特别提款权则在允许非成员国持有的同时，在得到占总投票权85％的多数同意后，也允许其他官方实体持有特别提款权。而且，国际货币基金组织普通资金账户也可以持有特别提款权。

⑥普通提款权针对所有成员国分配。也就是说，凡按规定缴纳份额的成员国，都自然地具备普通提款权。特别提款权只分配给参加特别提款权账户的成员国，成员国可以选择参加，也可以不参加，还可以参加之后退出。

正是有了如上这些区别，作为国际货币基金组织对成员国的一种资金支持，成员国对于特别提款权最为关心的问题，除了前述"它有什么用处"之外，就是"它是如何在成员国之间分配的"。特别提款权的分配是有规则、有步骤地进行的，包括分配的时间、间隔、标准以及程序等都有明确的规定。关于分配的时间，国际货币基金组织规定，每5年为一个分配特别提款权的基本期。这样，可以与国际货币基金组织做出的改变流通手段的决定保持时间上的一致。关于分配额，通常应在整个基本期内按年分期拨付，分配的标准，也就是分配给每个参加国的特别提款权数额的多少依分配前该国份额的大小而定。成员国缴纳的份额越

大,获得分配的特别提款权的数额就越多。

三 特别提款权的分配与交易

1. 特别的一次性分配

1997年9月,国际货币基金组织理事会建议修改《国际货币基金协定》,允许进行特别的一次性特别提款权分配,从而改变国际货币基金组织1/5以上的成员国从未得到过特别提款权的状况。这些国家是在1981年最后一次分配特别提款权之后加入国际货币基金组织的。如果实行这样一种特别提款权的特别分配,将使所有成员国都能在公平的基础上参加特别提款权体系,使特别提款权累计分配额增加一倍,达到428.7亿特别提款权。由于被拥有总投票权85%的国际货币基金组织3/5的成员国所接受,该项建议正式生效,成为国际货币基金组织的正式决议。

2. 特别提款权的定值、利率与交易

特别提款权的价值以篮子货币的价值为基础。每5年检查一次货币篮子,以确保篮子中包括的货币代表那些可用于国际交易的货币。由于考虑到一些欧洲国家采用欧元作为共同货币的情况,以及国际金融市场作用的增强,在2000年10月12日完成的一次检查中,国际货币基金组织董事会决定,对货币篮子和特别提款权进行重新评估和调整,放宽了成员国货币的选择标准。

特别提款权的利率,是每周根据特别提款权篮子货币在市场上的代表性利率的加权平均值所确定的。随着特别提款权定值的调整,从2001年1月1日起,欧元区的代表性利率,变成了三

月期的欧元同业拆放利率。日元的代表性利率，改为日本政府为期 13 周的融资券收益率，以反映日本金融市场及三月存单流动性的变化。美国和英国国库券的三月期收益率，分别继续作为美元和英镑的代表性利率。

特别提款权的交易，都是通过特别提款权账户进行的。特别提款权主要由普通资金账户中持有余额的成员国和被指定的官方实体持有。国际货币基金组织 16 个特别提款权的指定持有者包括：非洲开发银行、非洲开发基金、阿拉伯货币基金、亚洲开发基金、中非国家银行、国际清算银行、西非国家中央银行、东非开发银行、东加勒比中央银行、欧洲中央银行、国际复兴开发银行、国际开发协会、国际农业发展基金、伊斯兰开发银行、拉美储备基金、北欧投资银行。

3. 特别提款权的持有格局

由于份额认缴付款，1999 年，国际货币基金组织自己持有的特别提款权大幅上升。到 2001 财年年底，国际货币基金组织自己持有的特别提款权，从一年前的 27 亿特别提款权下降到 24 亿特别提款权，趋向 10 亿～15 亿特别提款权的目标区间。国际货币基金组织试图将其特别提款权持有量保持在这一目标区间内。由于指定持有者持有的特别提款权也下降了 2 亿特别提款权，使得参加方持有的特别提款权从 2000 年财年的 181 亿特别提款权增加到 186 亿特别提款权。

2001 年，相对于其累计分配净额来说，工业国家和净债权国家持有的特别提款权已经有所增加。造成增加的原因，主要是由于对这些成员国大量的利息（酬金）支付。同时，非工业成员国持有的特别提款权也从 2000 年累计分配净额的 62.5% 下降到 54.6%，这是由于对来自普通资金账户的贷款进行偿还和利息支付。

第三章 国际货币基金组织资金来源及其运作

四 资金来源与贷款

成员国认缴款是国际货币基金组织最主要的资金来源。根据《国际货币基金协定》的规定，国际货币基金组织的资金来源分为特别提款权和普通资金账户两种。

1. 成员国应缴纳份额

基金组织将特别提款权根据份额按比例分配给成员国，以满足全球对补充储备资产的长期需要。一个成员国可以用特别提款权从其他成员国得到外汇储备，也可以用特别提款权向国际货币基金组织进行支付。这种使用不构成贷款；成员国无条件地从国际货币基金组织分配到特别提款权，并可用这些提款权满足国际收支融资需要。成员国无需采取经济政策措施来承担偿还这些提款权的义务。但是，对其分配到的特别提款权，成员国应支付特别提款权利率。通过这种分配，国际货币基金组织总共向成员国提供了214亿特别提款权，最新的一次是1981年。

根据《国际货币基金协定》第三条第1款的规定，凡出席联合国货币和金融会议，在1945年12月31日前加入国际货币基金组织的会员国，其缴纳基金份额如表3-2。其他成员国的份额应由国际货币基金组织理事会决定。每一成员国认缴款项应等于其份额，并通过适当的存款机构全部付给国际货币基金组织。特别提款权还可以用作国际货币基金组织的记账单位，其利率是指计算国际货币基金组织常规贷款收取的利息，并以此作为国际货币基金组织向债权成员国支付利息的基础。

国际货币基金组织还规定，每隔一定时期（不超过5年）对成员国份额进行一次总检查，并在必要时，提出调整会员国的特

表 3-2　各会员国应缴纳资金份额表

单位：百万美元

国　别	份　额	国　别	份　额	国　别	份　额
澳大利亚	200	古　巴	50	危地马拉	5
比利时	225	丹　麦*		海　地	5
玻利维亚	10	多米尼加	5	洪都拉斯	2.5
巴　西	150	厄瓜尼尔	5	冰　岛	1
加拿大	300	埃　及	45	印　度	400
智　利	50	萨尔瓦多	2.5	伊　朗	25
中　国	550	埃塞俄比亚	6	伊拉克	8
哥伦比亚	50	法　国	450	利比里亚	0.5
哥斯达黎加	5	新西兰	50	巴拿马	0.5
卢森堡	10	尼加拉瓜	2	巴拉圭	2
墨西哥	90	挪　威	50	秘　鲁	25
荷　兰	275	希　腊	40	捷克斯洛伐克	125

说明：＊由国际货币基金组织决定。
资料来源：《国际货币基金协定》附录 A。

别提款权份额。理事会如觉得合适，也可以根据某一会员国的要求，单独调整该国的份额。任何份额的变更，都需经 85% 的多数票通过。

同意增加其份额的会员国，在基金组织规定的期限内，应当以特别提款权支付增加部分中的 25%，其余 75% 可用本国货币支付。当然，这个比例是可以变更的。根据理事会的规定，其增加部分的货币支付，可全部或部分地用国际货币基金组织指定的其他会员国货币（经该会员国同意）或会员国本国的货币进行支付。

未参加特别提款权账户的会员国需要增加份额时，应用国际货币基金组织指定的其他会员国货币（经会员国同意）支付增加

第三章 国际货币基金组织资金来源及其运作

份额中的一定比例（相当于参加国以特别提款权支付的比例）。所增加份额的其余部分以会员国本国货币支付。会员国份额的增加，除有关期限和所用货币的规定外，需要总投票权的70%的多数票通过才有效。

成员国份额的大小，是与成员国的利益紧密联系在一起的，它不仅是成员国加入国际货币基金组织时必须缴纳的"入门费"，更是成员国向国际货币基金组织行使权利的重要依据。这主要表现在三点：一是关系到成员国可以从国际货币基金组织获得的资金的数额。由前面有关内容可知，其份额的一定比例往往构成了该成员国可以利用某项资金的上限。二是份额的大小，关系到成员国可以得到的特别提款权的分配。一般而言，这种分配与份额的分配是成正比例的。三是它关系到成员国在国际货币基金组织发言权的大小。也就是说，份额的大小，也决定了成员国投票权的大小。正因为有这些利害关系，如何确定与调整份额，总是在国际货币基金组织内部产生激烈的争论。

为使份额的确定显得更加客观和公平，国际货币基金组织设计了一组份额计算公式。最初的份额公式综合考虑了成员国的国民收入Y（1940年），黄金与美元的余额R（1943年7月1日），平均进口额M（1934～1938年间平均值），出口变化额V（1934～1938年间最大值），以及平均出口额X（1934～1938年平均值）占国民收入的比例等因素，按以下公式计算出成员国的份额：

$$份额 = (0.02Y + 0.05R + 0.10M + 0.10V)(1 + X/Y)$$

最初的设计，曾指望按照这一商定的公式自动地调整成员国的份额。但是，后来发现这一公式未能考虑现实中的很多复杂情况。所以，一方面，对这一公式加以修订，另一方面，又提出一些新的公式以更全面地考虑各种因素。但无论采用哪一公式，最后份额的调整还是要由各成员国在世界经济中的相对地位决定。毋庸置疑,由于美国、日本和欧盟等国和地区的经济实力,它们在基金份额占据着绝大部分比重,而广大的发展中国家所占比重,则相对很小。其中,在所有成员国中,美国所占的份额比重一直是最大的。

2. 普通资金账户下的资金存款

所谓普通资金账户下的资金存款,是指在国际货币基金组织中,各成员国中央银行应该持有的本国货币的账户存款。当国际货币基金组织认为某会员国所应缴的普通资金账户的本国货币在业务上不再需要时,可以接受该会员国指定的存款机构发行的证券,或是以同类负债凭证作为替代。此项证券不能转让,无利息,按票面金额见票即付,由指定存款机构收入基金账户内。

3. 国际货币基金组织的贷款

(1) 规定的贷款对象

具体如何使用国际货币基金组织资金,其依据主要基于基金协定第一条诸款和第五条诸款的规定。尤其在第一条第5款中,规定了国际货币基金组织资金使用政策的基本宗旨,即:帮助成员国恢复国际收支的平衡,防止成员国采取有害于其本国利益和国际繁荣的措施。由于引起国际收支失衡的因素很多,所以,国际货币基金组织在实行其资金运用政策时,关注了更为广泛的内容。其中包括:成员国宏观经济的稳定、贸易和价格的自由化、货币的可兑换性、汇率的稳定,以及在发展中国家的呼吁和对于发展中国家不利的外部条件的关注,等等。

根据国际货币基金组织协定,当会员国发生国际收支暂时性不平衡时,国际货币基金组织向会员国提供短期信贷,条件是借

第三章　国际货币基金组织资金来源及其运作

款国为解决这些困难，应制定和实行相应的经济调整与改革政策。例如，在20世纪90年代后期，在解决东南亚和拉美新兴市场国家（地区）以及俄罗斯和土耳其的一系列经济和金融危机中，国际货币基金组织都发挥了重要的作用。除此之外，国际货币基金组织还通过特殊条件提供融资，支持较贫困的成员国稳定经济，执行结构改革和实现可持续的外债状况，从而积极推动这些国家的经济增长和减少贫困。

国际货币基金组织的贷款，主要是提供给会员国的财政部、中央银行、外汇平准基金等政府机构，贷款限于贸易和非贸易的经常性支付，贷款的额度与会员国的份额成正比例。贷款的提供方式，采取由会员国用本国货币向国际货币基金组织申请换购外汇的方法，一般称为购买（Purchase），即用本国货币购买外汇，或提款，会员国按缴纳的份额提用一定的资金。会员国还款的方式，则是以外汇或特别提款权购回本国货币。国际货币基金组织的贷款，无论以什么货币提供，都以特别提款权计值，利息也用特别提款权缴付。

（2）贷款渠道

①常规操作。从循环使用的资金库中，国际货币基金组织向政府提供贷款。资金库由成员国认缴的资本金（份额）构成。这些贷款旨在解决具体的国际收支困难，依据相关的政策和贷款机制发放。至于利息和偿还期限，则是按市场利率收取贷款利息，根据不同的贷款机制，确定不同的还贷期限。从本书的附表6中，我们可以对20世纪90年代中期后的国际货币基金组织贷款情况，有一个大致的了解。

②优惠贷款。国际货币基金组织以非常低的利率向贫困国家提供贷款，从而帮助它们重组经济，以促进增长并减少贫困。国际货币基金组织还在（无偿）赠与的基础上向重债穷国提供援助，帮助它们实现可持续的外债状况。优惠贷款的本金大多来自

双边贷款人按市场利率对国际货币基金组织提供的贷款。用以补贴借款人利率的资金和用于债务减免的赠与资金，来自成员国自愿的双边捐款和国际货币基金组织自由资金的收入。

③特别提款权。国际货币基金组织还可以向成员国分配特别提款权，创造国际储备资产。

(3) 贷款类型

具体来说，国际货币基金组织主要设有以下几种贷款：

①普通贷款。普通贷款是国际货币基金组织最基本的贷款，也称为基本信用设施（Basic Credit Facility）。该项贷款是国际货币基金组织利用各会员国认缴的份额形成的基金。对会员国提供的短期信贷，期限不超过5年，利率随期限递增。会员国借取普通贷款的累计数，不得超过其份额的125%。国际货币基金组织对普通贷款采取分档政策（Tranche Policies），即将会员国的提款权划分为储备部分贷款和信用部分贷款。其中，信用部分贷款又分为四个不同的档次，并且每种档次贷款又规定了不同的条件。

②补偿与应急贷款。补偿与应急贷款的前身是出口波动补偿贷款（CFF），设立于1963年。当一国出口收入下降时，或者当谷物进口支出增大而发生临时性国际收支困难时，该成员国可向国际货币基金组织申请普通贷款以外的这项贷款。出口波动补偿贷款用于出口收入减少，或者当谷物进口支出增加的贷款额为其份额的83%时，两者同时借取则不得超过份额的105%。1989年1月，国际货币基金组织以"补偿与应急贷款"取代出口波动补偿贷款，贷款最高额度为份额的122%。其中，应急贷款和补偿款各为40%，谷物进口成本补偿贷款为17%，其余25%由会员国任意选择，用作以上两者的补充。贷款的条件，是出口收入下降或谷物进口支出增加应属于暂时性质，同时，又是会员国本身无法控制的原因造成这种状况。此外，借款国还必须同意与国

第三章 国际货币基金组织资金来源及其运作

际货币基金组织合作,保证执行国际收支的调整计划。

③缓冲库存贷款(Buffer Stock Financing Facility,BSFF)。该项贷款于1969年5月设立。其目的是为了稳定物价,帮助初级产品出口国建立缓冲库存。国际货币基金组织认定的运用于缓冲库存贷款的初级产品,包括锡、可可、糖、橡胶等。会员国可以使用这项贷款,相当于其份额的45%,贷款期限3~5年。

④中期贷款(又称扩展贷款,Extended Fund Facility)。该项贷款于1979年9月设立。该项贷款的主要用途,是专门解决会员国较长期的结构性国际收支赤字。中期贷款的规模,比普通贷款所能借取的贷款额度要大。贷款条件是:第一,确认申请贷款会员国的国际收支困难程度,要求与普通贷款期限相比,确实需要更长时间的贷款才能解决。第二,申请国必须提供相关政策计划,如整个贷款期中有关货币和财政等经济政策的目标,以及在获得贷款的12个月内有关政策实施及其进展的详细说明,以及今后为实现计划目标将采取的措施。第三,根据会员国为实现计划目标而执行有关政策的实际情况,国际货币基金组织将分期发放贷款。如果借款国不能达到国际货币基金组织的要求,贷款可以停止发放。此项贷款的最高借款额可达借款国份额的140%。贷款期限为4~10年,备用安排期限为3年。此项贷款与普通贷款两项总额,不得超过借款国份额的165%。

⑤补充贷款(Supplementary Financing Facility)。该项贷款设立于1977年8月。补充贷款总额为100亿美元,其中石油输出国提供48亿美元,另外的52亿美元由有盈余的7个工业国家提供。国际货币基金组织与这些国家签订了借款协议,以借款资金配合国际货币基金组织原有的融资计划,加强对国际收支严重赤字的国家提供贷款。当成员国遇到严重的国际收支不平衡,借款总额已达国际货币基金组织普通贷款的高档信用部分,而且仍需要大数额和更长期限的资金时,可以申请补充贷款。贷款期限

3~7年，每年偿还一次，利率前三年相当于国际货币基金组织付给资金提供国的利率加 0.2%。以后则加 0.325%。贷款的备用安排期限为 1~3 年，最高借款额可达会员国份额的 140%。1981 年 5 月，国际货币基金组织又实行了扩大贷款政策（Enlarged Access Policy），其目的和内容与补充贷款一样。1985 年规定，一年的贷款额度为份额的 95%~115%，三年累计的限额为份额的 280%~345%，累计最高限额为 408%~450%。此后贷款限额又进一步降到一年为 90%~110%，三年累计为 270%~330%，累计最高限额为 400%~440%。

⑥信托基金（Trust Fund）。信托基金设立于 1976 年，国际货币基金组织废除黄金条款以后，在 1976 年 6 月~1980 年 5 月间，将持有黄金的 1/6 以当时的市场价格卖出，并用所获利润（市场价格超过每盎司 35 美元官价的部分）建立一笔信托基金。利用这一信托基金，国际货币基金组织按优惠条件向低收入的发展中国家提供贷款。成员国从国际货币基金组织获得信托基金贷款的条件，包括：第一，1973 年人均国民收入低于 300 特别提款权的国家，共有 61 个国家具备条件。它们借用自 1976 年 7 月 1 日起两年期的第一期贷款。第二，经国际货币基金组织审核，申请贷款国的国际收支、货币储备以及其他发展情况，证实确有资金需要，并有调整国际收支的适当计划。

⑦临时性信用设施（Temporary Credit Facility）。国际货币基金组织除设立固定的贷款项目以外，还可以根据需要，设置特别临时性的贷款项目。该项目的资金来源，主要由国际货币基金组织临时借入。例如，1974~1976 年设置的石油贷款（Oil Facility）。设立该项贷的目的，是用于解决石油价格上涨引起的国际收支失衡。石油贷款的资金来源，由国际货币基金组织向盈余国家（主要是石油输出国）借入，再转贷给国际收支赤字国家。贷款的最高额度，1974 年规定为份额的 75%，1975 年提高

到125%。贷款期限规定为3~7年，申请石油贷款也须提出中期的国际收支调整计划。石油贷款于1976年5月届满，共有55个会员国利用这一项目获得69亿特别提款权的贷款资金。

⑧结构调整设施（Structural Adjustment Facility，SAF）。该资金项目于1983年3月设立。其资金来源是信托基金贷款偿还的本息，贷款利率为1.5%，期限为5~10年。1987年底又设立了"扩大结构调整贷款"（ESAF），贷款最高额度为份额的250%。

4．其他收入与负担分摊

(1) 其他收入

与其他金融机构一样，国际货币基金组织也是从对其贷款收取的利息和费用中获得收入。同时，国际货币基金组织利用这些收入弥补融资成本并支付管理费用。对认缴的资本金和内部产生的资金，使其在制定基本收费率方面具有一定灵活性。为了确保国际货币基金组织债权人的利益，国际货币基金组织必须提供有竞争力的利率。作为额外的保证措施，按照国际货币基金组织的章程，以特别提款权的利率为基础，对向债权人支付的利率规定限额。而且，按照章程，国际货币基金组织要由份额融资的贷款收入所能产生的可能用途做出限制。

在每年的财政年度开始时，为了实现该年商定的净收入目标，按特别提款权利率的一定比例，确定常规贷款的基本收费率。该利率的确定，可以弥补资金成本和管理费用，并增加国际货币基金组织的储备。至于具体比例的大小，则以对该年收入和支出的预测为基础，并在实行中根据实际净收入进行调整。如果预计该年全年的收入与事前的预测，可能将有大幅度偏离，那么，国际货币基金组织就可以对这一比例进行调整。在年底，超过目标的任何收入，将返还给在该年支付利息的成员国，如果出现缺口，则要在下一个财政年度补足。

2000年11月，国际货币基金组织实行了以规模为基础的附加费，以阻止对包括备用安排在内的信贷和中期贷款的过度大量使用。这些附加费适用于2000年11月28日（执行董事会通过决议日期）后发放的新信贷。

国际货币基金组织还从债务国以服务收费、承诺费和特别收费的形式得到收入。对来自普通资金账户，每笔贷款的拨付，将收取0.5%的一次性服务收费。对备用贷款和中期贷款收取可返还的承诺费，在每个为期12个月的时期开始时，对该时期内可能提用的数额进行支付。其中，包括在补充储备贷款或应急信贷额度下可使用的数额。对不超过份额的100%的承诺额，收取0.25%的承诺费，对超过份额100%的数额，则收取0.10%的承诺费。在信贷得到使用时，按提款比例返还承诺费。对逾期不到6个月的逾期本金和逾期收费，国际货币基金组织还将收取特别费用。

(2) 负担分摊

在特别提款权利率的基础上，国际货币基金组织向债权人支付利息（酬金）。目前，基本的酬金率，确定为特别提款权利率的100%。但是，按照国际货币基金组织的章程，允许将其规定为特别提款权利率的80%。

自1986年以后，收费率和酬金率受到负担分摊机制的影响，该机制将逾期债务的成本在债权国与债务国之间均匀分摊。未支付的利息造成的收入损失，通过上调收费率和下调酬金率来弥补。在逾期收费得到结清时，退还通过这种方法收来的金额。未产生对特别应急账户（用于防止国际货币基金组织面临逾期债务造成的损失风险）预防性余额，则根据基本收费率和酬金率进行调整。在所有拖欠都已取消之后，特别应急账户中的资金可以返还。

第三章　国际货币基金组织资金来源及其运作

5. 资金保障原则

对使用国际货币基金组织资金的国家进行保障评估，加大力度保障资金安全。这些评估侧重于中央银行的内部控制、会计、报表和审计系统是否适当。此外，国际货币基金组织强化了补救措施，以处理误报给国际货币基金组织的信息和滥用国际货币基金组织资金的情况。在减少对国际货币基金组织的逾期债务方面，制定了新的强化措施框架，并正在取得积极的进展。

(1) 保障评估

2000年3月，国际货币基金组织执行董事会通过了新的强化措施框架，以保障提供给成员国的资金。国际货币基金组织还决定，从2000年7月开始，对成员国中央银行进行保障评估。强化措施框架出台的背景，是由于不断出现向国际货币基金组织误报信息的案例，并发生有关滥用国际货币基金组织资金的指控。为了补充贷款条件，加强技术援助，确保适当使用国际货币基金组织贷款，国际货币基金组织被迫制定了这一强化措施框架。在这一框架中，建立保障评估是其核心内容。制定强化措施框架的具体目的，就是要求使用资金的成员国，应向国际货币基金组织提供合理的保证。成员国应保证本国中央银行的报告和控制框架，对于管理资金（包括国际货币基金组织的拨款）来说是适当的。保障评估之所以主要针对成员国的中央银行，是因为这些中央银行往往是国际货币基金组织拨款的接受者。

保障评估主要考察中央银行在五个关键领域的控制和治理。这五个领域按首写字母概括为ELRIC。亦即：外部审计机制、中央银行的法律结构及独立性、财务报告做法、内部审计机制和内部控制系统。这五个领域的保障评估框架，主要以国际货币基金组织《货币与金融政策透明度做法守则》为依据，并将《国际会计标准》、《国际审计标准》和国际货币基金组织的数据公布标准作为基准条件。

(2) 评估的执行

保障评估主要适用范围，是 2000 年 6 月 30 日后批准使用国际货币基金组织资金的所有国家。对此前使用国际货币基金组织资金的成员国，则制定了相应的过渡程序，仅要求这些国家说明保障框架的一项关键内容的适当性。

保障评估主要分两个阶段来执行的。其中，第一阶段，由国际货币基金组织工作人员参加，检查由成员国有关当局（主要是中央银行）提供的文件。必要的情况下，在与中央银行的外部审计者进行讨论的基础上，由总部对中央银行的保障评估的适当性进行初步评估。工作人员撰写一份保密的第一阶段报告，并提交给国际货币基金组织管理层。说明有关中央银行在上述 5 个关键领域控制与治理的脆弱性，并提出采取补救的措施建议。如有必要，第二阶段，进行现场评估，以证实或修改由第一阶段评估得出的初步结论，并且就适当的补救措施，与中央银行当局协商，直至达成一致。由国际货币基金组织工作人员率领，并包括外部专家的多方小组执行第二阶段评估，在此阶段，国际货币基金组织将与成员国中央银行讨论最终的保密报告，并将成员国中央银行的反馈意见纳入该报告。该报告向国际货币基金组织执行董事会汇报评估结论和商定的补救措施。

2001 年，国际货币基金组织完成了 17 项保障评估，包括那些在过度程序下进行的评估。检查得到赞同实行新政策的著名外部专家小组的帮助，该小组向执行董事会就保障政策的执行及其有效性提供独立评估。

早在 2000 年 7 月，国际货币基金组织执行董事会就讨论了有关《误报指导原则》的具体问题。在这次会议上，执行董事会在几方面加强了《指导原则》的范围。在执行《误报指导原则》

条件下,允许的时效期限从 2 年延长至 4 年。国际货币基金组织还采取措施,将提前采取的行动纳入《误报指导原则》。此外,在每一个误报案例中,执行董事会都会考虑将信息公诸于众的政策。

第四章

成员国资格与内部机构设置

一 成员国资格

1. 申请条件

国际货币基金组织向每一个能够管理其本身的对外事务、愿意并且能够履行国际货币基金协定条款所规定的成员国各项义务的国家敞开大门。无论一个国家实行的是什么政治体制和经济体制,只要在加入之后,该国遵守国际货币基金组织宗旨,并且采取切实步骤向国际货币基金组织的目标靠拢,就可以被接纳为成员国。这一点,从许多非市场经济国家逐渐加入国际货币基金组织的事例中,也可以得到证实。例如,1991年,当国际货币基金组织只有155个成员国时,就有20多个国家并不属于"市场经济"国家。国际货币基金组织承认不同国家的特殊情况,做出一定的特殊处理,也因此而使它的成员国到2000年达到了182个国家,实现了国际货币基金组织成员国的普遍性的目标。而这一目标,也正是国际货币基金组织创立者所期望的事情。

国际货币基金组织的成员国,可以分为两类。一类是创始成员国,包括参加过1944年布雷顿森林会议和1945年12月31日

第四章 成员国资格与内部机构设置

以前在基金协定上签字成为成员国的国家。另一类则是创始国之外的其他成员国。当非创始成员国提出申请,并确定了加入的条件后,经理事会表决同意,由申请国在协定上签字,从而完成加入国际货币基金组织的规定程序。

在参加布雷顿森林会议的国家中,包括苏联。但是,当时的苏联不愿向国际货币基金组织提供有关的经济、金融信息,也不愿接受国际货币基金组织的监督和承担有关货币和经济政策的义务,并拒绝在基金协定上签字。所以,除苏联外,其他参加布雷顿森林会议的国家均加入了国际货币基金组织。只不过,在国际货币基金组织成立后不久,又有三个国家退出该组织。1950年3月14日,波兰退出。1954年12月21日,捷克斯洛伐克退出。1964年4月2日,古巴退出。这些退出的国家,有的在30多年后又重新加入国际货币基金组织。例如,波兰于1986年,捷克斯洛伐克于1990年,相继再度成为国际货币基金组织的成员国。苏联在解体前也曾再度提出申请,并在正式加入前与国际货币基金组织达成了"特别联系"协议。中国是国际货币基金组织的创始国之一,由于历史原因,中国在国际货币基金组织的合法席位直到1980年4月17日才得以恢复。

国际货币基金组织在成立之初,成员国数目虽逐渐增加,但速度较慢。截至1959年,国际货币基金组织才由最初的44国增加到69国。随着原殖民地国家纷纷独立,参加国际货币基金组织的国家迅速增多。进入20世纪90年代后,成员国迅速增加。其原因则与当时的国际经济环境有很大关系,而东欧剧变和苏联解体,是造成这一变化的重要原因。

按照一般的程序,经过各种形式的初步接触之后,正式申请加入国际货币基金组织的国家,应由国家元首或外交部长等高级官员签署有关申请文件。国际货币基金组织在接到申请书后,将很快派遣一个资格审查团到该国。检查团的主要目的,是加强相互了解，并且收集必要的数据以计算该国在国际货币基金组织中的份额。工作人员将计算出来的份额，向一个由5~8位执行董事组成的委员会报告。经过这个委员会审议，并且征得申请国的同意，将提交理事会进行表决。

表决吸收国际货币基金组织新成员国的方式有两种，一种方式，也是通常的做法，即采取邮寄方式投票。由于需要征集到2/3以上理事的意见，并且代表50%以上的投票权，所以，获得表决结果一般需要30天时间。另一种表决方式是在国际货币基金组织年会上进行。无论以何种方式表决，只需简单多数就可通过对成员国的资格审查。当申请国在国际货币基金组织协定条款的原始文本上签字之后，该国就正式被国际货币基金组织接纳为会员国。

2．退出条件

基金组织的成员国也可以放弃成员国资格，如前述一些国家那样，只需要书面通知国际货币基金组织就可方便地做到这一点。当然，有时不是愿不愿意放弃的问题，如果某成员国不能按照国际货币基金组织的规定履行义务，国际货币基金组织可以剥夺该国使用国际货币基金组织普通资金的资格。或者，当该国在一段时间后仍不能履行国际货币基金组织的有关义务，在有多数投票权同意的情况下，国际货币基金组织可中止其投票权，甚至中止其成员国资格。如在基金协定第三次修正案中，就对始终不能履行偿还对国际货币基金组织欠款义务的成员国做出明确的警告。假若在被宣布无资格使用国际货币基金组织普通资金后的一段时间内，某成员国仍不能履行还款义务，在获得70%投票权同意的情况下，国际货币基金组织可暂时中止该成员国的投票权。如果此后一段时间内，该成员国仍无法履行还款义务，则在80%的投票权同意的情况下，可以要求该国退出

第四章 成员国资格与内部机构设置

国际货币基金组织。

3. 成员国份额及其投票权

国际货币国际货币基金组织是一个金融合作组织，很像一个国际性的股份性金融组织。如上所述，在参加国际货币基金组织时，每个成员国都要缴纳一笔钱。这笔钱被称作"份额"。那么，份额的大小，就决定了成员国与国际货币基金组织的组织关系。换言之，也就决定了该成员国在国际货币基金组织内的投票权。这种投票权自然也就体现了该成员国在国际货币基金组织的地位与作用。

这种由份额决定的投票权并非一成不变的。对国际货币基金组织来说，通常在最多不超过5年的时间里，国际货币基金组织理事会就会对成员国的份额进行检查。根据世界经济发展和成员国之间经济地位的变化，理事会将决定是否建议调整一些成员国份额的大小。例如，1997年9月，国际货币基金组织决定扩大份额总额，从当时的1460亿特别提款权（约2000亿美元）增加到2120亿特别提款权（约2800亿美元）。其增资的依据包括：上次在1990年增资以来世界经济的扩张，贸易与资本流动的迅速自由化和全球化，国际货币基金组织当时和以后可预期时间内的资金流动性需要，等等。

当然，除了上述国际货币基金组织根据情况对份额进行必要调整外，对于每个成员国来说，它们也可以按照本国经济形势的变化随时申请调整其份额。

一般来说，份额的增加总是按照一定比例进行的。亦即：按成员国现有份额，75%的增资，按比例分配给所有成员国，另外15%份额，根据"份额公式"进行计算，得到各成员国相应的增资比例，还有10%的份额，则分配给那些计算份额比重大大超过实际份额比重的国家。这一份额公式，是根据国内生产总值、经常账户交易和官方储备来测算成员国在世界经济中的相对地位。

1998年1月,国际货币基金组织完成了它的第11次份额总检查和调整,并从1999年1月开始实施新的份额分配方案。从那时起国际货币基金组织的可贷资金便有大幅度的上升(见图4-1)。

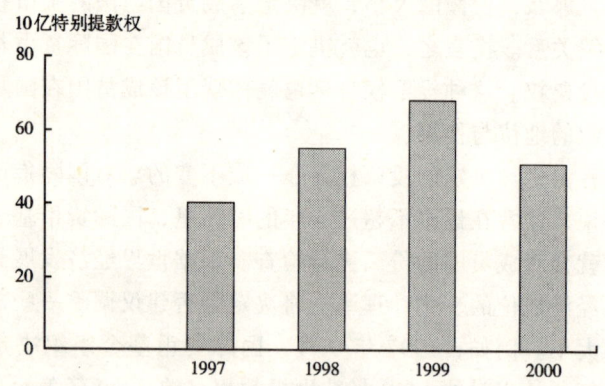

图4-1 国际货币基金组织信贷余额(1997~2000年)

资料来源:国际货币基金组织网站(http://www.imf.org.com)

由于国际货币基金组织的投票权与成员国认缴份额直接挂钩,所以,一个成员国认缴份额越多,其获得的投票权越大。在所有成员国当中,美国是认缴份额最多的国家,故此它也是拥有投票权最多的国家,占总投票权的17.29%。其次则是日本及一些欧盟国家。在国际货币基金组织中,少数发达国家投票权占总投票权相当大的比重,截至2001年1月,前10名投票权最多的国家占国际货币基金组织总投票权的54.28%,比其余172个成员国投票权的总和还多(见表4-1和附表1)。

截至2001年1月,中国在国际货币基金组织的投票权以

第四章 成员国资格与内部机构设置

47122张列于第11名。可喜的是,随着经济实力的增强,中国在国际货币基金组织中的地位也在逐步提高,至2002年,中国原来的46.872亿特别提款权已增加到63.692亿特别提款权,其占总投票权的比率,由过去的2.22%提高到3%,在成员国中一跃而居第8位。

表4-1 国际货币基金组织前10名投票权最多的国家
(截至2001年1月11日)

排 序	国 家	投票数(张)	权重(%)
1	美 国	371743	17.29
2	日 本	133378	6.20
3	德 国	130332	6.06
4	法 国	107635	5.01
5	英 国	107635	5.01
6	意大利	70805	3.29
7	沙特阿拉伯	70105	3.26
8	加拿大	63942	2.97
9	俄罗斯	59704	2.78
10	荷 兰	51784	2.41

资料来源:国际货币基金组织。

由于国际货币基金组织的许多主要政策都需要投票决定。比如,对一般问题,简单多数通过即可(弃权票可不计在内)。对特殊问题,则视其重要程度,要求有更大的多数票通过。这样,拥有投票权越多,对于成员国就越有利。而美国独占371743票的投票权,使得它即使不能使自己满意的方案通过,也能够轻易地使它所不满意的方案不被通过。

二 内部机构设置

关于国际货币基金组织的内部机构,则是由理事会、执行董事会、总裁1人、第1副总裁2人、副总裁2人以及一系列业务部门所组成(详细构成如图4-2)。按照国际货币基金组织建立协议条款的规定,国际货币基金组织机构和人员的组成,应具备熟练、高效、广泛的原则和标准。

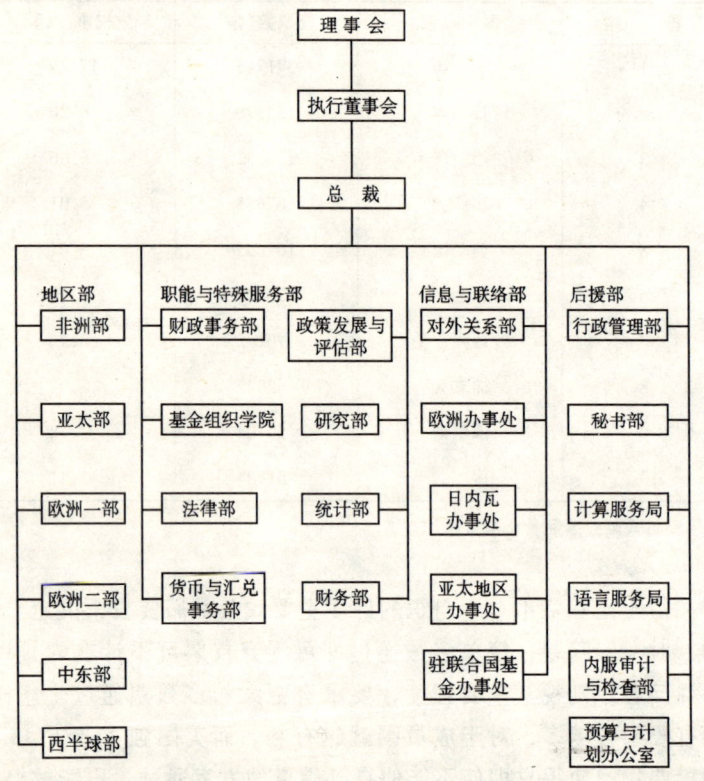

图4-2 国际货币基金组织机构图(截至1999年4月30日)

第四章　成员国资格与内部机构设置

下面对国际货币基金组织内部机构进行更具体的介绍。

1. 理事会

（1）组成与任务

基金组织的最高权利机构是董事会（Board of Governors）。董事会由每个成员国任命的一位理事和一位副理事组成，这些理事和副理事通常由一国的财政部长或中央银行行长担任。理事及副理事可以连任，一直干到新的任命为止。

理事会将对国际货币基金组织的事务进行检查，批准年度报告和基金账目，而基金账目则要事先经过审计师核实。国际货币基金组织要从理事中选举理事会主席，以及每两年选举指定的执行董事之外的执行董事。凡涉及国际货币基金组织重大的制度问题，都需在理事会讨论。而且，这些重大问题，只有理事会才有权做出决定。在基金协定中，没有明确赋予执行董事会或国际货币基金组织总裁的权力全部归属于理事会。但一般而言，在接纳成员国、决定份额、分配特别提款权等方面，理事会要行使其权利，而其他权力可赋予其常委会和执行董事会。由于未能获得协定条款规定的85%多数同意，理事会常委会始终未能以永久的形式设立，故此仍然是临时委员会。

国际货币基金组织理事会可根据至少15名理事的请求，或者提出请求的理事代表1/4以上的投票权，或由执行董事会召集，都可以举行会议。如无特殊情况，理事会要在每年的9月左右举行年会。自1953年以来，国际货币基金组织年会一直和世界银行年会联合召开。会议的地点，主要在国际货币基金组织和世界银行总部所在地美国首都华盛顿。但是，连续两届年会在华盛顿召开之后，应在其他成员国举行一次。

成员国的投票权由该国的理事行使，副理事只有在理事缺席时才有投票权。如前所述，一般决策只需简单多数通过即可，特殊问题要求有更多的投票权同意。但在现实中，大多数的国际货币基金组织决策，是在达成共识后全体一致通过的。在一定条件下，国际货币基金组织成员国的投票权会自动调整，在理事们的投票日，成员国在国际货币基金组织普通资金中的该国货币，每净售出 40 万特别提款权可增加额外的一票投票权。相应地，在国际货币基金组织投票日，每净购买 40 万特别提款权的别国货币，或直接购买特别提款权，则要减掉一票投票权。

（2）基金协定中有关组织规定

在国际货币基金组织协定，涉及对理事会的规定主要有：

①理事会是国际货币基金组织的最高权力机构。由每个成员国按其自行决定的方法委派理事和副理事各一人组成。每一理事和副理事可任职到另有新的任命为止。副理事仅在理事缺席时才有投票权。国际货币基金组织的理事会主席，由理事会推荐从理事中产生。除了国际货币基金组织直接赋予理事会的权力外，理事会的日常事务委托执行董事会行使。

②按理事会的规定，理事会可以自行召集会议，或通过执行董事会召集会议。理事会经 15 个成员国或持有 1/4 总投票权的成员国的请求时，必须召集会议。

③理事会每次会议的法定人数应为过半数理事，并持有不少于 2/3 的总投票权。

④如果理事会需制定规章或建立一种程序时，或执行董事会在认为其行动最适合基金利益时，对某项特殊问题可采取不召开理事会而获得各理事的投票。

⑤在认为时机适当时，理事会和执行董事会可任命开展各类工作的委员会。这些委员会的成员不必限于理事、执行董事或其副职。

第四章　成员国资格与内部机构设置

2. 执行董事会

(1) 选举办法

执行董事会（Executive Board）是国际货币基金组织的常设决策机构。在理事会授权的范围内，由执行董事会处理国际货币基金组织的日常事务。例如，仅在1998年，执行董事会就召开了131次正式会议、6次学术讨论会和4次非正式会议。至于执行董事会人数，按照国际货币基金组织的最初规定，是由12人组成，而现已增加到24人。执行董事（Executive Director）经指定或选举产生。其中，份额最多的五国，可各指定一名执行董事。目前，这些份额最多的五个国家，包括：美国、德国、日本、法国和英国。其余的执行董事，则由成员国按地理位置和自愿原则，按照划分选区的方法选举产生。

目前全球共有19个选区。每一选区内的国家数目不同，所选出的执行董事代表的投票权占国际货币基金组织总投票权的比重也由1.55%到4.98%不等。当然，国际货币基金组织并不强迫成员国加入某选区，因此，事实上，某一国家与某一地区的关系紧密程度，对该国加入某选区起着决定性作用。例如，西班牙就属于拉美选区。又如，以色列就与亚美尼亚、保加利亚、塞浦路斯等国属于同一个选区，而不与中东阿拉伯国家为同一选区。同时，在不影响选区内部传统多数的情况下，国际货币基金组织不反对该选区的国家寻找新的成员，这样以加强其总的投票权。由于一些国家拥有特殊的经济地位和较大的份额，及其地理位置的特殊性，国际货币基金组织准许它们单独成为一个选区，如沙特阿拉伯、中国，它们可以单独推选一名代表本国利益的执行董事。为保证执行董事的组成能达到理想的平衡，理事会也可以改变执行董事的选举数目。

(2) 执行董事会的其他情况

除了上面已介绍的，关于执行董事会的情况，还包括如下几点：

①执行董事会的每次定期选举，理事会可以根据总投票权85%的多数增加或减少；②每一执行董事应指派一副董事在其本人缺席时全权代理行使其职权。当执行董事出席时，副董事可参加会议，但不得投票；③如果某选任的执行董事在其任期结束前出缺超过 90 天以上时，应由其所属成员国另派一执行董事，以继续其未满的任期。当选的票数必须超过半数。在执行董事出缺期间，由其副董事代行职权，但无权指派副董事；④执行董事会应常驻基金总部办公，并依据基金业务的需要经常举行会议；⑤执行董事会每次会议的法定人数，应当超过半数执行董事。

此外，在执行董事会下面，还设有地区部、其他职能及特殊服务部门。其中，六个地区部包括：非洲部、亚太部、欧洲一部、欧洲二部、中东部、西半球部，根据各所属地区经济发展与政策状况，这些地区部向执行董事会提供咨询与建议，负责国际货币基金组织在该地区资金的使用与评估。地区部要与国际货币基金组织的其他职能部门一起，为成员国提供政策咨询与技术援助，并与有关地区组织和多边机构保持联系。

三 国际货币和金融委员会及发展委员会

1. 国际货币和金融委员会

国际货币和金融委员会的前身是临时委员会。1999 年 9 月，国际货币基金组织决定把它改称为国际货币和金

第四章 成员国资格与内部机构设置

融委员会。这是承袭二十国委员会而于 1974 年 10 月在理事会下面设立的专门委员会。国际货币体系理事会临时委员会是一个咨询机构,全称为:理事会关于国际货币制度问题的临时委员会(Interim Committee of the Board of Governors on International Monetary System)。目前,国际货币和金融委员会由 24 位国际货币基金组织理事、部长或其他相当级别的官员组成,他们代表着与执行董事会相同的各个选区。

通常,国际货币和金融委员会每年召开两次会议。第一次是在 4 月或 5 月,第二次是在 9 月或 10 月,也就是在国际货币基金组织的年会召开之际。在这两次会议上,根据管理和调整国际货币体系的各项事宜,其中包括可能威胁到国际货币体系的突然动荡,国际货币和金融委员会向理事会提出咨询意见并进行汇报。此外,国际货币和金融委员会还就修改《国际货币基金组织协定》向理事会提出建议。

2. 发展委员会

发展委员会全称为:世界银行和国际货币基金组织理事会关于向发展中国家实际转移资金的部长级联合委员会(Joint Ministerial Committee of the Board of Governors of the Bank and the Fund on the Transfer of Real Resources to Developing Countries)。与国际货币和金融委员会一样,发展委员会也是由 24 位成员组成(财政部长或相当级别的其他官员)。发展委员会一般与临委会同时召开会议。对于向发展中国家转移实际资金的所有问题,发展委员会将向国际货币基金组织理事会以及世界银行进行汇报,并提出本委员会自己的意见。

与国际货币和金融委员会一起,发展委员会也已成为加强各国相互交流的重要渠道,成为促进国际合作的重要论坛。作为可推选执行董事的单独选区,中国一直选派自己的委员出席这两个委员会的历次会议。

四 国际货币基金组织职能部门情况

1. 地区部门

基金组织有六个地区部：非洲部、亚太部、欧洲一部、欧洲二部、中东部和西半球部。就主管地区国家的经济发展和政策，地区部向管理层和执行董事会提供咨询。这些地区部的工作人员还负责制定国际货币基金组织的融资安排，支持成员国的经济改革规划，并检查成员国执行国际货币基金组织安排的活动或项目。地区部还与其他有关的职能部门一起，向成员国提供政策建议和技术援助，并与主管地区的区域性组织和多边机构保持联系。在职能部门工作人员的配合下，地区部通过与成员国直接联系，开展国际货币基金组织大部分的监督工作。

2. 其他职能和特殊服务部门

（1）财政事务部

财政事务部负责所有与成员国公共财政有关的活动。该部的主要职责，是参加涉及财政问题的地区部门代表团，审核国际货币基金组织政策建议，考查国际货币基金组织支持的调整规划中的财政部分，并在公共财政领域提供技术援助。此外，该部还开展对财政问题的调查和政策研究，并研究收入分配和贫困、社会保障体系、公共开支政策和环境问题。

（2）基金学院

基金学院向成员国（特别是发展中国家）的官员提供培训。培训内容包括：金融规划与政策、对外部门政策、国际收支方法、国民账户以及政府金融统计和公共财政政策，等等。

第四章 成员国资格与内部机构设置

(3) 法律部

该部负责向管理层、执行董事会和工作人员提供适用法律条文的咨询,负责国际货币基金组织开展活动所需要的各种法律工作,如法律文件的起草等。在法律诉讼和仲裁案件中,法律部充当国际货币基金组织的法律顾问。按照要求,该部应提供立法改革方面的技术援助,负责答复成员国当局和国际组织提出的关于国际货币基金组织法律规定的问题,并就国际货币基金组织在汇兑措施和限制方面的管辖权做出法律结论。

(4) 货币和汇兑事务部

货币和汇兑事务部的主要职责,是就金融体系的健全性(包括谨慎管理、监督和系统性重组)、中央银行的货币与汇率政策和工具、资本流动和汇兑措施及制度等事务,向成员国和地区部提供分析和技术支持。货币和汇兑事务部要制定和传播关于货币的良好政策和最佳做法。围绕监督活动和申请使用国际货币基金组织资金问题,该部负责检查与其专业利用有关的问题,并在政策评价和制定方面提供专业支持。它还与各成员国的中央银行、监督机构以及其他国际组织协调,在上述领域提供援助。

(5) 政策发展与评估部

在国际货币基金组织内部机构中,关于贷款机制及其政策方面,政策发展与评估部发挥着中心的作用。通过对成员国及政策工作的检查,政策发展与评估部要确保实行双边和多边的监督,检查与评估那些受到国际货币基金组织资金支持的成员国的经济规划,检查与评估包括透明度和危机防范在内的关键领域中的政策实施。近年来,关于国际货币基金组织在加强国际金融体系、突出贷款条件的重点,以及关于实施减少贫困等方面的工作,都是政策发展与评估部的核心工作。此外,政策发展与评估部还与地区部一道,向那些使用国际货币基金组织资金的成员国,提供具体的技术援助。

(6) 研究部

研究部负责与国际货币基金组织工作有关领域的研究。例如，在制定关于国际货币体系和监督的做出方面，研究部发挥着突出的作用。它与国际货币基金组织的其他部门合作，共同制定对成员国的政策建议。它还负责协调编写半年度的《世界经济展望》和年度《国际资本市场》报告，负责向七国集团、亚太区域经合作组织等提交报告，为执行董事会关于世界经济和市场发展研讨会提交分析报告，等等。

(7) 统计部

统计部负责管理国别、地区以及全球经济和金融统计数据的数据库，并通过审查国别数据，辅助国际货币基金组织行使监督职能。它还负责制定国际收支统计、政府财政统计，确定货币与金融统计的概念，编写统计方法手册，等等。同时，统计部还向成员国提供技术援助和培训，帮助建立统计制度，负责出版国际货币基金组织的统计刊物。此外，统计部还负责制定和解释成员国公布数据的标准。

(8) 财务部

财政部负责制定国际货币基金组织的财务政策及其实施，执行和控制普通账户、特别提款权账户和管理账户的财务操作，根据行政与资本的预算控制国际货币基金组织的开支，维持国际货币基金组织的账户和财务记录。财务部的职责还包括：份额检查、国际货币基金组织融资和流动性、借款、投资、国际货币基金组织的收入和特别提款权的业务政策。

3. 信息与网络部

信息与网络部以通俗易懂的方式，向公众宣传国际货币基金组织的政策和业务方面。因此，该部门是国际货币基金组织对外宣传的机构。具体来说，信息与网络部负责国际货币基

第四章 成员国资格与内部机构设置

金组织非统计刊物的编辑、印刷和分销,向新闻界和公众提供信息服务,与非政府组织和议会团体保持接触,为管理层起草讲话稿,管理国际货币基金组织的网站,等等。

国际货币基金组织的亚太办事处、欧洲办事处、日内瓦办事处和驻联合国办事处等机构,与其他的国际与地区机构保持尽可能多的密切接触,交换彼此的信息。

4. 辅助服务部门

(1) 技术与综合服务部

技术与综合服务部管理和提供对国际货币基金组织业务至关重要的各项服务,包括:信息服务(信息技术、电信、文件管理和图书馆服务),设施和一般行政服务(设施管理、大楼建设项目、旅行管理、制图和采购服务),语言服务(口译、笔译和非英文出版物),等等。把这些服务集中在一个部门,可以使国际货币基金组织非常方便地制定对内对外的服务计划。通过减少有关职能的某些重叠,建立这样一个统一的技术与综合服务部,可以提高国际货币基金组织的工作效率。同时,也能更加有效地分配预算资源,节约机构开支,更好地满足国际货币基金组织工作的需要。

(2) 人力资源部

2000年,人力资源部曾对自身的工作进行广泛评估,对部门进行重组,从而形成了新的人力资源战略。该部门的工作宗旨,就是要为国际货币基金组织的其他部门制定人力资源计划,并提供人力资源资源建设的帮助。

(3) 秘书部

秘书部负责协助国际货币基金组织的各管理机构进行工作,并提供各种与秘书工作相关的服务。特别是秘书部要协助管理层的工作,协调执行董事会和其他官方机构的工作计划,其中包括安排执行董事会会议日程等方面的工作。此外，作为秘书部，它要负责安排国际货币基金组织的年会，负责与世界银行的相关部门进行联系与合作。

五　国际货币基金组织内部人事管理

1. 总裁的选举

执行董事推选国际货币基金组织总裁（Managing Director）一人，但这位总裁不能是理事（Governor）或董事（Director）。总裁负责国际货币基金组织的日常管理。总裁既是国际货币基金组织的最高行政领导，同时也是执行董事的主席。在进行决策表决时，除非在双方票数相等时，总裁可投一决定票外，通常他（她）没有投票权。在出席理事会中，总裁也没有投票权。作为国际货币基金组织的理事或执行董事的人，都不得兼任总裁。国际货币基金组织的总裁任期一般为5年，也有连任两届的。

表4-2　国际货币基金组织历届总裁一览表

序号	在任时间	姓　　名	国　籍
1	1946~1951年	卡米勒·卡特（Camille Gutt）	比利时
2	1951~1956年	艾瓦尔·鲁斯（Ivar Rooth）	瑞　典
3	1956~1963年	皮尔·雅各布森（Per Jacobsson）	瑞　典
4	1963~1973年	保罗·施威泽（Paul Schweitzer）	法　国
5	1973~1978年	约翰尼斯·韦特文（Johanners Witteveen）	荷　兰
6	1978~1987年	雅克·德拉罗西埃（Jacques de Larosiere）	法　国
7	1987~2000年	米歇尔·康德苏（Michel Camdessus）	法　国
8	2000~2004年	霍斯特·科勒尔（Horst Koehler）	德　国

第四章 成员国资格与内部机构设置

按照惯例,世界银行行长是由美国人担任的,因此,作为世界银行的姊妹机构,国际货币基金组织的总裁都是由欧洲人担任。但国际货币基金组织的副总裁一职,则一直是由美国人担任。

自国际货币基金组织成立至今,先后有8人担任总裁。其中,三位来自法国、两位来自瑞典,其余三位分别来自比利时、荷兰和德国。表面上,国际货币基金组织总裁由执行董事会推选产生,但事实上,总裁人选总由国际货币基金组织最大股东的政府秘密决定。这是因为,国际货币基金组织推选总裁的程序是在组织内部的董事会内进行投票,董事会虽然有24个成员,但实行的并不是一人一票制度,而是根据成员国向国际货币基金组织提供资本的份额来确定其选票的分量。另外,资本份额达到并超过15%的国家,还对投票结果拥有否决权。因此,换言之,这位国际货币基金组织总裁的最终当选,总是由美、日、欧这些西方国家政府相互协商产生的,即新总裁的选定完全掌握在美、日、欧国家的手中。所以,国际货币基金组织总裁的选举,也确有几分如某些成员国所抱怨的:不是一人一票,而是一美元一票。

2. 工作人员的任命与管理

(1) 工作人员的任命

在执行董事会的总监督之下,国际货币基金组织的工作人员由总裁任命、组织和辞退。总裁在任命工作人员的时候,最重要的,是应注意该人员是否具有很高的工作效率和很强的工作能力。同时,在选聘工作人员的时候,国际货币基金组织强调国际化的用人方针,即尽可能在全球范围内挑选和录用工作人员。

对国际货币基金组织工作人员来说,他们必须只对国际货币基金组织负责。在效率与技能方面,他们应当达到《国际货币基金组织协定》中所规定的"最高水准"。为了保持成员国能够不断地从国际货币基金组织获得应有的帮助,与国际货币基金组织建立长期的合作关系,国际货币基金组织在招聘工作人员的时候,要录用一批志愿在国际货币基金组织长期工作的国际公务人员。同时,还要根据国际劳动力市场的变化,并结合短期的工作重点,国际货币基金组织还必须雇佣很多短期工作人员,临时聘用一批能够解决现实问题的专业人员。至于一些技术性工作,尤其是一些特定服务性工作,以及一些高度专业化的经济、金融及技术性工作,国际货币基金组织则根据客观需要进行商业化运作。甚至在必要时,将一些国际货币基金组织的工作采用外包的方式。这样做的目的,就是为了更灵活、更有效地运用国际货币基金组织的物质和人力资源,最大限度地提高国际货币基金组织的工作效率。

(2) 雇佣分类

1999年1月,国际货币基金组织对它的工作人员雇佣框架进行了大的修正。其目的,是在新的形势下,进一步理顺雇佣标准,并在实际工作中严格实施这些新的标准。同时,为了满足国际货币基金组织内部的用人需要,完善人事管理制度,根据1999年末和2000年初的一项有关职位和职能调整调查的结果,经过执行董事会批准,管理层决定对217个职位进行重新分类和调整。

(3) 对工作人员的要求

近年来,由于对国际货币基金组织改革来自国际社会的呼吁日益增多,以及国际货币基金组织内部的工作日益繁重,导致该组织工作人员感到正面临着不断加大的压力。对此,执行董事会也表示出很大的担忧。1999年底,由国际货币基金组织管理层任命的"压力工作小组"递交了一份工作报告。该报告

建议，应制定一些切实的措施，努力减轻因改革和工作加重对雇员造成的巨大压力。2000年3月，国际货币基金组织内部审计与监察办公室还完成了一项评估，该评估主要内容，就是考查国际货币基金组织各部门的人事管理工作。最后，在这些调查和建议的基础上，国际货币基金组织工作人员协会委员会提出了一项十分具体建议报告，决定采取措施，解决工作人员所面临的一些压力。

于是，根据这些建议，国际货币基金组织执行董事会和人力资源部发表了一项声明，提出了改善国际货币基金组织人力资源管理的一些新措施做法。主要包括：

①更好地均衡工作负担和资源；
②改善管理做法并加强责任性；
③增加工作安排的灵活性；
④改善出访代表团的工作环境；
⑤为工作人员应付压力提供更多的指导；
⑥解决在国外居住和频繁出差带来的压力。

除了上述6项措施外，还涉及工作人员的加班问题。执行董事会和国际货币基金组织工作人员普遍认为，解决问题的方法，一方面，必须制定十分明确的机构职责，明确工作重点，取消无关紧要的活动。另一方面，国际货币基金组织管理层要为新的工作任务提供足够的资源，减少人员的工作负担。人力资源部决定，对工作人员压力要进行季度调查，并监督人力资源管理的工作进展。

这些关于减轻工作人员压力的计划，还提出了一些新的要求。具体内容主要包括：第一，通过部门年度人力资源计划，更好地规划资源；第二，在升职标准和年度考评方面，促进并奖励良好的管理做法，尤其要关注较高级的工作人员的管理行为；第三，通过在一些部门实施"压缩工作时间"，为工作安排提供更多的灵活性；第四，制定国际货币基金组织工作人员出差行为守则，减轻出差压力；第五，为工作人员提供必要的服务信息和业务指导，以有利于他们减轻和应付压力。

还应指出的是，为了帮助工作人员减轻家庭压力，国际货币基金组织在华盛顿总部开设一家幼儿园。在工作人员在加入国际货币基金组织头60天之内和生育（领养）孩子前后，国际货币基金组织不鼓励他们进行对成员国访问等出差任务。此外，管理层和人力资源部还开始对每年出差超过50天的工作人员进行监测，其目的是关注他们的工作压力状况并提供必要的服务性帮助。

（4）选聘工作人员的多样化

执行董事会强调，国际货币基金组织在选聘工作人员的时候，倡导地区来源和专业种类等方面的多样化。也就是说，这种多样化，涉及如何选聘各种专业技术人才，涉及工作人员的性别组合、地区分布，等等。而这项选聘人才的工作，对于提高国际货币基金组织这一国际机构的效率，具有至关重要的作用。国际货币基金组织设有负责人员多样化的高级顾问，他们要经常向国际货币基金组织总裁汇报工作。同时，这些高级顾问已制定许多措施，规划出许多指标，用以加强和监测有关人员的国籍、性别状况，检验是否实现了这种人员的多样性。同时，作为人事方面的高级顾问，他们与人力资源部一道，不断加强同其他部门的密切合作，协调解决出现的新问题，寻找实现多样化的新机会，并负责指导实施各个部门的人员管理计划。

从1996年起，上述这些计划就已经制定出来，并且每年还要对人事管理进行检查。在2001财政年度，国际货币基金组织各个部门将这些计划进行更新，建立新的综合人力资源计划。这一综合人力资源计划是国际货币基金组织的人员多样化努力的结果。综合人力资源计划还包括：协助确保级别和薪金公平

第四章 成员国资格与内部机构设置

的措施,录用和职业发展倡议,针对新雇员的交易指导计划,加强交流并提高人事政策和程序透明度的措施,以及促进顾及家庭的工作安排和福利(包括向同居伴侣提供医疗保险福利),等等。

此外,在评估管理人员表现和考虑晋升决定时,国际货币基金组织更强调灵活的人事管理思维和多样化的考核标准。国际货币基金组织管理层近年来更加强调注意选拔女性,以及尽可能多地安排来自发展中国家的工作人员进入管理层,这些是国际货币基金组织人事管理工作中,被认为比较薄弱而应有所改进的地方。从表4-3中,我们也可以看到,在工作人员总数方面,男女工作人员比例大体相当,但在辅助性工作人员、经济学家及专门职业工作人员的组成中,女性所占比例明显偏低。

表4-3 国际货币基金组织工作人员性别分布

工作人员	1980		1990		2000	
	人数	百分比	人数	百分比	人数	百分比
所有工作人员						
总数	1444	100.0	1774	100.0	2456	100.0
女性	676	46.8	827	46.6	1142	46.5
男性	768	53.8	947	53.4	1314	53.5
辅助性工作人员						
总数	613	100.0	897	100.0	1386	100.0
女性	173	26.8	274	30.5	484	34.9
男性	473	73.2	623	69.5	902	65.1
经济学家						
总数	362	100.0	529	100.0	877	100.0
女性	42	11.6	70	13.2	201	22.9
男性	320	88.4	459	86.8	676	77.1

续表 4-3

工作人员	1980		1990		2000	
	人数	百分比	人数	百分比	人数	百分比
专门职业序列						
总数	284	100.0	368	100.0	509	100.0
女性	131	46.1	204	55.4	283	55.6
男性	153	53.9	164	44.6	226	44.4
管理层工作人员						
总数	185	100.0	235	100.0	342*	100.0
女性	11	5.9	13	5.5	40	11.7
男性	174	94.1	222	94.5	302	88.3
经济学家						
总数	99	100.0	184	100.0	271	100.0
女性	4	4.0	9	4.9	25	9.2
男性	95	96.0	175	95.1	246	90.8
专门职业序列						
总数	86	100.0	51	100.0	71	100.0
女性	7	8.1	4	7.8	15	21.1
男性	79	91.9	47	92.2	56	78.9

说明：* 包括在职人员。

(5) 薪酬制度

为了招聘和留住国际货币基金组织各部门所需要的工作人员，国际货币基金组织的管理层还制定了富有吸引力的报酬和福利制度。同时，国际货币基金组织每年还要对工作人员的薪金结构进行检查。在被认为理由充分的情况下，可以对工作人员的薪金进行调整。至于调整的标准，主要是以美国、法国、德国等国家的私人金融工业公司及公共部门机构的薪金为参照基础。2001年，国际货币基金组织就是根据对这些参照国家的薪金状况的最

第四章 成员国资格与内部机构设置

新分析,对薪金结构进行比较大的调整,薪金总水平比 2000 财年上升了 4.5%。之后,在 2002 年,执行董事会又批准将薪金进一步提高 4.8%(见表 4-4)。

表 4-4 国际货币基金组织工作人员薪金结构*

单位:美元

级别	低限	高限	职称说明
A1	21360	32060	不适用
A2	23940	35880	司机
A3	26780	40180	工作人员助理(办事员)
A4	30000	45040	工作人员助理(初级秘书)
A5	33650	50450	工作人员助理(有经验的秘书)
A6	37600	56460	高级秘书助理,其他助理(如编辑、计算机系统、人力资源)
A7	42170	63270	研究助理、行政助理
A8	47230	70870	高级行政助理(如会计、人力资源)
A9	50240	75380	图书馆员、翻译、研究官员、人力资源官员
A10	57790	86670	会计师、研究官员、行政官员
A11	66360	99560	经济学家(博士、初级)、律师、专家(如会计、计算机系统、人力资源)
A12	74310	111470	经济学家、律师、专家(如会计、计算机系统、人力资源)
A13	83250	124850	经济学家、律师、专家(如会计、计算机系统、人力资源)
A14	93220	139860	副处长、高级经济学家
A15/B1	105350	158050	处长、副处长
B2	121460	176220	处长
B3	144330	187800	助理部门主任、顾问
B4	168190	210230	部门副主任、高级顾问
B5	198060	237740	部门主任

说明: * 2001 年 5 月 1 日生效。

为了提高国际货币基金组织的工作效率,更有效地调动和发挥工作人员的积极性,作为加强国际货币基金组织人事管理的重要手段,针对工作性质的不同,国际货币基金组织制定了十分详细的薪金制度。下面对高级管理人员的薪金水平及内部资本预算的管理方式,作一简要介绍。

①管理层的薪酬

为反映每一管理层职位所负的责任,反映管理层同工作人员薪金结构之间关系,从2000年7月1日起,管理层的薪金结构如下:

总裁　　　　　317710美元
第一副总裁　　266790美元
副总裁　　　　254080美元

管理层薪金结构,由执行董事会定期进行结构检查并作年度修订。薪酬自发地、但又非正式地与其他国际组织的薪酬挂钩。

②执行董事会薪酬

根据理事会与执行董事会薪酬委员会的建议,经理事会批准,自2000年7月1日起,执行董事的薪酬增加5%,副执行董事薪酬增加5.6%。执行董事的薪酬是168660美元。副执行董事的薪酬是145890美元。过去,除了工资外,执行董事和副执行董事还可以拿到补充津贴。2000年7月,理事会与执行董事薪酬委员会建议,将补充津贴纳入工资。最终,理事会批准了这项建议并予以实施。

③内部资本预算

目前,国际货币基金组织越来越意识到,在保持现在组织规模的条件下,要加强自身的影响与作用。在2000年底,一个外部专家小组对国际货币基金组织的内部预算程序进行了检查。2001年春天,执行董事会又举办了一次研讨会,讨论该小组的工作及其检查结论。从总体上,执行董事会支持评估报告所建议的预算程序改革方向,认为改革可以建立在过去二年实施的各项变化的基础之上。执行董事会赞同管理层提出的建立工作小组的建议,并要求该小组应与有关部门合作,研究并逐步出台一个更加注重效益的预算框架。

3. 内部业务考核

(1) 独立评估办公室成立的必要性

对于如何进行内部机构和人员考核的问题,国际货币基金组织管理层很早就有成立独立评估办公室的想法,这至少可以追溯到1993年1月。当时,执行董事会就讨论了总裁提出的另行建立评估办公室的建议。尽管就此问题做了大量讨论,但当时并没有就如何实施该建议达成共识。因此,国际货币基金组织继续采用内部评估的办法,包括对一些问题进行自我评估,如对亚洲金融危机国家提供的国际货币基金组织规划、加强的结构调整贷款(ESAF)和监督。此外,内部审计与监察办公室还对国际货币基金组织常驻代表处的业务和技术援助工作进行检查。

后来,国际货币基金组织还发表了一些由外部专家撰写的评估报告。该评估报告涉及该小组的具体工作内容,如加强的结构调整贷款、内部研究活动和监督。执行董事会对这一做法做了检查,听取了官方部门内外的看法。最终,执行董事会所做的结论是这些外部专家所做的评估与建议与实际情况有较大差距。其原因是外部专家不太熟悉国际货币基金组织业务和职责的细节。

于是,从2000年开始,国际货币基金组织执行董事会决定成立独立评估办公室,以对这些来自国际货币基金组织的内部和外部检查和评估进行补充。这样,有助于国际货币基金组织汲取经验教训,更快地将改进意见吸收进其今后的工作。总的来说,成立独立评估办公室的主要目的,就是为了加强国际货币基金组织内部学习文化,提高国际货币基金组织的外部信誉,促进外界更好地了解国际货币基金组织,支持执行董事会所负担的机构管理和监督职责。

(2) 独立评估办公室职责

具体地说,独立评估办公室的职责范围包括:

① 结构与责任

评估办公室独立于国际货币基金组织管理层和工作人员。它应在与执行董事会保持一定距离的情形下运行。评估办公室的结构和运行模式,维持其业务的真正独立性是其必须坚持的工作原则。

评估办公室由执行董事会任命一位主任,由他(她)来领导评估办公室的工作。评估办公室主任任期四年,可续任一届(最长不超过三年)。主任一职可在执行董事会批准之下随时解除。在任期届满时,评估办公室主任不得被任命为国际货币基金组织的永久工作人员。

评估办公室主任负责选拔本部门的工作人员,其中包括外部咨询专家。这些工作人员的业务职责和条件,将由执行董事会决定。这样做的目的,是确保评估办公室能够独立和高质量地从事评估工作。

评估办公室主任要负责拟定工作规划。评估办公室工作规划的主要内容,应着重于对国际货币基金组织成员国有重大意义的问题,并且不能脱离国际货币基金组织的工作宗旨。评估办公室的工作规划,应在与执行董事会和管理层磋商之后拟定。评估办公室要向执行董事会呈交工作报告,供执行董事会审阅。

评估办公室的主任要定期向执行董事会汇报工作,包括起草本部门的工作年报。另外,评估办公室还要将它的工作报告定期呈交给国际货币与金融委员会。针对评估办公室所做的各项评估,工作人员、管理层或相关成员国的有关当局,应有机会对评

第四章　成员国资格与内部机构设置

估办公室的评估报告提出看法和评论。

在与执行董事会磋商之下,评估办公室还要拟定评估办公室业务预算,并上报执行董事会审批。拟定预算工作应独立于管理层。但是,具体到预算的执行,将受制于国际货币基金组织的预算和支出管制程序。至于评估办公室的资金预算,是作为执行董事会预算项目的一部分。如果执行董事会提出要求,评估办公室对来自外部的任何评估,也可以提供技术等方面支持。

②磋商、内外关系及检查

在执行其使命(包括拟定其自身的工作规划)的过程中,评估办公室可自由与任何人或任何团体(无论是国际货币基金组织内部或外部)进行磋商。但是,它要对自己起草的评估报告、年报、对外声明及各种文件承担负责。

评估办公室的工作规划要对外公布,而且还要迅速公布评估办公室的报告。只有在特殊情况下,执行董事会才可以做出不对外公布的决定。

公布的评估报告,将含有国际货币基金组织管理层、工作人员和其他方面(包括有关国家政府)所做的评论,尤其要包括国际货币基金组织执行董事会对这些报告所做的结论。

至于评估办公室与国际货币基金组织内部工作人员的关系,执行董事会规定,评估办公室应尽量避免干预其他部门的具体业务活动,特别是不应事无巨细地管理机构的运行。

在评估办公室成立三年之内,执行董事会还要对评估办公室业务进行外部检查。检查的目的,是评判其组织结构、使命、业务模式或职责范围。这些检查要全面征求官方团体以外的看法和建议。

第五章
与其他国际组织的关系

一 与世界银行的关系

1. 初期的分工

作为全球两家最大的国际金融组织,在国际货币基金组织与世界银行的创建初期,彼此间就有着十分明确的职责分工。对于国际货币基金组织来说,在能够促进成员国国内及国际经济发展的前提下,它应负责向成员国提供国际收支的临时性融资。而作为世界银行,则负责发放长期性的投资贷款,帮助借款国家和地区实现经济增长,帮助借款国家和地区建立有效的资源配置。也就是说,世界银行的工作重点,在于帮助成员国制定长期的发展战略,推动部门和项目投资。

应该说,作为布雷顿森林体系产物的两个国际经济组织,国际货币基金组织在二战后国际货币体系中长期处于核心地位,而作为提供发展资金的世界银行,从一开始,它就并未成为布雷顿森林体系设计者们关注的重点。只是随着欧洲复兴事业的发展,以及大批发展中国家纷纷摆脱殖民地束缚而独立,才使加入世界银行的成员日益增多。为推动这些国家的发展,对世界银行资金需要的问题,显得越来越突出。于是,在世界经济发展过程中,

第五章 与其他国际组织的关系

世界银行的地位也相应地变得日益重要。

可以说，两家国际金融组织彼此间的关系，一直在不断地发生变化。其中，最重要的变化，还是从 20 世纪 70 年代开始。由于国际货币基金组织的贷款期限被延长，管辖的范围从需求方面扩大至供给方面，而世界银行的业务领域扩张至宏观经济方面，加上增加了以广泛的经济改革为目标的经济援助，使国际货币基金组织与世界银行之间的业务交叉日益明显，而彼此间的分工也日益模糊。在结构调整的贷款方面，贷款条件性的交叉问题日益突出。这一问题已引起广泛的批评。所谓贷款条件性的交叉，主要有三方面内容：其一，世界银行以政策调整为基础的贷款，往往与国际货币基金组织的备用安排相联系。其二，世界银行与国际货币基金组织在考虑对同一个国家的贷款安排时，所分析的政策变量和关键变量往往相同。例如，世界银行结构调整计划中的 22 项内容在国际货币基金组织支持的调整计划 26 项内容中均有对应。[①] 其三，在确定借款国的信用资格方面，国际货币基金组织与世界银行也存在着关联。例如，国际货币基金组织的否决意见，会影响该国得到世界银行贷款和其他来源的贷款。

2. 亟待解决的业务分工

从上面对两家国际金融组织的业务分工的介绍，我们明显地感觉到，由于判断各国经济形势的工具与标准不同，在对成员国提出政策建议时，国际货币基金组织与世界银行之间极易形成矛盾冲突，使成员国无所适从。由于业务交叉产生人力与财力资源的浪费，阻碍贷款的及时发放，而且更为严重的是造成接受贷款国家的政策混乱。因此，国际社会对这两家国际

---

① E.范伯格：《世界银行与国际货币基金组织变化着的关系》，《国际货币制度及其改革》第 5 章，诺斯—霍兰出版公司，1990，第 637～638 页。

金融机构设想了许多改革方案。

具体来说，这些改革方案可以概括为三种：第一种方案，是将国际货币基金组织与世界银行合并，变为一个统一的国际金融机构。但是，事实上，这两家国际金融组织均已有数十年的发展历史，都已各自形成了庞大的政治和官僚体制，两家国际金融机构的合并成本，无论从何种角度分析，都将是非常巨大的。因此，可以肯定，在相当长的时期内，这一方案将难以实现。第二种方案，是恢复到二战后初期彼此业务分工原状。这样，使国际货币基金组织和世界银行重新信守各自的责任范围。笔者认为，这一方案显然不符合世界经济发展的大趋势。在金融全球化的今天，影响各国货币金融政策的因素，其复杂程度远非几十年前可比。无论是国际货币基金组织还是世界银行，它们与成员国间合作所面临的问题往往是共同的，为成员国提出的金融政策建议，也往往是趋同的，提供贷款的性质与条件发生重合，也自然在所难免的。所以，第二种方案使两家国际金融组织回归到它们初建时的业务范围，是不现实的。至于解决两家国际金融组织矛盾的第三种方案，是重新界定两家机构的职责，明确各自的业务范围和合作限度。应该说，这是在承认现实的情况下的改革方案，在目前的基础上，对两家机构的业务分工进行新的必要的界定，也是各方都能够容易接受的方案。

因此，综上所述，比较起来，第三种方案是一个具有折中意味的方案，是最具有可操作性的一种方案。当然，重新界定两机构的分工，还要解决以下几个方面的问题：

①开发一个共同的经济模型，尽力调和以前因分析方法不同造成的政策建议冲突。即便无法形成一致意见，也要向两机构的成员国说明。

②对于备用安排，国际货币基金组织应将其限制在宏观经济方面。这样，可以使备用计划与经济增长的目标相一致，并能够

第五章 与其他国际组织的关系

限制其范围的过度扩张。而对世界银行而言,则应将其贷款计划集中在成员国的产业部门和微观经济目标方面;

③两机构在确定贷款条件时,应考虑选择不同的变量。应该以几个有选择的目标变量代替以往过分繁多的要求;

④在借款国家的信用资格确定方面,以及在贷款安排与商业性融资问题上,两家机构应各自保持必要的独立性。

3. 两家机构目前日益加深的合作

总体来说,作为世界上两家最重要的国际金融机构,由于存在许多共同的利益,所以,加强合作的愿望要远远大于彼此间的分歧。为了促进信息分享和加强工作规划中的协调,1998年成立了世界银行—国际货币基金组织金融部门联络委员会,并制定了两部门在金融工作的协作准则。作为该委员会的一个倡议,1999年5月,发起金融部门评估规划的试点项目。该项目的目的,是密切世界银行与国际货币基金组织的协作,扩大对成员国金融体系分析的覆盖范围。国际货币基金组织和世界银行还就一项倡议进行协作,内容涉及推广使用国际标准和守则,评估成员国如何遵守一些特定标准。

2000年9月,国际货币基金组织总裁和世界银行行长发表了一份联合声明,题目《为实现持续增长和减少贫困而加强的伙伴关系》。在该声明中,双方介绍了两机构一些共同的设想,以及如何加强合作的原则纲要。声明还明确了两机构的作用,强调注重各自核心职责和能力的重要性。2001年2月,国际货币基金组织总裁和世界银行行长首次一同出访了非洲,这在一定程度上,也体现了两家国际金融组织的伙伴关系的加强。

为了加强两机构在促进经济增长、减少贫困与债务等领域的合作,双方的工作人员经常在一起进行系列研究。例如,2001财年年底,国际货币基金组织与世界银行的工作人员做了一个合作项目,对 25 个重债穷国的公共支出管理系统进行了详细评估。这项评估的目的,是确定如何寻找关于这些系统的行动计划。两机构的联合实施委员会还成立一个工作组,专门分析这些行动计划,以及行动计划对那些参加减贫的国家的社会影响。同时,世界银行与国际货币基金组织还就简化贷款条件进行协作,把支持规划的贷款条件局限在两机构具有专长和能力的领域。

二 与其他国际组织的关系

1. 与联合国的关系

国际货币基金组织与联合国有密切的合作。合作的一个主要渠道,是双方通过国际货币基金组织驻联合国特使建立联系。国际货币基金组织驻纽约联合国办事处特使的职责,是加强国际货币基金组织与联合国之间的沟通与合作。其中,驻联合国办事处的最主要职能,包括介绍国际货币基金组织的观点,为在联合国举行的与国际货币基金组织有关问题的讨论提供素材,让国际货币基金组织了解联合国系统内发生的重大变化,促进与其他国际机构的合作,等等。

2000 年 6 月,在日内瓦举行的联合国大会特别会议上,联合国秘书长发布了由国际货币基金组织、经合组织、联合国和世界银行联合撰写的一份报告,题为《一个造福全人类的美好世界》。

近年来,关于国际货币基金组织与联合国的合作,还有许多事例:例如,2000 年 7 月,在联合国经济与社会委员会举行的例行会议期间,国际货币基金组织的一位副总裁出席,并就当时全球经济面临的一些问题,同相关人士交换了意见,并介绍了信息和通讯技术对全球金融发展所产生的积极影响。之后,2000

第五章 与其他国际组织的关系

年 9 月 5 日～12 月 23 日，在联合国大会上，国际货币基金组织特使发表了讲话。2002 年 3 月，在墨西哥举行的关于融资问题的会议上，应联合国邀请，国际货币基金组织负责并参与了此次会议的筹备工作。

2．与国际清算银行的关系

作为另一家国际金融机构，国际清算银行是历史上最悠久的国际金融机构之一，也是一个具有重要影响的跨地区的国际金融组织。与国际货币基金组织和世界银行不同，国际清算银行不属于政府间的合作组织，其股东成员仅为相关国家的中央银行或商业银行。因为它具有跨地区性质，所以与国际货币基金组织及世界银行一样，对国际货币金融体系也发挥着重要影响。于是，在处理国际金融事务时，国际货币金融组织要经常与国际清算银行打交道。

那么，具体来说，国际货币基金组织与国际清算银行之间的合作，主要表现在：

第一，资金合作。国际清算银行是国际货币基金组织同意持有特别提款权的 16 个机构之一。从 1974 年 1 月 21 日开始，国际货币基金组织允许国际清算银行使用特别提款权。当国际货币基金组织认为必要时，可以用特别提款权向国际清算银行购买硬通货，也可以用硬通货向国际清算银行购回特别提款权。因此，国际清算银行成为帮助国际货币基金组织筹资并弥补资金缺口的重要国际合作机构。

第二，信息合作。与国际货币基金组织、世界银行一样，国际清算银行也是一家拥有广泛经济信息资源的国际经济组织，在对世界经济和国际金融的研究同样具有很大权威性。因此，与国际清算银行经常地交换信息资源、共同举办相关会议，成为国际货币基金组织对外信息合作的重要工作之一。

第三，合作解决棘手问题。在如何对付金融危机、减少贫困国家的债务等问题，国际货币基金组织与国际清算银行之间的合作也是必不可少的。对于国际货币基金组织而言，不断加强与国际清算银行的合作，对于自己能够比较顺利地开展"金融救援"工作，具有十分的重要作用。

3. 与世界贸易组织的关系

按照1996年12月签署的《合作协议》，国际货币基金组织与世界贸易组织开展了许多正式和非正式的协作。根据这项《合作协议》，国际货币基金组织以观察员身份参加世界贸易组织的会议，定期参加世界贸易组织大多数机构的正式会议。同时，它还要与世界贸易组织一起，参加国际收支限制委员会的磋商活动。

近年来，国际货币基金组织的管理层与世界贸易总干事进行过多次会谈。会谈内容包括：如何在新一轮贸易谈判中进行合作，如何改善机构的政策咨询，如何向一些国家和地区提供技术援助，如何改善最不发达国家出口产品的市场准入，等等。为了避免在提供的政策建议中出现不一致，世界贸易组织和国际货币基金组织保持着经常接触与磋商。

4. 与地区开发银行及政府集团的关系

无论是在金融危机、减少贫困还是加强全球金融体系方面，国际货币基金组织都与世界多边与地区性开发银行密切合作。这些合作包括制定和实施经济与金融发展，发布信息和工作人员访问交流。为了加强合作、连续性，提高政策与程序的一致性，国际货币基金组织和多边开发银行还成立了一些技术层的工作小组。这些小组负责解决的问题有金融部门改革、金融管理、治理和腐败、减贫和性别问题。

第五章　与其他国际组织的关系

仅以 2001 财年为例,国际货币基金组织地区性开发银行进行了一系列合作。与亚洲开发银行一起,加强在东亚地区金融方面的合作;与欧洲复兴开发银行合作稳定东南欧的经济形势;与泛美开发银行合作,解决阿根廷危机;与非洲开发银行一起,安排非洲首脑出席共同会议;等等。此外,国际货币基金组织工作人员还定期参加由其他地区性经济、金融组织在世界各地举办的会议、研讨会和论坛。

国际货币基金组织还积极参加各种政府间的集团会议与活动,这些集团如七国集团、十国集团、二十方集团、二十四国集团等。例如,2000 年 10 月 25 日,国际货币基金组织总裁参加了二十方集团在蒙古特利尔召开的会议。国际货币基金组织总裁的经济顾问也参加了这次国际经济会议,并在关于世界经济的专题会议上致开幕辞。2001 年 2 月 17 日,国际货币基金组织总裁在七国集团财长与中央银行行长会议上,与参加会议的各国官员一起审议了当时的经济形势。

5. 国际货币基金组织驻外三大办事处的国际联系

基金组织与各个地区的经济组织,都有比较密切的联系与合作。这种联系与合作途径,主要都是通过国际货币基金组织的欧洲办事处(驻巴黎)、日内瓦办事处和亚太地区办事处(驻东京)进行的。

欧洲办事处负责国际货币基金组织与欧洲的地区性机构的联络。当然,该办事处的一个重要工作,还要定期参加经合组织在巴黎举行的会议,尤其是参加经合组织中的经济政策委员会、经济和发展审议委员会和发展援助委员会这三个专门委员会召开的会议。国际货币基金组织工作人员与经合组织联络的目的,是交换两个组织对国际经济形势的分析和政策评估,进行其他有关的信息交流。此外,办事处的工作人员还与欧盟设在布鲁塞尔和法兰克福的机构保持联系。

日内瓦办事处的工作重点是关注多边贸易体系，尤其是关注欧盟内部与贸易有关的各项发展。这些机构包括：世界贸易组织、国际劳工组织、联合国贸易与发展大会、联合国难民专员办事处执行委员会、联合国人权专员办事处执行委员会办公室、世界卫生组织、联合国欧洲经济委员会和各国议会联盟。

亚太地区办事处的主要任务是加强国际货币基金组织对亚洲经济体的监督，促进国际货币基金组织在该地区的各项活动。该办事处与地区性集团保持密切的工作关系，包括亚太经济合作论坛、东南亚国家联盟、南太平洋论坛、太平洋岛屿国家领袖会议和马尼拉框架集团。同时，国际货币基金组织的亚太办事处与亚洲开发银行、联合国关于亚洲及太平洋的经济社会委员会、世界银行驻东京办事处等机构保持密切联系。

第六章

国际货币基金组织发展历史回顾

国际货币基金组织成立至今，已历经半个多世纪的沧桑。在这 50 多年的历史中，国际货币体系和世界经济形势都发生了巨大的变化，目前的状况与国际货币基金组织成立初期的形势相比，可以说，已是面目全非了。国际货币基金组织既经历过作为世界上最重要的金融机构的事业辉煌，又经常面临备受责难的"千夫所指"的发展困境。可以说，一部现代国际货币发展史，也就是国际货币基金组织发展史。回顾历史，对于我们进一步认识目前的国际经济关系，对于认识国际货币制度及国际货币基金组织自身的变革趋势，具有重要意义。

一 国际货币基金组织的初期发展

1. 初期的平价制度

第二次世界大战不仅使战败国德、意、日的经济遭到了重创，而且，即使那些获得胜利的国家，也蒙受了巨大的经济损失。所以，当战争结束以后，恢复经济成为各国政府首先面对的艰巨任务。由于各国更多地专注于国内政策，对国际货币合作虽然抱有诚意和期待，但确实没有给予更充分和有效的关注。在这种总的情势下，虽然国际货币基金组织自1946年5月正式开始金融业务之后，就立即着手履行其职能。例如，要求成员国确定汇兑平价、取消汇兑限制，以及确立货币的可兑换性，等等。但是，对于国际货币基金组织的要求，成员国积极响应者寥寥无几。因此，初期的国际货币基金组织在履行其职能方面，几乎是无所作为的。

按照国际货币基金协定，国际货币基金组织的两项重要职能，一是平价制，另一个就是美元对黄金的可兑换性。建立平价制，即要建立起固定汇率制度，为各国货币确定一个汇兑平价，在整个世界建立起一个汇兑平价体系。应当说，在布雷顿森林体系下，国际货币基金组织成员国均有义务维护这一体系的稳定性，确保本国货币的汇率不会随意变动。如果不能满足这一条件，那么成员国就没有资格使用国际货币基金组织的资金。

在国际货币基金组织倡导下实行的国际汇率平价制，是为了改善20世纪30年代的金汇兑本位制的弊端。在金汇兑本位制时期，主要贸易国家采取的竞争性贬值引起严重的不良后果。平价制的提出，就是试图通过国际间的适当合作，改善与金汇兑本位制度相关的调整进程。作为国际货币基金协定的条款规定是明确的，但是，在是否应该立刻建立汇兑平价的问题上，来自各方的争论出现了。由于战争的破坏，导致多数国家不得不在严重的通货膨胀、普遍的物资和劳务匮乏以及扭曲的国际贸易条件下致力于恢复经济。所以，当时的普遍舆论，是暂缓建立平价制度。但是，国际货币基金组织却认为，在战后各国的经济恢复过程中，起阻碍作用的关键因素，并不是不恰当的汇率，而是被战争所破坏的生产和交通。

基于这一认识，国际货币基金组织认为，确定汇兑平价并不会妨碍各国经济的恢复。于是，1946年9月12日，国际货币基

第六章 国际货币基金组织发展历史回顾

金组织要求 39 个成员国报告它们的汇兑平价。1946 年 12 月 18 日，国际货币基金组织公布了 32 个成员国及其许多殖民地国家的最初平价。然而，很快就发生了一些混乱。于是，越来越多的成员国逐渐退出平价制度。其中，法国于 1948 年 1 月，墨西哥于 1948 年 7 月，秘鲁于 1949 年 11 月，加拿大于 1950 年 9 月相继申请放弃官方平价。其中，尤其是法国的做法令国际货币基金组织大为恼火。当时由于汇率是人为制定的，所以经常会遇到官方平价同自由市场上的外汇标价不一致的情形。尤其明显的是美元和英镑之间的比价，官方平价为 1 英镑兑换 4.03 美元，而自由市场价格却是 1 英镑兑换 3.65 美元。其结果是鼓励了从其他西欧国家向英国的出口，同时又阻碍了向美国的出口。这就造成了有的国家获得英镑的盈余和美元的赤字。为了改变这种状况，1948 年 1 月，法国建立了一个英镑和美元的自由市场。法国还规定，法国向英国的出口商有义务按照官方平价，将其销售收益转换成本国货币，而向美国出口的商人则享受更为优惠的条件。这样一来，在对英国的出口被遏制住的同时，对美国的出口便得到了鼓励。

当然，国际货币基金组织坚决反对法国的这一做法。因为，法国的做法破坏了国际货币基金组织为各国汇率稳定所确定的规则，会对其他成员国产生极为不利的影响。但是，法国政府不顾国际货币基金组织的反对，坚持不放弃这一自由市场，同时擅自更改了它的汇兑平价。这样，国际货币基金组织于 1948 年 10 月 16 日剥夺了法国进一步提取国际货币基金组织资金的权力。

虽然有些成员国名义上没有宣布终止官方平价，但是，在现实中，却实行多重汇率。出于不同的政策目的，越来越多的交易是按照不同的汇率进行结算的。这等于使已经建立起来的平价制度名存实亡了。起初，实行多重汇率的国家，主要是拉美国家。但是，这一现象很快扩展到亚洲、中东甚至西欧国家。除法国以外，其他几个西欧国家虽然在绝大多数交易中维持着单一的固定汇率，但也感到需要建立某种如法国那样的与自由市场类似的机制。这样，在某些特定的交易中，可以使它们得到的货币能够以有利的条件售出。

许多经济学家认为，多重汇率虽然并非理想的做法，但在现实中，在长期存在国际收支逆差或通货膨胀的情况下，不失为一种次优的选择。因为，如果取消多重汇率，那么，或者采取普遍的贬值，或者采取对进口和支付上的数量限制。经济学家们认为，由于前者会促进国内的通货膨胀，后者则属于行政管制，这样，还不如让多重汇率发挥它的经济职能。更何况，在关税和贸易总协定条款中，一个主要精神就是取消数量管制。在这种舆论和现实压力下，国际货币基金组织采取了较为务实的态度，并不坚持要求成员国急于取消多重汇率。但同时，国际货币基金组织又为自己的这一让步划下最后的边界，即：要求将自由市场汇率仅限于特定项目，如资本项目和无形贸易项目。而且，成员国要避免使用各种异常做法，如外汇拍卖制、补偿安排等。这样，可以尽量减轻各国汇率问题的复杂程度。

在国际货币基金组织成员国中，还有一些国家，它们既没有宣布终止官方平价，也没有实行多重汇率，但多数国家宁可维持定值过高的汇率。原因多种多样，有的是担心调低汇率导致通货膨胀效应；有的担心调低汇率会提高进口成本，无助于经济的恢复。这些观点在1949年开始改变，西欧国家的汇率需要改变，已经成为无可争议的事实，从英镑贬值开始出现了一系列货币的贬值。于是，国际货币基金组织在其创建之初，为建立普遍的平价制度的努力遭受了挫折。

2．确立货币可兑换性受挫

在履行其职能过程中，国际货币基金组织遭受的另一个挫折，是发生在它试图取消外汇管制，确立货币可兑

第六章 国际货币基金组织发展历史回顾

换性的时候。

从历史上看，除两次世界大战期间外，和平时期外汇管制的普遍实行，主要发生在20世纪30年代。各国虽然可以辩解说是不得已而为之，但其恶果则是有目共睹的。到第二次世界大战结束的时候，外汇管制实际上已经成为各国普遍实行的主要政策。国际货币基金组织基于这一事实，在其成立之初，就努力敦促各国取消外汇管制，恢复货币的可兑换性，建立多边的支付体系。但是，它的这一努力，在二战后各国经济恢复时期的效果并不明显。

1946年，只有美国、墨西哥、巴拿马和萨尔瓦多四国接受基金协定第8条的要求，即确立了货币的可兑换性。1947年，危地马拉成为第五个接受第8条的国家。同年，从某种意义上说，迫于美国的压力，英国曾试图恢复英镑的可兑换性。在美国和加拿大分别贷款37.7亿美元和12.5亿美元之后，英格兰银行于1947年7月15日宣布英镑可以自由兑换。然而，一时之间，许多债权人纷纷要求将英镑换成美元。其结果，导致了英格兰银行的外汇储备迅速缩减，迫使英国于1947年8月20日取消了英镑的可兑换性。

货币可兑换性的这一短命尝试，使得其他国家在这个问题上更加裹足不前了。它们不愿意放弃实行外汇管制的可能性，因为面临的现实是只有在本国所收入的主要货币为可兑换货币的时候，才有可能与本国货币进行自由兑换。显然，如果与其有贸易往来的成员国实行外汇管制，那么，该国很难下决心使自己的货币具备可兑换性，因为，这样做引发的经济风险是很大的。

国际货币基金组织认识到，货币可兑换性的一步到位是不现实的。于是，在基金协定第14条中，规定了五年的期限。在战后初期的过渡期间内，准许成员国暂时保留各自的外汇管制措施，但必须定期与国际货币基金组织进行磋商，并最终取消管制措施。

值得注意的是,自成立伊始,国际货币基金组织的基金规模便受到美国的限制。起初,基金总份额大约为 88 亿美元,仅为凯恩斯当初所希望的集资总额的 1/3。作为最大出资国,美国的份额起初也仅为 27.5 亿美元。同时,英国也仅为 13 亿美元。后来,国际货币基金组织基金的增长,主要是依靠每五年一次的成员国份额复核期间成员国同意扩大的份额。从表 6-1 中,可以看到,在 1949~1971 年间货币平价制度下世界货币储备的构成。

表 6-1 1949~1971 年世界货币储备的构成

单位:10 亿美元

	1949	1969	1970	1971
黄　金	33.5	39.1	37.2	39.2
特别提款权	—	—	3.1	6.4
国际货币基金组织中的储备	1.7	6.7	7.7	6.9
外国货币	10.4	32.4	44.5	77.6
其中:美元	3.2	16.0	23.9	50.7
英镑	6.9	6.0	6.6	7.9
欧洲货币等	0.3	7.4	14.0	19.1
总　计	45.5	78.2	92.5	130.1
其中:美国	26.0	17.0	14.5	13.2
其他国家	19.5	61.2	78.1	116.9

资料来源:国际货币基金组织:《国际金融统计》。

3. 国际经济格局发生的变化

战后国际经济格局的发展状况,对于国际货币基金组织的运营有着重大的影响。在 19 世纪到 20 世纪初期的相当长时间里,英国以其"日不落帝国"的实力雄居世界经济霸

第六章 国际货币基金组织发展历史回顾

主地位。英国的金融市场,曾长期是国际金融市场的风向标。然而,江流石不转,代有新杰脱颖出。大西洋彼岸的美国,凭借着其地理优势和丰富的自然资源迅速地崛起。于是,美国逐步取代了英国成为世界经济中第一强国。除美国外,日本与西欧(后发展成为欧盟)也迅速崛起。这样,逐步形成以美国、日本和欧盟"三强"为核心的世界经济体系。在"三强"中,美国的经济实力及其全球影响力,是另外两强难以企及的。在20世纪大部分时间,美国成为建立国际金融新体制的盟主,它的经济波动也成为影响世界金融市场和国际资本流动规模与流向的重要因素。

美国经济的强大,与两次世界大战对它的经济刺激有直接关系。第一次世界大战使美国经济迅速崛起,由于远离欧洲战场,战争几乎未对美国经济造成任何损失。相反,美国成为各国各种产品和物资的主要供给地,战争给美国经济带来了繁荣,战争结束后,美国便一跃成为世界第一经济强国。

同样,尽管第二次世界大战美国也是参战国,但毕竟战火未能染指美国国土。美国依然是其盟国的后勤总基地,美国工业生产急剧膨胀,美国经济雄踞世界榜首,成为对二战后世界经济的发展起着支配地位的国家,美国经济由此进入全面的鼎盛时期。1948年,美国工业生产值占发达资本主义国家的比重高达61.3%,直到1960年依然达到51.9%。黄金储备总额几乎占到世界总额的3/4。主要工业品产量在世界总产量中,也占有相当大的比重。[①]

由于美国自然资源十分丰富,国内市场相当广阔,所以在二战后的经济发展中,美国国内市场对美国经济起着决定性作用,但这并不妨碍其对外经济扩张。从1946年到发生经济危机的20

---

① 国际货币基金组织《调研》1985年1月21日,转引自《2000年中国的国际环境》,中国社会科学出版社,1987,第52页。

世纪70年代初期，是美国资本输出与对外贸易的高速扩张时期。美国政府利用其经济霸主的地位，通过签订各种多边与双边协定，推动国际资本与国际贸易向自由化方向迈进，拆除贸易壁垒，消除投资障碍，使其对外投资与对外贸易数量激增。其中，私人资本输出以年平均9%以上的速度递增；出口额从1946年的690亿美元上升到1973年的2423亿美元，平均每年增长5%，进口额由420亿美元上升到2738亿美元，年平均增长7.2%。

进入20世纪70年代后，由于日本和西欧的迅速发展，美国尽管仍然稳居世界经济霸主的地位，但它与其他资本主义国家的差距已经明显缩小。在资本主义世界工业生产中的比重，日本和西德分别从1948年的1.2%和3.6%上升到70年代初期的9.5%和10.1%，相应地，美国则下降到37.8%。如果说，在战后初期，这些资本主义国家还必须惟美国马首是瞻的话，但经过近20多年的发展，资本主义世界的力量对比已经发生了巨大变化。日本与西欧成为美国在国际经济中越来越难以应付的竞争对手，世界经济逐渐形成以美国领先、日本和西欧紧随其后的三足鼎立的格局，而三足鼎立的格局奠定了二战后国际资本流动的大趋势。

二战后的20年是西方国家经济发展的黄金时期。日本和西欧在战争的废墟上迅速重建，这些国家的经济发展速度甚至超过了美国，尤以日本为先。从20世纪50年代中期开始直至70年代初期，是日本经济"起飞时代"，创造了所谓的"日本奇迹"。因为在截至第二次世界大战结束前的近半个世纪中，日本经济始终没有超过5%这一年均增长率（超过5%便可称为高速增长），而且一般也是难于实现这一增长速度的。但是，在1955~1973年的18年间，日本经济的年平均增长率竟达到9.8%，国民生产总值（实际值）增长了4.2倍，即翻了两番多，达到了4078亿美元，相当于西德（3472亿美元）的1.17倍。在许多

第六章 国际货币基金组织发展历史回顾

工业生产领域里，日本已经缩小了与美国在产量、质量和工艺等方面的差距，在电子、造船等行业甚至超过了美国，居于世界第一位。

曾经长期居于世界政治、经济和文化中心的西欧，在经历了两次大战造成的经济破坏后，也在二战后20年的重建中，显示了新的生机，工业生产迅速回升。

正是由于日本和西欧经济的崛起，确立了世界经济"三强"鼎立格局，也使这些国家在国际货币基金组织的影响迅速加大，获得的基金份额也明显增加。

4．牙买加协议下的汇率制度

布雷顿森林体系崩溃以后，国际货币制度进入了一个新时期。美元的连续下滑和汇率的剧烈波动引起国际社会新的不安，为此，国际货币基金组织着手研究国际货币制度的改革问题。1976年，国际货币基金组织的"国际货币制度临时委员会"在牙买加首都金斯敦召开会议，达成了关于国际货币制度改革的《牙买加协定》。该协定内容在同年4月通过的第二次"国际货币基金协议条款"修正案中得到肯定，并于1978年4月开始生效。

牙买加协议的一个重要内容，就是确立了浮动汇率制度合法化的地位。同时，赋予了各成员国在汇率制度选择上的自由。在这一原则背景下，一般发达国家大多选择浮动汇率制度，而大多数发展中国家仍然继续实行与某种货币或合成货币保持钉住汇率的制度。然而，在世界上主要国家货币实行浮动汇率制度的背景下，这种钉住汇率的安排已经有别于原先的钉住汇率制。一国货币绝不可能同时与所有相互之间汇率波动的主要货币都保持固定的比价，选择钉住其中任何一种主要货币，便意味着本币的汇率将对其他主要货币浮动。从这个意义上讲，1973年以后的汇率制度，一般被称为浮动汇率制度。但是，这个时期汇率并不是仅由市场供求力量决定的。由于许多国家中央银行不时地介入外汇市场买卖外汇以达到其政策目标，这种汇率制度实际上是一种有管理的浮动汇率制度。

牙买加协议下的汇率制度安排，顺应了世界经济动荡、多变和多极化发展的特点，因而在一定程区上促进了世界经济向前发展。从此，国际汇率制度进入了牙买加体系下的浮动汇率制度（见表6-2）。

表6-2 国际汇率制度历史变迁表

历史时期	国际货币制度	汇率制度安排
1880～1913	金本位制度	固定汇率制度
1914～1918	制度混乱	浮动汇率制度
1919～1925	金块、金汇兑本位	固定汇率制度
1925～1929	货币国家主义	浮动汇率制度
1929～1933	制度混乱	浮动汇率制度
1941～1944	制度混乱	浮动汇率制度
1944～1973	布雷顿森林体系	固定汇率制度
1978～	牙买加体系	浮动汇率制度

二 国际货币基金组织的中期发展

布雷顿森林体系瓦解后，国际货币体系进入了新的时代。从此，全球金融市场也进入一个新的阶段。于是，在新的形势下，国际货币基金组织在承受来自各方压力的同时，还要努力地适应这一新的变化，适应包括国际资本自由流动在内的巨大变化。那么，影响国际货币基金组织中期发展的主要因素有哪些呢？具体来说，有如下几点：

第六章 国际货币基金组织发展历史回顾

1. 国际金融市场的日益繁荣

如果归纳一下，那么，从二战后到 20 世纪 80 年代，国际金融市场的发展脉络，大致可以分为如下几个阶段：

第一阶段：纽约、伦敦和苏黎世并列，成为二战后初期最主要的国际金融市场。第二次世界大战结束后，作为世界上最大的国际金融市场，伦敦的地位已开始受到极大的削弱。由于美元成为各国的储备货币和重要的结算工具，纽约取代了伦敦，成为世界第一国际金融中心。作为西方最大的长短期资本市场，二战后初期的国际借贷和资本筹措都集中在纽约。当然，除纽约外，伦敦和苏黎世也是十分重要的自由外汇市场和黄金市场。

第二阶段：欧洲货币市场的形成与发展。进入 20 世纪 60 年代后，由于美国的国际收支持续出现巨额逆差，资金流失，美元信用动摇。其结果是大量美元流到境外，西欧国家掌握的美元数量大大增加。造成欧洲货币市场迅速增长的主要因素，是由于这一市场已成为非常有效率的借贷双方的中介。

欧洲货币市场与传统的国际金融市场有显著的不同，即：欧洲货币市场是在一国（即美国）境外进行以该国货币为计值单位的资金借贷，并且不受该国法令的管辖。境外货币市场的特点就是，哪里放松管制，税收较低或免税，条件适宜于进行某一种金融活动，货币市场就在那里发展起来。这就是所谓的"境外金融市场"（Off-shore Financial Market）。欧洲货币市场就是这种性质的金融市场。

第三阶段：新兴金融市场的兴起。20 世纪 70 年代后直到 20 世纪末，随着发展中国家经济的发展和金融制度的不断深化，国际金融市场发生了进一步的深刻变化。以亚洲"四小龙"和一些拉美国家为代表的新兴金融市场取得了极大的发展。由于新兴金融市场发展迅猛，它与成熟金融市场的界限开始日益模糊。一些新兴金融市场已经具有十分可观的规模，例如，台湾股票市场的规模在1993年5月已经达到了1100亿美元。同期，韩国的股票市场也已聚集了1040亿美元的巨资。

在1994～1998年4年间，在埃及开罗，其股票交易所的市场资本总额就增加了7倍，达到了240亿美元。正如1999年3月15日《商业周刊》所说，在西方喜欢投机的投资者眼中，埃及就是一个新的充满希望的新兴市场。正是由于这些国家日益采取金融自由化政策，使得其国内金融市场在近一二十年来呈现出一派繁荣景象，国际投资者（特别是短期资本持有者）对这些金融市场趋之若鹜，表现了极高的投资热情。

2. 欧洲美元市场的兴起

布雷顿森林体系瓦解后，国际货币基金组织面临的一个新的挑战，就是如何面对欧洲货币市场的兴起。当时，美国也已日益感受到欧洲美元市场的自由性，认为这将对美国国内货币政策造成极大的干扰。例如，当美国中央银行实行从紧的货币政策时，跨国银行和跨国公司却可以从欧洲美元市场上筹资来满足美国国内资金需求，从而减弱美国货币管理当局的紧缩政策。因此，一些美国人极力主张采取相应措施。例如，1979年10月，美联储主席沃尔克（Paul Volcker）提出建立美国银行的海外欧洲美元借款准备金制度。但这些主张都未能得以顺利实行，这体现出国际金融体制已经在20世纪70年代末、80年代初进入了自由化时代，国际资本流动的自由化浪潮也开始在全球蔓延。

欧洲美元市场的兴起，是国际资本市场开始形成的重要标志，也使国际货币基金组织面临着前所未有的新局面。广义地说，所谓"欧洲美元"，就是指美国境外的银行、企业所持有的

第六章 国际货币基金组织发展历史回顾

美元存款或美元要求权。之所以称为欧洲美元，是因为借贷关系和存放数量主要发生在欧洲。但持有美元存款者，既有欧洲的企业与个人，也有其他地区的企业与个人，而且也不一定发生在欧洲。因此，欧洲美元市场的含义也包括欧洲以外地区的离岸金融中心。

欧洲美元市场的最大特征是不受任何国家政府监管的、没有存款准备金的金融市场。从美国的角度来看，它是经营非居民之间的国际金融业务，而基本不受美国法规和税收管制的一种新型国际金融市场，这也是离岸金融市场（Offshore Financial Market）的开端。欧洲美元市场的成因，一方面由于第二次世界大战时期的政治因素，另一方面是由于与"特里芬悖论"相联系的资本流动因素。由于美国政府对美国银行实行成本高昂的限制，因此，在美国境外的银行就有可能提供高于美国银行的存款利率和低于美国银行的贷款利率。1963年，美国通过了控制资本外流的"利息平衡税"，对美国公民购买外国资产的收益征税。1965年随着越南战争的升级，美国国际收支不平衡进一步加强，美国商业银行海外贷款更加受到政府的限制。这一切促进了欧洲美元市场的极大发展，因为在美国不易借到美元的跨国公司均转向了欧洲美元市场。更有甚者，美国银行为了逃避国内金融监管法规（尤其是美国新政时期为限制短期投机借贷而规定的"Q条例"），纷纷设立海外分支机构，从而加速了欧洲美元市场的发展。

另外，在货币上，由于除了欧洲美元外，还包括欧洲马克、欧洲英镑、欧洲瑞士法郎、欧洲法国法郎等，因而它们常常被称为"欧洲货币"和"欧洲货币市场"。

由于欧洲货币属于国际短期资金，经常在国际金融中心间迅速而大量地流动，所以，欧洲货币市场实质上是一个国际短期资金市场。以欧洲美元为主的欧洲货币市场的兴起，标志着国际资本市场的到来。它最大的特征,是不受任何国家政府的金融监管,没有存款准备金。而且,欧洲美元存款不需交准备金给任何国家的中央银行。这一切,当然是银行界皆大欢喜,但同时也加大了金融风险。

3. 国际资本的自由流动浪潮

对于20世纪80年代以后的国际金融形势来说,国际资本流动的自由化浪潮,成为一股不可阻挡的发展趋势。所谓国际资本流动,是指一国居民的资本从一个国家转移到另一个国家。按照国际货币基金组织的定义,这里的居民,包括一般政府、个人、企业、非营利机构。国际资本流动产生的原因,是各国为了某种经济目的而进行国际经济交易,它与一国国际收支有着密切的关系。首先,作为国际经济活动的组成部分,国际资本流动也被纳入国际收支的考核范围之内。其涉及的内容,集中地反映在国际收支平衡表资本项目之中。其次,通过对国际资本流动的控制,可以达到调节国际收支顺差或逆差,实现国际收支平衡的目的。

正是由于国际资本流动的这些特性,国际货币基金组织在对国际金融体系进行监督时,必须要密切关注其流动趋势。当这种国际资本流动的自由化趋势日益显著时,其对全球金融体系的稳定,构成了极大的威胁。国际资本流动的自由化趋势,对于以金融稳定为己任的国际货币基金组织来说,是必须不断加以谨慎观察、研究和对付的重要课题。

国际资本流动的具体形式很多,一般来说,它主要包括:第一,资本流动方向:流入与流出;第二,资本流动规模:总额、净额;第三,资本流动种类:长期、短期;第四,资本流动性质:政府、私人;第五,资本流动方式:直接投资、间接投资,等等。

第六章 国际货币基金组织发展历史回顾

所谓长期资本投资（Long-term Capital Flow），是指在到期期限在一年以上，或未规定到期期限的资本投资。它包括政府和私人长期贷款、国际机构贷款和其他信贷等。与之相对应，短期资本流动便是指到期期限为一年、一年以下或即期支付的资本，也包括货币现金。短期资本流动一般都借助于各种信用工具——票据，这些票据包括短期政府债券可转让银行定期存单、商业票据、银行承兑汇票、银行活期存款凭证等。它大致可分为贸易资金流动、银行资金流动、保值性资本流动、投机性资本流动等形式。

目前，国际资本市场的资金，大体上由三部分组成：第一部分是银行对工商企业、外国政府和个人的贷款，大约占资本总量的1/3；第二部分是银行间的国际贷款和资本流动，这部分约占资本总量的2/5；第三部分是银行的总行和分行之间的贷款和资金融通，约占1/5。其中，在国际资本市场上，美国所占份额最多，美国银行所拥有的货币增量最大。日本其次，日本银行在国际资本市场上份额仅次于美国银行。

同以往相比，国际资本市场与国际资本流动出现了极为鲜明的质的变化。具体来说，20世纪80年代的国际资本流动主要有如下特点：

①在私人资本流动中，世界范围内的证券投资流动以每年9%的速度增长。证券投资主要限于美、日、欧等发达国家之间。众多的发展中国家，由于证券市场的缺乏或规模很小，此类外资的流入十分有限，作用尚不十分明显。

②国际直接投资的增长速度开始快于国际贸易与世界范围内的国内投资增长速度，尤其是自80年代中期起，国际直接投资迅速增加。在1985～1990年间，全球外国直接投资的增长速度，几乎是国内投资的两倍。

③美国、日本和西欧仍是国际投资的主体，三方吸收了世界

总对外投资的约 70%。从 1985 年开始，由于美国的外国资本净额近 1000 亿美元，使美国由 1914 年以来的世界最大债权国，转而成为世界第一大债务国。日本却因其资本净流出额已近 1000 亿美元，一跃成为世界最大的债权国。

④亚太地区异军突起，成为第三世界国家引进外资、对外投资的主要力量。自 20 世纪 80 年代中期以来，发展中国家引进外资大规模增加，到 1990 年达到 320 亿美元，其中，亚太地区吸收了投向发展中国家的外国直接投资的绝大部分（61%），其次是拉美国家（32%），流向最不发达国家的外资，仅占发展中国家引进外资总额的 7%。同样，以"四小龙"（韩国、新加坡和中国的香港、台湾）为首的亚太地区对外投资活动日趋活跃，1990 年对外投资在发展中国家对外投资总额的比重达到 86%。

在目前的国际资本流动中，对国际金融稳定造成极大冲击的一种资本形式，是近年来众所周知的国际游资，即国际短期投机资本，又称"热钱"。它主要是指为获得丰厚利润而在国际金融市场中不断流动的短期资本。它主要有银行储蓄、政府债券、商业票据等形式，通过证券市场、衍生金融工具市场和短期信贷市场，从事高风险的金融交易，属于虚拟经济。20 世纪 90 年代发生的一系列重大金融事件都与国际游资有密切关系。国际游资的主要特点包括：

①规模巨大。据统计，仅仅在国际金融市场上流动的短期银行储蓄和其他银行证券至少在 7 万亿美元之上。另外，全世界目前约有 6100 个对冲基金，1998 年管理的资产达到 4500 亿美元。其中半数以上由美国的对冲基金管理机构——长期资本管理公司、索罗斯的基金公司以及罗伯逊的"老虎基金"管理。这些庞大的资金在国际金融市场上从事投机套利活动，虽然风险很大，但往往可以在短期内获取巨额利润。

第六章 国际货币基金组织发展历史回顾

②流动速度迅捷。在现代高科技手段的帮助下，国际游资可以十分方便、迅速地从地球的北半球调往南半球，从一个地区转移到另一个地区。有人甚至夸张地将国际游资流动速度比作光速，它为赢得高额利润，往往流向利率较高的国家和地区，然而，一旦某个国家或地区的经济令投机者感觉不安时，他们就可以在极短的时间里挟巨资逃之夭夭。

③风险巨大。国际游资具有极大的风险性。由于投机失误或躲闪不及，无法获利甚至蚀本，都在所难免。1998年美国著名的长期资本管理公司就是由于对金融市场的预测失误，导致其投机活动损失了40多亿美元，后经10多家银行的联手挽救才避免破产。

④货币市场交易活跃。进入20世纪90年代后，世界主要货币的汇率波动不仅更加剧烈，而且十分频繁。由于目前世界外汇市场上日交易额达到1.2万亿美元，如此巨大的交易规模使得西方国家感到干预外汇市场已是枉然。

以上只是简单地介绍了国际游资的一些主要特点。实际上，国际游资流入一个国家金融市场的渠道是多方面的，其中包括境外借款、投资证券市场等，既有合法渠道，又有非法渠道。自1997年东南亚金融危机爆发以来，对冲基金一直在国际金融市场上兴风作浪，严重扰乱了国际金融秩序。现在已经有越来越多的发展中国家或地区严格限制对冲基金的流入，或是通过对短期资本采取硬性行政管理措施，以防止对冲基金在本国或本地金融市场上兴风作浪。例如，中国台湾省规定，禁止对冲基金进入台湾股票市场，而马来西亚则采取更为严厉的针对性措施，包括：实行外汇管制，要求所有进出口均须用外币结算；非马来西亚居民的本币账户之间的账项转移需经过当局批准；所有就本币金融资产进行的买卖只能通过被认可的吸收存款的金融机构进行；旅客携带本币出入境不得超过1000马来西亚林吉特。

对冲基金所具备"游资"的特点，现已引起国际货币基金组织及各成员国的高度重视。在美国，对冲基金又称套头基金、套利基金和避险基金。在成立时不需要向美国证券管理委员会等金融主管部门登记。在美国名目繁多的基金中，对冲基金属于投资风险最大、联邦金融主管管理最松的一种基金。但是由于风险非常高，美国证券法对参与对冲基金投资者有非常严格的限制。通俗地说，对冲基金是美国大富翁的俱乐部。在1996年以前，有关法规还对对冲基金参与者的总人数实行严格控制，规定总数不得超过100人。

但是，种种严格的限制反而促使美国国内和海外众多的投资者对对冲基金盲目而又狂热的追求。1996年，根据美国通过的一项新的金融管理规定，对冲基金的一些严格限制被取消了，参与者由100人扩大到500人。参与者的条件是个人必须拥有价值500万美元以上的投资权。从调查看，对冲基金的新加入者大多是近10多年来美国的金融和企业的暴发户。

对冲基金是随着美国金融业的大发展，特别是期货和期权等交易的出现而兴盛起来的。其大量出现是在20世纪90年代之后。据最新调查报告，直到1990年时，美国仅有各种对冲基金1500家，资本总额不过500多亿美元。90年代以来，随着经济和金融全球化趋势的加剧以及广大新兴市场国家金融市场的开放，美国的对冲基金每年都在高速增加，最近两年的增多更是惊人。据估计，目前美国至少有4200家对冲基金，资本总额超过3000亿美元（不包括基金的借贷款）。投入对冲基金的钱，约有一半来自海外投资者或者利用海外的基金。

目前，世界上只有美国有对冲基金。欧洲一些国家也有类似的基金，但正式名称不叫对冲基金。美国的对冲基金也是鱼目混珠，其中一些也是徒有虚名，为了吸引投资者和扩大基金规模，实际上并未按照对冲基金的方式运作。

4. 国际货币体系脆弱的问题

与国际资本市场自由化趋势相比，国际金融体系越来越不稳定。以美国为首的西方国家，一直实行以美元为中心的、有管理的浮动汇率制，而美元作为国际基准货币和国际结算货币的地位，正在不断受到怀疑和挑战。

20世纪70年代和80年代初期，尽管美元汇率多次下调，但美元作为国际基准货币并未受到怀疑。在此期间每当国际外汇市场剧烈波动时，主要西方国家的中央银行都毫无例外地采取共同的干预行动，而且都收到了一定的效果。但从1985年3月开始的美元危机，使当时的国际货币体系陷于混乱。

1985年3月8日，东京外汇市场美元兑日元的比价突破90日元兑1美元的大关，对马克的比价降到1.345马克兑1美元。4月19日东京外汇市场日元汇率最高时，更是达到了79.75日元兑1美元，在世界市场上第一次突破了80日元兑1美元的大关，成为二战后历史上的最高值。美元汇率短期遭受重挫，使人们对美元的国际基准货币和国际结算货币地位产生怀疑。

同时，西方国家对外汇市场联合干预的政策也明显失效，美、日、欧三方不仅未能及时采取协调一致的措施干预市场，而且相互指责，推卸责任，导致金融市场的更加动荡不安。

这场货币危机，既是20世纪80年代美国巨额财政赤字、贸易赤字引发的美元地位下降的结果，又是西方国家之间在冷战结束后政治经济矛盾的集中体现。虽然在1985年秋天和1987年西方国家分别签订了《广场协议》和《卢浮宫协议》，倡导共同干预金融市场，但彼此间的不同利益和打算，使得相互协调作用日趋减弱。而且，由于90年代后国际资本流动的爆炸性增长，这种干预行动也难以收到应有的效果。这些问题最终必然通过国际金融市场的动荡反映出来。而这也是国际货币基金组织最为担心的、最难以面对的事情。

在国际货币基金组织看来，国际货币体系的日益不稳定性，对以后世界经济发展产生了很大的不利影响。具体有：

第一，国际外汇市场的动荡，加剧了资本投机活动，进而影响国际货币基金组织成员国的汇率政策。同时，尽管外国直接投资是90年代广大发展中国家主要的经济驱动力，但国际资本市场上日趋猖獗的资本投机活动也开始移向这些国家，如在1993年流入东亚、东南亚、拉美、东欧和非洲等20多个新兴资本市场的资本超过1600亿美元，约是1989年的4倍。这些对国际货币基金组织成员国的宏观经济政策产生了巨大冲击。

1990~1993年间，仅美国投资者就在10个亚洲国家和9个拉美国家净购入价值1270亿美元的股票和债券。西方投资者之所以偏爱一些新兴资本市场，其主要原因是这些市场波动幅度大，同时缺乏管理，因而有利于投机活动。例如，美国资本在香港、印度尼西亚、泰国、巴西、墨西哥和波兰等地的股票市场都获得了暴利，平均资本收益率高达100%。

第二，令国际货币基金组织担心的是国际金融体系的不稳定性还会产生这样的后果，即：与美元联系的表面的汇率稳定经常掩盖实质的不稳定，从而孕育着更大的金融风险。例如，一些国家的金融机构和工商企业以美元借款，然后将美元兑换成本国货币，而不采取措施防范本国货币贬值的风险。之后，这些银行向本国项目，特别是房地产项目放贷或者投资。只要本国货币保持同美元的联系，这似乎就是一种毫无风险的赚钱方式。

但是，当这种汇率制度在某一地区失去稳定与平衡时，就常常孕育着金融风险。例如，在亚洲地区，由于日元同美元的汇率与其他国家汇率不同步，日元的贬值，使东南亚的贸易平衡遭到损害。到1997年初，这种金融的不稳定便凸现出来。如果说危机迅速从泰国蔓延到马来西亚、印度尼西亚、菲律宾、韩国等国

第六章 国际货币基金组织发展历史回顾

家,归结为这些国家属于不成熟的资本主义,并被贬为"裙带关系"的资本主义,还有一定道理的话,那么,在这之后金融危机的"细菌"迅速向俄罗斯、拉美和东欧蔓延,直至影响到美国和欧盟金融市场的浪潮,充分显示了国际金融体系的脆弱性。而改善国际金融体系,则是国际货币基金组织责无旁贷的职责。在这一形势下,国际货币基金组织官员心急如焚,并连连四出活动,发表看法,提出建议,是可以理解的。但存在于国际金融体系内的痼疾,绝非国际货币基金组织一家机构就能够治愈。正如美国大投机家索罗斯在其《全球资本主义的危机》一书中所言,只要全球金融体系内的痼疾不除,发生全球性金融危机的可能性就随时存在。

5. 大量出现的金融衍生工具

所谓金融衍生工具,是指在传统金融工具如货币、外汇、存贷款、股票、债券以及商品的基础上衍生出来的,并与这些普通商品和金融工具价格密切相关的、新的投资工具。金融衍生工具随着人们保值、投机、规避风险的需要而应运而生。实际上,早在16世纪便有类似目前的商品期货存在,投资者主要是用来规避风险,以把未来的供销价格固定在某个水平,保障生产的顺利进行。20世纪70年代以后,由于美元对主要国际货币一再贬值和固定汇率的瓦解,全球汇率、利率在浮动汇率制度下波动更大,避险性的金融衍生产品不断涌现。电子通讯和电脑科技的迅猛发展,更加推动了全球金融衍生工具的创新和运用,从而形成了衍生工具交易活动的全球化趋势。据统计,到20世纪末,全球市场已经有1200多种衍生工具。交易所交易的衍生合同(包括利率期货和期权、货币期货和期权以及股票市场指数期货和期权)的名义总值以年均40%以上的速度增长,年交易量从3.15亿份合同增加到10多亿份合同。

为了顺应国际金融创新的这股潮流，一些发展中国家和地区在金融自由化过程中，也不断有一些衍生工具面世，如在香港就有认股权证、备兑认股证、货币期权、外汇期货、利率货币掉期、可换股债券、楼宇按揭证券、恒生指数期货期权、股票期货期权等诸多衍生金融工具。

金融衍生工具的价值取决于基础工具的价值。比如国库券期货契约，买入期货这一方在交割之日是按契约上约定的价格向卖出方买入国库券，此时如果国库券的实际价格高于约定价格，则期货的价值量将随着国库券价格的波动而波动。

金融衍生工具的一个显著特点是以较低的成本对冲风险，也就是所谓高杠杆比率，以按金（保证金）交易，实际上是以较少的按金数额买卖几十倍乃至上百倍于按金数额的合约价值。这样，虽然可以增加金融资产的流动性，但它本身同时也存在一些风险：①价格风险。衍生工具对与它相连的传统金融工具的价格变动极为敏感，波幅比传统市场变化大；②信用风险，即违约风险。合约的任何一方违约，必须连续对冲、寻找新的交易对手来避免损失，同时增加市场总体信用风险；③流动性风险。由于衍生工具市场发育不成熟造成流动性低，或因该产品是为客户特别设计，难以在市场转让；④管理风险。即由于用户或证券行对风险管理失当，而招致的风险；⑤市场结算风险。由于结算系统问题，而使衍生工具交易或结算无法避免所产生的风险，等等。

金融衍生工具是适应市场的客观需要而产生的，但是它对金融市场所产生的消极作用过去并未引起各国政府的注意，直到1995年初英国巴林银行的倒闭才使人们意识到，对金融衍生工具加强监管是十分必要的。

巴林银行是英国具有200多年历史的商业银行，从事多种银行业务。从20世纪80年代起，巴林银行就致力于其在东南亚和拉丁美洲的业务，而且赢利一直十分丰厚。1994年，也就是在

第六章 国际货币基金组织发展历史回顾

它宣布倒闭的前一年,其利润额为1.2亿英镑,比1993年增长14%。巴林银行倒闭的直接原因是由巴林银行新加坡交易负责人尼克·利森从事金融投机失误造成的。

1995年1月26日,利森根据日本政府定期公布的多项经济领先的指标分析,做出错误判断,认为日本股市将会上升。在没有授权的情况下,利森大量购入了日经225种股票指数期货(日本股票的平均股价期货),期待股价上涨而大赚一笔。然而,事与愿违,东京股市的持续低迷而不见曙光。特别是,阪神大地震致使股价进一步下滑。1995年2月23日,日经股票指数继续下跌,利森终于认识到已经无法弥补由于投机失误所造成的巨额损失,于是仓皇出逃。24日新加坡分行发现事态严重,立即向伦敦总部报告。英格兰银行闻讯后,迅速召开会议讨论拯救计划,并从利森购进的2万~4万张合约和当时日经指数已经由1.9万日元跌至1.75万日元这两方面情况分析,巴林银行的亏损金额将在3.7亿~4.5亿英镑之间。但是,巴林银行的流动资金和储备总额估计只有2亿英镑,资不抵债,必须变卖资产或接受收购,才能承担多达4亿英镑的债务。在这种困境下,巴林银行被迫宣布破产。当27日巴林银行破产的消息在市场上传开后,引起全球各大股市的极大恐慌。日本股市一开盘即告大跌。与此同时,亚洲、欧洲股市也全面下跌。巴林银行的倒闭,是全球资本市场一体化、电脑化后金融监管不力的集中体现,也向国际金融组织、各国政府及其金融管理部门提出了一个如何改革国际金融体制这样一个十分难以解决的问题。

三 欧元的诞生与国际货币基金组织的态度

欧元的诞生,是20世纪国际货币体系发展史中最重要的事件之一。作为世界经济的重要一极,欧洲经济一体化，尤其是其货币联盟的进程，是国际货币基金组织至为关心的。国际货币基金组织如何加强与区域性国际金融组织的合作，如何处理好地区金融一体化与金融全球化的关系，在欧洲有最具代表性和最重要的体现。欧元的诞生过程及其与国际货币基金组织的合作，体现了这一组织对国际金融体系新变化的适应能力。分析欧元及欧洲货币联盟的形式过程，对于我们正确认识全球国际货币的合作趋势和国际货币基金组织面临的新的发展课题，具有很大帮助。

1. 欧元诞生的背景

(1) 欧元区经济实力

1999年1月1日，欧元正式启动。欧元区国家由欧盟15个成员国中的11个国家组成。它们是：奥地利、比利时、芬兰、意大利、爱尔兰、法国、德国、卢森堡、荷兰、葡萄牙和西班牙。这些欧元国家把制定货币及汇率政策的责任移交给欧洲货币联盟的下属机构。欧元区的经济规模可与美国相比，因而，欧元的诞生与欧洲货币联盟的形成成为欧盟和国际货币体系的一个重要里程碑。欧元的诞生有深刻的政治经济背景。

自1957年按照《罗马条约》成立欧洲经济共同体至今，已经40余年。其间成员国从最初的6国增加到15国，并计划分三个阶段实施经济与货币同盟（Economic and Monetary, EMU）并推出单一货币——欧元（EURO），欧盟经济一体化逐步向更深层次的目标发展。由于目前欧盟金融市场规模巨大，加上欧元的诞生可望消除欧盟区内的汇率风险和促进欧洲金融市场的一体化，有利于提高金融资产的流动从而导致官方与民间金融资产的重新配置，进而推动全球资本的流动。鉴于欧元的诞生对国际金融体系产生极为重要的影响，故回顾一下EMU实施的过程

第六章 国际货币基金组织发展历史回顾

与成效,分析目前欧洲市场的金融资产规模及欧元金融市场的潜在实力,并探讨由欧元引发的官方和民间资本流动,是十分重要的。

为了使单一货币能顺利和成功地推出,欧盟依据 1989 年的《戴洛尔报告》计划,EMU 分三个阶段实施:第一阶段,从 1990 年 7 月起,主要目标是消除欧盟区内对资本流动的限制,加强各成员国经济与货币政策的协调,设置中央银行总裁委员会(Committee of Governers of the Central Banks)以加强各国央行的合作,促进金融市场的一体化;第二阶段,自 1994 年 1 月起,主要任务为成立欧洲货币机构(European Monetary Institute,EMI),为日后成立的欧洲中央银行体系(European System of Central Bank,ECB)打下基础。第三阶段,自 1999 年 1 月 1 日欧元启动,ECB 正式制定和执行货币政策,至 2002 年 6 月底前欧元最终取代各成员国货币。

单一货币的形成,将有助于降低欧盟区内的交易成本,消除汇率风险,增强企业间的竞争性,提高金融市场的流动性,以及促进欧洲金融市场的一体化。根据《马斯特里赫特条约》规定,各成员国必须达成趋同标准(convergence criteria),包括:物价稳定、财政健全、长期利率和汇率稳定等标准,以确保欧洲货币体系的成功运作。

自欧盟于 1990 年推动成立欧洲货币体系以来,各成员国的消费物价上涨率和财政赤字占国内生产总值的比重均已明显下降。其中,1997 年欧盟(不含希腊)的平均消费物价上涨率仅为 2%,不及 1991 年水平的一半并创造近 35 年以来的最低水平。而欧盟政府的财政赤字占国内生产总值的比重也从 1993 年的高峰 6% 降至 1997 年的约 2.75%。

如果就欧盟国家达成一致性标准的情况加以观察,除希腊外,1997 年各个成员国已符合物价稳定标准。而 1998 年 2 月底欧盟国家最新公布的财政标准则显示，1997年各国预算赤字占国内生产总值比重超过一致性标准要求的3%者包括：希腊（4%）和法国（3.02%）。至于1997年能将政府负债余额占GDP比重控制在60%以内标准者仅英国、法国、卢森堡和芬兰等4国，即使未能达到标准的国家的这一指标也已比1994年下降。由于《马斯特里赫特条约》对财政健全标准仍在弹性解释空间内，因此在近年来欧盟各国财政状况已经普遍改善的情况下，有11个成员国加入单一货币体制，希腊因为距离达标条件较远，暂不加入，其余英国、瑞典和丹麦也表示暂不加入单一货币。

(2) 欧元成为主要国际货币的三个条件

要达到主要货币的地位必须满足三个条件：第一，货币必须要有足够大的经济区支持。第二，要发展相关的金融和资本市场。第三，币值必须赢得国际上的信任。关于第一条，从表6-3和表6-4中，我们可以看到，欧元区内部的经济实力及其对外经济关系。目前，50%的国际商品贸易都是以美元结算。美国的贸易额为全球贸易总额的18.3%，出口额仅为全球总出口额的13%，而欧盟的进出口贸易总额占世界贸易总额的20%，欧盟的6个核心成员国（德国、法国、荷兰、比利时、卢森堡、奥地利）的贸易额占世界贸易总额的18.9%。1996年，欧盟的GDP总额达8.4万亿美元，而美国则为7.2万亿美元。因此，欧盟在经济规模和贸易量方面都比美国具有优势，如果以德国马克占国际商品贸易结算份额同德国占世界出口总额的份额的比例来推算，统一后的欧元将从占国际商品贸易结算份额的16%提高到25%。伯格斯腾指出，统一后的欧洲创造出来的欧元将会对美元现有的主导货币的地位提出挑战，在10年内，欧元的数量将会增加约6千亿美元。

第六章 国际货币基金组织发展历史回顾

表6-3 欧元区综合经济实力(1997年)

	欧元区	美 国	日 本
人口(亿)	2.89	2.66	1.26
GDP总量(亿美元)	62950	80830	39330
失业率(%)	11.7	5.0	3.4
消费价格指数(%)	1.9	2.3	1.7
经常账户/GDP	1.7	-1.9	2.2
预算赤字/GDP	-2.5	-0.3	-3.4
国际贸易占世界总量的比重(%)	20	16	7
黄金外汇储备占世界的比重(%)	20.6	4.1	2.8
在IMF的表决权(%)	21.59	17.78	5.54

资料来源：美林证券公司（Merrill Lynch），国际货币基金组织（IMF）。

表6-4 1996年欧元区与部分国家的贸易联系
(对贸易伙伴的出口及来自贸易伙伴的进口占贸易量的百分比)

	欧元区	其他发达国家	发展中国家和转轨国家
欧元区	51.0	30.8	18.2
丹 麦	47.1	40.2	12.7
希 腊	57.5	21.4	21.1
瑞 典	44.5	43.1	12.3
英 国	49.1	34.9	15.7
日 本	11.3	54.7	34.1
美 国	13.8	53.6	32.6
亚 洲	12.5	67.7	19.8
非 洲	39.8	34.4	25.8
中东与欧洲	26.9	42.8	30.2
其中中欧和东欧	51.0	16.1	32.8

资料来源：国际货币基金组织。

至于第二条，即：欧元诞生前的欧元区金融市场规模到底有多大呢？

首先，债券市场。目前，欧元的债券市场规模近 7000 亿美元，相当于美元债券市场的 2/3。但这是 11 个分散、独立的市场叠加的规模，欧元启动后欧洲债券市场便逐步统一，统一后的市场规模会不断增大。这是因为：①欧元债券不再有成员国之间的货币汇率风险，欧洲小国的债券评级将会提升，进而刺激这些国家以发行债券的方式筹措资金。②欧元债券流动性增大，成本降低，发行操作简化会引导企业由过分依赖银行贷款转向资本市场融资。欧洲各国公司债券的市值平均仅相当于 GDP 的 4.5%，而美国的这一比例为 42.5%。公司债的发展潜力远远大于主权债。③欧元债券市场对区外欧洲国家和欧洲以外的国家已表现出很强的吸引力。④货币和法律障碍消除后，跨境投资和来自区外的投资将形成对欧元债券巨大的需求。

其次，股票市场。与美国相比，欧洲的资本市场显得十分分散和狭小，在全球股票市场融资中，美国占 45%，而欧洲仅占 15%。因此，许多欧洲公司不得不去美国上市，按美国的法律进行交易和结算，这极大地限制了欧洲公司的发展，在世界最大的 50 家公司中美国占 34 家，而欧洲只有 12 家。多种货币形成的市场壁垒是造成欧洲资本市场分散、狭小的主要原因之一，欧元打破市场壁垒，将使融资双方获得更大的选择范围，扩大欧洲股市的交易规模，吸引区外更多的投资者和融资企业进入这一市场。

再次，货币市场。从 20 世纪 90 年代中期以后，全球外汇日交易量已达 1.5 万亿美元，年交易规模已超过 500 万亿美元。英国是最大的外汇市场，日交易量超过 6 千亿美元，美国为 3 千多亿美元，而法国和德国加起来也只有 1 千多亿美元。在外汇市场交易的货币结构中，美元占 40% 多，而马克和法郎加起来比例

第六章 国际货币基金组织发展历史回顾

不及美元的一半，货币市场的这一格局在欧元问世后会逐步改变，欧元作为世界主要货币，与美元和日元的交易量会明显增加，虽然伦敦仍会是世界主要的外汇市场，但法兰克福作为欧洲金融中心的地位将得到巩固和加强。

20世纪90年代以来，国际资本流动的格局还有一个新的重要特点，即国际投融资趋向证券化。90年代与80年代相比，国际银行贷款增量由年均2千亿美元降至1千亿美元，国际债券发行量由年均200亿美元增至1千亿美元，国际直接投资和股票投资由年均300亿美元增至3千亿美元。由于欧洲的证券市场发展很不充分，证券化程度大大低于美国，国际资本流动方式的变化对美国非常有利。欧元问世将会改变由于货币不统一造成的资本市场分割状态，为欧洲证券市场的发展创造巨大的发展空间。从欧元诞生后的一年多的时间里，人们看到，欧洲经济的增长势头强劲，而美国已开始在2001年出现经济趋缓迹象。因此，在未来几年里有可能出现国际资本流向的转变，欧盟特别是欧元区将成为国际投资的热点，预计将产生上千亿美元的资本流动。

欧元的诞生并最终成为强势货币，是以具备前面两个条件为基础，其最终也必然会满足最后的条件，也是最重要的条件，即国际信赖。欧洲货币联盟将根据欧洲中央银行制定的单一货币政策进行管理。如果欧洲中央银行真正做到独立于政治压力，趋向于用宏观经济控制就业和经济，并且如果它能在持续地制止通货膨胀中取得成功，那么强势货币的条件就具备了。

(3) 影响欧元汇率稳定的因素

应当说，欧洲的货币基础是健全的。1990~1996年间，欧洲的经常项目得到改善，从313亿美元的赤字到863亿美元的盈余，同时，美国的经常项目赤字在这一时期内扩大了。1998年，这一赤字由于亚洲金融危机使对该地区的出口减少而增加到2千亿美元之多。

回顾1985年《广场协议》以来的外汇市场，我们可以看到美元的信誉受到动摇的例证。例如在1987年10月的"黑色星期一"以及1994年12月的墨西哥货币危机之后，商家都开始回避美钞。

随着欧洲货币联盟的出现，现在，国际货币间的实力关系出现了变化。欧元有条件变成一种主要货币，或可与美元竞争，或者在价格上超过美元。如果在将来某个时候，人们对美元的信心产生动摇，货币市场的回旋余地将比过去大多了，因为欧元会被看作保护资金安全的避风港。

当然，不利于欧元主要国际货币的因素也是存在的。

第一个问题是政策能否真正贯彻到经济领域，从而降低失业率和维持经济增长。欧洲当局相信，他们可以通过四个途径来促进经济增长和扩大就业。这四个途径是：刺激竞争并通过内部贸易完成单一市场；通过统一的货币政策稳定价格；通过减少开支和更有效地分配资源以精简政府部门；增强劳动力市场的流动性。但需要警惕严格的劳动力市场不要产生瓶颈，从而损害以其来降低失业率的计划。

第二个问题是由最佳货币理论引出的。按照这一理论，为了发挥单一货币的功能，经济必须是开放的，劳动力和资本市场必须具备高度流动性。与美国比较，欧洲劳动力的流动是受到限制的。尽管收入转移系统被用来调节区域内存在的差别，欧元的外在价值和信誉被严重动摇，导致（即使是暂时的）欧元产生垮台恐慌，这一点是不可忽视的。这取决于欧洲和有关国家将来如何对待这些基本问题。在没有政治一体化的情况下，经济一体化有可能会在2002年过渡期结束之后面临最大的挑战。

从宏观经济的角度来看，货币统一也有不利的一面。例如，从短期的观点来看，在欧洲的11个国家统一降低利率的过程中，像爱尔兰那样经济增长较快的国家可能会出现经济过热危险。此

第六章 国际货币基金组织发展历史回顾

外,稳定财政的政策,即在财政赤字超过国内生产总值3%的情况下,课以制裁金的政策也会带来两种后果:一方面,有利于经济稳定,另一方面,又将无法采取刺激经济的对策。从长期的观点看,有利的一面是,由于市场的扩大可以使劳动力和资本等生产要素更加有效地进行分配,从而使经济有效地发展。

价格透明度以及外汇费用尤其会在价格、同供应商的关系和国际组织及投资等三个主要领域产生战略影响。在欧洲各国,同样货物的价格大不相同。福特汽车公司的一辆 Mondeo 牌汽车在德国的售价比在西班牙的售价几乎高出 50%。在比利时,买麦当劳快餐店的一个巨无霸要花 109 个比利时法郎,而在西班牙,买同样一个巨无霸要花 375 比塞塔,高出 20%。不管是轴承还是复杂的工业设备,价格差别高达 40% 或 50% 是很平常的事情。至于政府干涉发挥巨大作用的药品,最贵的和最便宜国家之间的差价可能高达 300%。

英国投资银行莱曼兄弟公司 1997 年抽查了欧元区 53 种当地产品价格,发现平均差价为 24%。这种差价比美国高出一倍。部分原因是关税不同。例如一些货物的增值税率各不相同,芬兰为 20% 而比利时为零。运输费用也能造成巨大差价,尤其是体积大或很重的货物。同样值得注意的是,如相机和牛仔裤等容易交易的东西,价格差异就比不那么容易交易的东西如电话费和银行手续费等要小。

虽然价格差异的情况将继续存在,但是欧洲单一市场和单一货币结合在一起将使得更难以把价格差异保持在目前水平。要求统一税率的压力已经很明显。随着欧洲一体化进程向前发展,一些不容易越过边界交易的货物,尤其是金融服务,更是如此。整个来说,单一货币的价格透明度也可能对消费者产生一种巨大的心理影响,鼓励他们到处买东西。

这与欧洲现行的汇率机制相比是一个巨大变化。现行的汇率机制多年来已保证欧洲几国之间的兑换率稳定,如马克与荷兰盾的兑换率。尽管如此,以德国马克和荷兰盾价格进行比较,这对消费者来说并不是件容易的事情。当消费者自己进行直接比较时,压力似乎是,大部分价格都有一个下降趋势。

欧元将迫使公司重新估价其战略的第二个方面是同供应商的关系。公司在用同一种货币购买供应品时已不再需要避免外汇风险,可能愿意从价钱最优惠和服务最周到的一个供应商那里集中采购;或者公司这样做仅仅是为了简化后勤工序。

(4) 欧元诞生的积极影响

近年来,欧盟国家一直保持温和的经常项目盈余,而美国的经常项目赤字已持续了 15 年,外债净额累积达到 1 万亿美元。独立的欧洲中央政府也会进一步开放金融市场。这些因素都会增加欧元的吸引力,但是,美国的优势在于其资本市场已具有充分的广度、深度和灵活性。这将使美元作为国际主导货币的地位继续保持一段时间,正如英国经济在第一次世界大战后已相对衰落,而英镑的国际地位仍惯性地延续了相当长一段时间一样。从长期来看,欧元的表现将取决于独立的欧洲中央银行的汇率政策,取决于欧元区内各国政府的财政预算政策。货币联盟将有助于稳定欧元区内几项关键的经济指标。但是,这些指标由于缺乏时间验证尚不足以成为制定经济政策的指导依据。因此,欧洲中央银行的货币政策只能在黑暗中摸索。在这种情况下,欧洲中央银行很可能谨慎地采取高利率的紧缩货币政策,如果欧元区内各国以宽松的财政政策与之相适应,那么,欧元就可能长期保持强势货币的地位。同时,必须指出的是,要实现欧元的汇率的相对稳定,欧洲中央银行也应当努力与国际货币基金组织保持密切合作。有了国际货币基金组织这样有影响的国际金融组织的支持,对于汇率稳定和欧元区经济的发展,无疑有着积极的意义。

当今世界经济中,美国、欧盟和日本三足鼎立,其表现之一

第六章 国际货币基金组织发展历史回顾

是三者都拥有巨额的金融资产，近乎平分秋色。然而在金融资产的分布和金融市场格局上都存在着严重的不平衡。欧盟拥有的银行资产几乎是美国的3倍，日本的银行资产也比美国大。而美国却拥有世界最大的资本市场，欧盟和日本加在一起，股票、债券市值才与美国旗鼓相当（见表6-5）。欧元启动适逢亚洲金融危机向全球蔓延、金融市场动荡不定，随着欧元的问世，统一和巨大的欧洲资本市场将成为一个新的变数。因此，欧元会在相当大程度上改变资本流动和世界金融市场格局，其影响是广泛而深远的。

表6-5 1997年金融资产分布的国际比较

单位：十亿美元

	欧盟15国	欧元11成员国	美 国	日 本
股票市值	3779	2119	6858	3667
债券市值	8673	6993	11008	5326
银行资产	14818	11972	5000	7382
总金融资产	27270	21084	22865	16375

资料来源：美林证券公司（Merrill lynch），1997。

具体来说，欧元的主要影响包括：

①福利效应。如果某一种货币能够在国际范围内流通，发行该种货币的国家能获得好处，我们称之为"福利效应"。福利效应来自于两方面。一方面来自"铸币收益"，因为该国货币在国界以外也被广泛用作商品和证券交易，当无利息收入的现金换回能够赚取利息的外国资产时，发行该种货币的中央银行就得到了"铸币收益"。另一方面来自流动性的增加引起的利率下降所带来的收益。如果外国投资者持有大量政府债券时，资产的流动性降低了，从而利率下降，财政赤字的成本下降。实证研究表明：美

国每年在上述两方面的福利效应中得到的收益约为美国年国内生产总值的0.2%。

当然,当一种货币作为国际货币时也会为发行它的央行带来负面效应,尤其是央行不得不承担"最后贷款者"的任务时,遭受损失的可能性就增加了。

②对国际贸易的影响。一种货币能否成为国际货币,极大地取决于发行该种货币的国家或地区的经济规模和贸易规模。11个欧洲货币联盟国家总的经济规模与贸易规模与美国相当,这为欧元日后成为国际货币提供了必要的条件。不过,就美元而言,并不是所有用美元交易的都是美国商品,所以经济规模与贸易规模并非是欧元在国际贸易中发挥作用的充分条件。它是否能承担此重任还要看它在其他方面的表现。

③对国际金融市场的影响。近年来,国际金融市场上的变化很大。金融创新和国际经济在更大的范围内的一体化为证券市场和外汇市场带来了协同效应。在外汇市场上,美元被用作中间货币。市场上的流动性越强,美元的作用也越大。欧元的引入将进一步推动欧洲金融市场的一体化。欧洲投资者可以使用欧元,而不用再担心使用美元引起的汇率及价格差。至此,美元资产有向欧元资产转移的趋势。值得提出的是,欧洲货币联盟(EMU)至今未包括英国。众所周知,英国拥有庞大、成熟的金融市场。如果英国成为欧洲货币联盟大家庭中的一个成员,将对欧元承担国际货币的重任起到更大的推动作用。

④对外汇储备的影响。从官方外汇储备上来考察,欧洲货币联盟以及欧元的产生减少了对外汇市场进行干预的必要性。同时,由于有了欧元,对于欧洲中央银行系统来说,美元储备显得过多了。而过快地在国际货币市场上抛售这些美元势必招惹非议,所以欧洲的央行系统将逐渐降低其美元的储备量。至于究竟以多快的速度来进行,取决于未来欧洲的汇率政策,所以现在还

第六章 国际货币基金组织发展历史回顾

不能妄下结论。然而美元的储备量将减少,这一趋势是必然的。同时,许多不属于(EMU)的国家目前的官方储备中包含大量德国马克,很难说在马克取消后他们会把储备调整为美元,他们把马克调整为欧元倒是一种更有可能的结果。

⑤对经济稳定和经济改革的影响。欧元今后究竟能否胜任"国际货币"的角色取决于欧元自己的表现。其中一个重要之点就是欧盟的货币政策是否有利于欧洲价格体系的稳定。所幸的是,欧洲中央银行是一个独立的机构,它能够自行实施货币政策,这为实现稳定价格的目标提供了保证。当然,仅仅有独立性是远远不足以保证货币政策成功的,欧洲中央银行必须通过自己的努力,用业绩向世人证明欧洲货币改革的道路是正确的,央行独立于政府的作法是正确的。要知道,若欧洲中央银行无法保证欧洲价格体系的稳定,欧洲将面临巨大的损失。欧盟的货币政策是否有利于欧洲价格体系的稳定,这个问题对欧元的未来具有举足轻重的影响。

另一个同样重要的问题是关于欧洲的经济改革。欧洲货币联盟 11 国的经济发展水平相当不均衡,失业率和人民生活水平等指标在国与国之间有较大差异。如果这些差距持续存在,今后的欧洲将不可避免地发生社会和政治冲突。另外,在今后几年中,如果政府不能确定其稳固的金融地位,欧洲的证券市场将一片混乱。所以说,欧洲的经济改革,必须与货币政策稳定价格体系的目标一起实现,以保证欧元将来能成功地担当国际货币的重任。

就短期和长期内欧元的发展状况而言,欧元未来的道路到底是坎坷还是平坦,现在的确很难下结论。然而根据经验,我们知道,经济机构或金融机构都是风险规避性的,它们对于经济因素变化的反映是慎之又慎的。某一国的货币随着经济发展而成为国际货币的道路是十分漫长的。美元取代英镑的缓慢历程从 20 世纪初开始,一直到建立了布雷顿森林体系,才最终宣告成功。所以说,欧元未来的道路也是相当漫长的。欧洲应致力于保持其经济的稳定增长,尽可能消除经济中的不稳定因素,大力改革,以经济的稳定和经济的发展越过"惯性"的障碍,使得欧元在长期中实现其目标。

2. 国际货币基金组织对欧元诞生的态度

由于欧元的诞生是国际货币金融发展史上非常重要的大事,因此,它对国际货币基金组织的工作包括其"监管"活动,即国际货币基金组织对其成员国经济发展及政策进行的常规监督,都产生了极为深刻的影响。根据《国际货币基金组织协定》第四条第3款之规定,国际货币基金组织必须对国际货币体系进行常规监测,并建立成员国的定期磋商制度,这是国际货币基金组织实施监督的主要手段。定期多边监管包括与国际货币基金组织定期发行《世界经济展望》(一年两次)和《年度国际资本市场报告》有关的各项活动。此外,国际货币基金组织在必要时还可致力于区域问题的解决。

虽然欧元诞生使国际货币体系发生了重大变革,但比较其过程是渐进的。因此,国际货币基金组织总是有时间去调整其做法。国际货币基金组织执行董事会定期举行会议,讨论欧洲货币联盟的整体进程。在与各国按条款四进行的磋商中,与欧洲货币联盟有关的事务已日益成为主要内容。从1992年《马斯特里赫特条约》以后,国际货币基金组织与欧盟各机构的接触成倍增加,因为,后者已加大了对其成员国经济政策的监管,根据协议建立的趋同原则在各国政策制定中扮演着越来越重要的角色。有关欧洲货币联盟的问题,在国际货币基金组织的全球监管活动中变得日益重要。

但是,欧洲货币联盟的出现,要求国际货币基金组织进一步调整其对欧元区的监督政策。与各欧元成员国的定期讨论,并与

第六章 国际货币基金组织发展历史回顾

1998年6月开始运行的欧洲中央银行一起商讨欧元汇率政策，将成为国际货币基金组织监管的中心内容。

从国际货币基金组织监管角度看，欧洲货币联盟的重要特征在于货币与汇率的政策权限，从11个成员国各自手中转移到跨越国家的统一团体手中。即使有关财政和经济结构政策的权力，仍主要由各国政府行使，但国际货币基金组织的监管也必须同时从国家和团体两个层次进行，并密切关注各国自定政策对全区域货币及汇率政策的综合影响，关注区域货币政策对各国政策的综合影响。

联系条款规定的监管，意味着在欧元区域层次上进行的讨论，将集中于货币和汇率政策。但这将建立在对欧洲货币联盟成员国的合并财政与经济结构政策的评价基础上，而这种评价又是评价宏观经济政策整体效果所必须进行的工作。例如，从国际或欧元区域角度看，人们可能认为，区域货币政策和各国财政政策的体系，会使实际利率或实际有效汇率不适当地增长。如果发生这种情况，那么，欧洲中央银行是采取更宽松的政策，还是在国家层次上全面或有选择地实行紧缩货币政策，将视情况而定。从国家层次上，磋商内容的主要变化为：货币政策的讨论，将集中于区域货币政策对各国政策及发展的影响，以及货币政策通过各国中央银行的运行问题。

国际货币基金组织在积极调整磋商条款四，其目的是在适应欧洲货币联盟的产生的同时，继续进行对欧盟经济政策的常规监管，并对由欧盟各机构实施的部分予以特别关注，尤其是欧盟执行的稳定与发展公约的有关内容，以及与此相关的宏观经济政策战略、就业政策战略、欧盟市场贸易一体化政策等。

第七章

墨西哥金融危机中的
国际货币基金组织

一 墨西哥金融危机情况简介

1.危机前的金融改革措施

从20世纪80年代末期开始,为了弥补经常项目的巨额逆差,墨西哥政府实施了一系列旨在开放金融市场、大力吸引外资的金融自由化政策。但结果事与愿违,大量外资的涌入,不过是给墨西哥带来了短暂的"泡沫式"经济繁荣,最终却造成宏观经济的失控。

墨西哥是在1988年开始放松对金融部门管制的,并由此展开了一个广泛而强有力的金融体制改革进程,从金融政策与法规到银行私有化、金融机构一体化,几乎无所不及。在1988年放松银行业务管制的首批措施中,就提出了要加强墨西哥银行系统在国内资金中介业务中的参与。在此意义上,1988年10月银行业放宽银行承兑短期企业票据进入货币市场。随后,放松管制扩大到其他金融工具,并建立了其他用于吸收国内外资金的金融工具。

墨西哥的金融改革,还包括银行利率的自由化和用清偿能力

第七章 墨西哥金融危机中的国际货币基金组织

系数取代保证金制度。这些措施大大改变了可放贷资金的结构和和数量。值得指出的还有墨西哥在1989年12月对银行法进行了修改。这项改革赋予银行在管理上更大的自主权。银行业务的自由化范围更加广泛,银行获准投资资本市场,提供原来属于股市中介机构范畴的服务。鉴于自由化后信贷数额的增长,为了扩大对贷款资信的监督,墨西哥将原来的国家银行和保险委员会分拆,将前者一分为二为全国银行和证券委员会,后者则拆分为全国保险和财政委员会。

在对外资的监管中,作为1989年墨西哥金融改革的一部分,开始放宽外国直接投资的条例,并且为外资企业的出口活动提供额外的好处。在1989年12月的《证券法》中,放宽了外国投资者参与墨西哥股市的规定。为了吸引新的资本并继续发展资本市场,新的证券工具获得通过。同时,在1989年墨西哥还创立了联邦国库券,这是一种政府债券,期限为91天和182天,同自由汇率相联系。这一特点使它比1986年的债券更有吸引力,因为那种债券同控制汇率相联系,而联邦国库券是一种比美国类似债券赢利更多的工具。

通过新的《外国投资法》,外国直接投资在金融改革中得到特别重视。1996年12月即金融危机爆发后,墨西哥对该法进行了修改,以适应与国有部门(如电信、铁路和机场)的私有化所产生的变化。1998年9月8日墨西哥又一次修改外资法,以简化外国投资者必须履行的管理手续。

2. 金融风险的剧增

由于墨西哥进行了以自由与开放为基调的金融改革,墨西哥的资本账户在20世纪90年代出现了2210亿美元的净流入,这是70～80年代20年中流入资本总和的2.5倍。而且,资本构成也比过去发生了很大变化。90年代流入资本的构成大约有 2/3 是国际私营银行的信贷，其余是直接投资。产生这一状况的主要原因是，90 年代国际金融的新运作方式是资本通过股票市场来调节。在墨西哥近 10 年的经济发展中，这种倾向在流入的资本总额中表现为证券投资的比例最大，34% 是直接投资，24% 是银行贷款，42% 是证券投资。[①]

提高生产能力和扩大房地产业产生了两种重大风险。首先，刺激需求继续快速增长，特别是出口需求增长，因为需求吸收消化已经形成而尚未实现的生产能力。第二，对房地产进行投资。一方面，随着经济过热，造成财富价值的价格上涨。另一方面，增加了银行系统贷款和贷款质量对房地产价格稳定的依赖，因为房地产是银行业贷款的主要抵押品。而且经济中除这些已经出现的风险外，20 世纪 90 年代以来的投资对经济增长的有效性比 80 年代的投资要低。1983～1989 年间，投资率平均约为 GDP 的 28% 左右，经济增长率为 8%；而 1990～1996 年间，虽然投资率占 GDP40% 以上，但是增长率却仅仅提高到 8.5%。结果是 1996 年由于房地产价格的下跌和出口大幅度下降，导致对通过国外借款来保持如此之高投资率的能力的关注，这种关注造成了资本流向的逆转进而触发了金融危机。

在墨西哥，1994～1995 年金融危机的积累过程中，维持私人消费是造成巨额经常项目赤字和私人部门信贷增长的主要结果。在过去几年里，当 1987 年实行的稳定计划改革措施出现成效，特别是在降低通货膨胀率，经济前景改善和增加了对未来投入和财富的预期时，这种情况使私人消费急剧增加，私人储蓄下降。私人部门储蓄也由 1988 年约占 GDP 的 20%，降到 1990 年的 13%，1994 年继续降到 11%。在泰国，则明显相反，在危机

---

① 墨西哥《对外贸易》2000 年 8 月号。

第七章 墨西哥金融危机中的国际货币基金组织

之前，投资率一直在 GDP 的 21% 左右波动。尽管公共部门储蓄在 1989~1992 年间出现回升，但是投资与国内储蓄之间的缺口继续扩大。

3. 金融危机爆发

1994~1995 年间的墨西哥金融危机，是 20 世纪 90 年代以来对国际金融体系提出挑战的重大事件。1994 年 12 月的一个深夜，墨西哥财政部长突然宣布该国货币比索贬值 15%。墨西哥此举原本想通过货币贬值刺激出口，扭转巨额外贸逆差，改变国际储备锐减的局面。但谁想到，由于国内外金融界没有思想准备，贬值措施一出台便造成金融市场的一片恐慌，人们纷纷抢购美元，比索兑美元的比价急剧下滑，国内股市狂跌，外国资金加速向国外抽逃，国际储备进一步减少，从 1993 年的 170 亿美元下降至 55 亿美元，只能应付一个多月的进口支出。虽然墨西哥政府实行紧缩经济计划，美国和国际金融机构也许诺向墨西哥提供 528 亿美元的贷款以援救危机，但墨西哥比索汇率仍一路下滑，从 1994 年 12 月 19 日的 3.47 比索兑换 1 美元跌至 1995 年 3 月中旬的 7.7 比索兑换 1 美元，贬值 93%。墨西哥股市截至 1995 年 2 月 28 日收盘，基本指数下跌了 29%。

在墨西哥金融危机进入最关键时期，出于其自身利益的考虑，美国做出了积极反应。1995 年 1 月 12 日，美国政府宣布向墨西哥提供 400 亿美元的经济援助。1 月 31 日，克林顿总统发布行政命令，前所未有地从美国汇率稳定基金（ESF）中动用了一大笔资金。这笔资金加上国际货币基金组织、国际清算银行和一些商业银行的援助，共计 530 亿美元。直到 1995 年 3 月下旬以后，受各项紧急措施发挥作用的影响，墨西哥金融市场才从波动起伏中趋于稳定，并略有回升。

二 国际货币基金组织的调查与援助

1. 派出工作组和提供贷款

为了帮助墨西哥度过危机,更为了防止这场危机对世界经济产生更大不良影响,以国际货币基金组织为首的国际经济组织纷纷向墨西哥提供大量的资金援助。国际货币基金组织派出工作组,调查金融危机的起因,国际货币基金组织董事会还批准了向墨西哥政府提供180亿美元的巨额贷款。国际货币基金组织认为,墨西哥金融危机充分暴露了国际金融体系的不稳定性,对墨西哥经济的负面影响也是深远的。

2. 帮助调查金融危机的爆发根源

墨西哥1994年年末突然爆发金融危机的根源是什么呢?国际货币基金组织派出的工作组,在墨西哥金融当局的密切配合下,对危机的根源进行了认真的调查与分析。

(1) 对前期经济改革的部分肯定

在拉丁美洲,墨西哥按其领土面积和人口属于第三大国。在1968~1988年间,有四届总统因经济危机而倒台。1988年卡洛斯·萨利纳斯当选为墨西哥总统,他一上任就全力推行改革,扩大开放,引进外资,发展对外贸易,平衡预算,降低通货膨胀率,使墨西哥经济在短短五六年期间获得了迅速发展,在拉丁美洲成为经济改革的典范,并成为80年代拉美最早走出债务危机的国家,被称之为"墨西哥模式"。国际货币基金组织对墨西哥这一时期的改革精神与改革措施给予了应有的肯定。国际货币基金组织认为,不能因为发生金融危机,就否定其改革的成功经验,在推动经济增长与消解债务危机方面,墨西哥的一些改革措

第七章 墨西哥金融危机中的国际货币基金组织

施是有成效的。

(2) 检讨以往的外资政策

国际货币基金组织认为，墨西哥发生金融危机，在很大程度上，与国际资本的流动直接相关。在萨利纳斯推行的经济改革中，放宽对外资限制是其中一项重要政策。在这项政策的鼓励下，墨西哥吸引的外资在短短几年内急剧增加。如1989年，墨西哥吸引外资仅为10亿美元，1990年增加到84亿美元，而到1994年，涌进墨西哥的外资达730亿美元。在外资国别来源中，有一半是来自美国。外资的大量涌入，一方面，为墨西哥的经济发展注入了新的动力，另一方面，也为墨西哥经济发展的不稳定埋下了隐患。

首先，由于墨西哥没有立足于内部资金的积累和增加本国投资的比重，而是过分地看重于外资对本国经济发展的推动作用，于是，就造成了对外资的极度依赖，使得国民经济产生巨大的脆弱性。

其次，由于外资构成中，绝大部分是短期资本，这些资本主要是投入债券、股票和货币交易的金融投资。例如，美国在墨西哥的投资有450亿美元，其中投入生产部门的投资不超过150亿美元，而用于证券部门的间接投资多达300亿美元以上。由于间接投资的特点是为了追求高额利润，具有很强的投机性，一旦有什么风吹草动，这些投机资本便会迅速抽逃。1994年西方经济开始复苏，利率也随之上扬，加上墨西哥政局动荡，一些投资者便开始抽走资金，结果造成180亿美元外汇资金的外流。在这种情况下，墨西哥政府不得不动用180亿美元的国际储备弥补亏空。当1994年12月1日墨西哥新总统塞迪略就职时，墨西哥国库只剩下60亿美元的国际储备，已无法维持本国经济的正常运转。因此，墨西哥政府决定通过比索一次性"适度"贬值，促进出口，减少进口，阻止资金外流，稳定外汇市场。然而，这一措施却引起始料不及的比索汇率暴跌，最后酿成了墨西哥严重的金融危机。

造成墨西哥外国资本大量流入的主要原因包括：

第一，内外利差大。由于当时美国和日本等发达国家的经济衰退，利率水平很低。这也包括它们的房地产市场、股票市场和债券市场的收益率。而在墨西哥情况则恰巧相反。墨西哥的各种利率水平都很高，最低的也在13%以上。因此，投资者把大量资本投入到墨西哥以谋取更大的利润。

第二，私有化进程加快。为了削减政府开支，萨利纳斯总统上任后，就大力推行私有化政策。私有化进程的加快，对墨西哥经济的好转起到了重要的推动作用，GDP增长，通货膨胀率大幅度下降，并且加入北美自由贸易圈也使墨西哥获益不浅。国内经济的好转使许多私人企业获得大量贷款资本。对未来充满信心使许多以前将其资本存放在国外的墨西哥企业家把他们的资本带回国内，而外国投资者也夹裹其中。这样，在墨西哥资本流入结构中，流入私人企业的短期资本比例较为显著增加。

第三，由资本特点所决定。由于1982年的债务危机，使墨西哥背上了沉重的债务负担，因此，借债时更加谨慎。从80年代至金融危机爆发，墨西哥的向外借款，无论在绝对数额上还是在流入资本比例结构上都有所下降。政府减少了条件苛刻的长期贷款，选择了易于融资但风险较大的证券投资。因此，这其中埋下的隐患也就不难理解了。

在墨西哥金融危机爆发后不久，又爆发了东南亚金融危机。对此，国际货币基金组织认为，墨西哥金融危机与后来泰国金融危机产生的原因有所不同，后来彼此的经济复苏过程也就不尽相同。在墨西哥，虽然金融业受到国内高利率、比索贬值和经济活动中国内居民无力支付借款利息的严重影响，但几乎未遭受资产价值下跌的影响。在泰国，由于有大量外国借款进入不动产，而

第七章 墨西哥金融危机中的国际货币基金组织

且外国借款在商业银行资产负债表和股票市场中占有重要份额，所以房地产急剧贬值和紧缩将需要花费很大力气去重新调整金融业。如果金融业复苏乏力，反过来，将严重阻碍经济的复苏。因此，金融管理当局对待这一挑战的决心是复苏过程的关键。

(3) 国际货币基金组织的结论

根据详细调查，国际货币基金组织认为，促成墨西哥金融危机爆发的因素主要有：

第一，由于放开了利率，取消了信贷管制和贷款限制措施，废除了强迫性流动比率，银行的信贷规模迅速扩大了。但到了1993年，信贷扩张的速度明显放慢，其原因在于人们对银行贷款的质量表示担忧。在比索获准浮动后，其币值急剧下降，这与银行贷款业务的进一步恶化有直接的关系。

第二，墨西哥不是通过促进出口和更多地吸引外国直接投资，而是依靠证券市场的"繁荣"来吸引短期证券资本的流入来维持。显然，这种开放与"繁荣"无益于墨西哥国内金融竞争力和承受能力的提高。在墨西哥吸引的外资中，注重短期高回报率的证券资本和短期私人资本高达80%以上，墨西哥为了保持预算平衡而发行的政府债券中70%左右也为国外投资者所持有。一旦吸引外资的市场环境变化，外资的流入便可能减少，从而直接影响金融市场的稳定和国际收支平衡。在国内政局发生动荡和其他不利资金安全的情况下，由外资撤走而引发国内金融市场的剧烈动荡，也就不足为奇了。危机发生后，流入墨西哥的外国证券投资急剧下降，从1994年的120亿美元降至1995年的75亿美元，减少了近40%，而其中在股票市场上的减少幅度更深，从45亿美元减少到5亿美元，减少了90%。相比之下，外国直接投资所受影响则很小，只减少了13%。这显示出直接投资比间接投资具有更强的稳定性。

第三，产业结构的失调也是造成金融危机的重要原因。墨西哥的经济改革是以实行国营企业的私有化为起端与核心内容的。不可否认,这一私有化措施是具有其积极意义的。墨西哥国营企业低下的生产效率,已经成为国家财政的极大负担。实行私有化后,政府可以减轻对经济效益不好和亏损企业的财政补贴,又可以通过出售企业收取大量资金,用于社会基础设施的建设及其他社会公共事业的发展。但是,在墨西哥私有化过程中,由于缺乏系统的政策和管理措施,致使大量的国有资产流失,削弱了国家的经济实力和调控能力,墨西哥的宏观经济结构非但没有得到改善,相反,还产生了新的产业结构不合理现象。主要表现在第一、第二和第三产业结构比例失调,工农业生产停滞不前,金融业等第三产业则呈现出极大的虚假"繁荣"现象。到 1994 年,墨西哥国内股市上市企业约有 2/3 属于清偿能力不足。生产部门面临的困境势必影响宏观经济的发展速度,1993 年和 1994 年,墨西哥的经济增长速度都仅仅为 1%。

第四,社会矛盾日益激化,增大了产生经济和金融动荡的可能性。由于缺乏科学有序、渐进的改革政策,致使少数人钻了改革的空子,在极短的时间里攫取了大量的财富,"一夜暴富"在墨西哥并非罕见。然而,大多数人民并未能从改革中获得实际利益,贫富分化现象趋于严重。据墨西哥媒介报道,在墨西哥 4000 万穷人中,有 1700 万人处于极端贫穷的状况中,这些人靠不到 50 美元的月收入维持生计,有 2200 万人生活在贫困线上。与此同时,却有一些人跨入了世界巨富行列,拥有数以亿计的财产。贫富不均是造成社会局势动荡不安的重要根源,由于没有良好的社会环境与经济秩序,外国资本看淡未来经济前景,不愿进行长期的直接投资,只在金融市场进行短期性投机活动,并随时准备抽走资金。

第五,国际经济环境的消极影响,也是引发危机的重要原因之一。当时美国经济已经复苏多年,1994 年其经济增长率达到

第七章 墨西哥金融危机中的国际货币基金组织

4%,通货膨胀的压力增大。为防止通货膨胀,美联储先后数次调整利率,这对于几年来以较高利率吸引外资的墨西哥产生了很大的抵消作用,造成"外资回吸现象"。与此同时,美元汇率一直疲软,使墨西哥比索原已高估的汇价更显偏高,增加了其外贸逆差的压力。这两方面的变化都影响了墨西哥国际收支的平衡,也就使墨西哥当局被迫调整汇率,从而引起金融市场的剧烈动荡。在墨西哥经济改革与金融自由化过程中,忽视了对农村地区和少数民族地区的经济发展,造成了少数人和少数地区财富的迅速膨胀,拉大了社会各阶层之间、城市与农村之间的贫富差距。收入分配不公和贫富悬殊现象的日益严重,使得国内很多人对经济改革怀有抵触情绪,也使得原本党派之争就很严重的国内政局变得更加错综复杂。1994年初爆发的恰帕斯州农民暴动,其规模之大,持续时间之长,为墨西哥几十年来之罕见。它表明,墨西哥的社会矛盾在当时已经是空前严重,外国投资环境的不利使新投资者裹足不前,原有的投资则加速撤出。这样,墨西哥的金融体系就显得更加脆弱了,一俟有风吹草动,就很容易瓦解。

第八章
东南亚金融危机中的国际货币基金组织

一 东南亚金融危机情况简介

1. 泰国金融危机爆发过程

同介绍墨西哥金融危机一样,说到泰国金融危机,就应从 20 世纪 90 年代初开始的金融改革说起。从 1990 年起,泰国中央银行推行了金融自由化为核心的金融制度改革。当时改革计划分为三个阶段,每个阶段计划进行三年。

第一阶段从 1990 年开始,改革有三个主要目标:一是提高金融市场的效率;二是支持经济的调整与发展;三是把泰国建设成东南亚的金融中心。

在这一阶段主要推行的措施包括:

①1989 年 6 月取消长期存款利率的上限限制;1990 年 3 月取消各种期限存款的利率上限;1992 年 1 月,解除储蓄存款的利率上限,完成存款方面的利率自由化。并在 1992 年 6 月取消了贷款利率的上限限制。

②解除对金融机构投资组合的限制,1991 年泰国中央银行

第八章 东南亚金融危机中的国际货币基金组织

采取了简化农村信贷政策，降低金融机构成立分支机构必须持有的政府公债比例，并改变准备金的要求。另外，1993年5月17日中央银行又取消了商业银行开设分行时必须持有证券的规定。这些规定和措施使得金融机构在管理和运作上享有更大的弹性。

③外汇自由化政策。1990年5月21日，泰国政府配合第一阶段放宽外汇管制的计划，宣布接受国际货币基金组织协定条款 (Articles of Agreement) 所规定的义务。

④扩大金融机构的经营范围。1991年泰国就逐步地采取一些措施，允许商业银行和其他各种金融机构拓宽经营业务。

⑤增加国际金融业务。1992年9月18日，泰国央行发布规定，允许泰国的商业银行从事国际金融业务。

第二个阶段是1993~1995年，改革的主要思路是：发展金融市场，增加国内储蓄和营建地区性金融中心。其中发展金融市场与建设地区性金融中心，仍是第一阶段计划与措施的继续，只有增加国内储蓄这一条，是由于泰国在过去的经济发展中，经常收支常常出现逆差，即国内储蓄小于国内投资，因此需要采取措施增加居民储蓄。

第三个阶段是从1996年开始的，改革方针是继续执行前两个阶段的改革措施，但更加强调经济的稳定发展。此阶段的金融改革目标主要包含三个领域：①实行稳健的经济与货币政策；②发展金融制度，并改善有关法规；③加强金融领域的基础建设，积极引入高科技手段的应用。

总的来说，泰国这一金融改革计划与该国经济发展状况有着直接的联系。1986年泰国经济开始从第二次石油危机和全球经济衰退的阴影中走出，并实现了5.5%的经济增长。从那时起，泰国经济逐年增长，1988年甚至实现了近13%的增长率，而通货膨胀则维持在适度的水平，政府财政也实现了盈余。正是在这一情况下，泰国央行才在1990年推出了金融自由化措施，以求进一步活跃经济。应该说，改革的第一阶段，泰国经济的增长率仍很高，只是已经开始显露出减缓的迹象，而且其他一些宏观经济指标仍在可以接受的范围内。所以，这一阶段的改革计划并未对经济形成压力。

然而，第二阶段则完全不同了。从1993年起，泰国的经常项目逆差逐年增加，到1995年已经占到国内生产总值的8.0%。而1993年开始的曼谷商业银行国际银行业务（BIBF）使得经常项目逆差的状况更加恶化。通过BIBF流入泰国的资金从1993年的1932亿泰铢分别增加到1994年的2534亿泰铢与1995年的2024亿泰铢，而且1994～1995年间大部分BIBF的贷款都属于短期性质。这些超额的资本流入被用来融通许多非生产性的大型投资计划（如房地产等），泰国也因而对进口原料、设备和机器的需求大大增加。另外，高级日用消费品的需求也在增加。这使得泰国经常项目逆差迅速上升到警戒线。

除了BIBF的因素外，泰国政府在采取了高利率的货币政策以吸收国内储蓄和外资流入的同时，又维持外汇管制不变的做法，也是造成经常项目逆差增加的因素之一。由于泰铢实行钉住美元的汇率政策，同时国内、外的利差明显，因此，泰国的企业与金融机构在这段期间可以用最小的汇率风险来从这一利差中套利。

在1996～1998年的第三个阶段，泰国央行已经意识到泰国经常项目逆差增加的问题，因此持续采取增加国内储蓄、降低经常项目逆差的稳定经济措施。但是，随着美元在1995年中开始走强，泰铢对其他货币也因而走强，使得泰国的经济状况开始恶化，其中出口首先受到影响，接着是经常项目逆差增加，经济增长率开始下降。1996年泰国的出口呈现1.3%的负增长，可以说是自1984年泰铢贬值以来首次出现的现象。

1997年7月2日，泰国中央银行宣布泰铢实行浮动汇率制，取代泰铢对一揽子货币的固定汇率制。当天泰铢应声下跌20%。

第八章 东南亚金融危机中的国际货币基金组织

在泰铢大幅贬值的金融恐慌之时，平民百姓为了保值目的，纷纷将银行存款取出，购买黄金。泰国黄金在 7 月 2 日的那一周暴涨 7.2%。曼谷的黄金价格由 7 月 1 日的每条（15.2 克）4150 泰铢几天之内狂升至 4450 泰铢。黄金价格上涨的主要原因，是浮动汇率下的泰铢贬值。而国际黄金市场由于澳大利亚国家银行 7 月 3 日宣布大量抛售黄金储备，跌至 12 年来的最低点。对泰国百姓来说，当时国内外黄金价格逆向走势不知是福还是祸。

1997 年 7 月 11 日，泰铢在菲律宾比索大幅贬值的连锁反应下，又继续下跌。到 7 月 16 日新加坡的外汇市场上，泰国铢与美元的比价为 29.85 泰铢兑 1 美元。泰国金融危机的爆发，对那些依赖外国资金进行生产，并用泰铢偿还外债的泰国企业来说，不啻是一个晴天霹雳，而对正在发展中的泰国经济而言，更是巨大挫折。

2. 东南亚金融危机全面爆发

泰国金融危机像瘟疫一样传染到世界各国，特别是东南亚国家、地区以及南美国家。泰国金融危机首先对菲律宾、印度尼西亚、缅甸及马来西亚的货币市场产生了巨大的冲击。

菲律宾比索在投机商的压力下频频贬值。1997 年 7 月 11 日，菲律宾央行宣布允许比索在更大的范围内与美元兑换，事实上同泰国一样开始实行浮动汇率。当天比索暴跌至 29.45 比索兑 1 美元，跌幅达 11.5%，创 4 年来的最高跌幅。一星期后，比索的下跌幅度依然在 11% 的水平上。

同样，在 1997 年 7 月 11 日这一天，缅甸的缅元也受到打击，从 160 缅元兑 1 美元下降到 240 缅元兑 1 美元。

受泰国金融危机的影响，马来西亚货币在 1997 年 7 月 11 日以 2.5047 零吉兑 1 美元收市。7 月 14 日以 2.5350 零吉兑 1 美元收市。在此期间，马来西亚中央银行对外汇市场进行了干预。马来西亚代总理易卜拉欣和财政部长安瓦尔均表示，马来西亚将决心维护零吉的稳定。马来西亚中央银行也于 11 日决定将银行利率从前一天的 9% 上调至 50%，以抑制猖獗的市场投机，阻止零吉的进一步贬值。以上这一系列措施都是为了维护 2.550 零吉兑 1 美元的心理关口。

几天后，"余震"开始波及印度尼西亚、新加坡和中国香港。7 月 14 日，印度尼西亚当局宣布，放弃维持其货币与美元之间比价的努力，今后，盾与美元的比价将由市场来决定。印度尼西亚为了支持盾已经动用了大量外汇储备。在听任比价波动的决定发布后，盾对美元的比价立即从 2680 盾兑换 1 美元跃至 2800 盾兑换 1 美元，而在泰铢贬值之前，这一比价为 2450∶1。这就是说，在 7 月 2 日以后的不到两个星期里，印度尼西亚盾大约贬值了 14%。在此影响下，新加坡元亦随之下跌至 1 美元兑 1.47 元，为 32 个月的历史低位。稍后一些时候，香港的外汇市场受到冲击。一些大投机商开始大手买进港币期货以期出现抛空现货港币的机会。香港货币当局采取措施，大力干预市场，在外汇市场大量抛售美元，以 7.71% 的利率水平卖出 1 月期港币期货。这一利率水平高出 6.56% 的市场水平。

1997 年 7 月 21~25 日，泰国的金融危机进一步动荡。尽管泰国央行入市干预，却毫无用处。到周末，泰铢已跌至 32.7 泰铢兑 1 美元的历史位，跌幅达 21.5%。在同一周，马来西亚的零吉也下跌到 1 美元兑 2.6530 零吉，为马来西亚 38 个月来的最低汇率。

这场金融危机又冲击了巴西证券市场。拉美最大的股票交易所——圣保罗股票交易所的指数下跌了 15%，这相当于道·琼斯工业股票指数下降 1200 点。阿根廷《号角报》7 月 22 日说，东南亚金融危机在这边发生，而在遥远的太平洋的另一头——西半球立即产生了反响：拉美的巴西和阿根廷感到了地震，股市普遍下跌，巴西货币雷亚尔也受到贬值的威胁。

在国际货币基金组织和东南亚地区各国政府积极干预和援助

第八章 东南亚金融危机中的国际货币基金组织

下,这场金融风暴稍稍有所平息,一些国家和地区以及一些舆论亦认为风暴最危险、最困难的时期已过。但是,1997年8月下旬,狂风骤雨又突然再度袭来。一些国家和地区的货币再次急挫:马来西亚货币零吉的比价在8月25～29日下降了5%,下跌到历史最低点2.932零吉兑1美元;泰铢、印尼盾和菲律宾比索以及通常坚挺的新加坡元都在零吉之后相继下跌;泰铢再创新低,报34.15铢兑1美元;印尼盾最低时降至3070盾兑1美元;菲律宾比索下降到了创记录的水平,为30.45比索兑1美元;新加坡元降为1.5185新加坡元兑1美元。

受货币汇率下跌风暴的影响,东南亚股市更是狂泻不止:菲律宾股市跌幅惊人,8月28日一日创下10年来的最大单日跌幅印尼股市也是飞流直下,一举跌破500点大关,8月29日报收493.96点,创下历史最大单日跌幅6.86%;泰国股市和马来西亚股市也均创下新低,8月29日分别报收502.23点和804.40点;香港股市8月28日、29日连续两日暴跌,累计跌幅达1397点。顿时,一种无休无止、无边无际风暴的阴影再次笼罩在人们的心头。人们不禁要问:东南亚金融市场到底发生了什么?大幅动荡的金融形势如何才能稳定下来?国际货币基金组织干什么去了?

二 国际货币基金组织在金融危机中紧急行动

1. 苛刻的国际货币基金组织援助条件

东南亚金融危机爆发后,国际社会反响强烈。国际货币基金组织基金亲自出动,通过提供资金的形式,力求帮助这些国家首先稳定动荡的金融局势。当然,我们对国际货币基金组织的资金来源与运作,已经做了详细介绍。作为国际经济组织,它的援助不可能是无条件的。对东南亚国家,国际货币基金组织的援助是有许多先决条件的,它要求受援国必须接受其改革方案。

例如,1997年8月,国际货币基金组织向泰国提供172亿美元的援助,前提是泰国必须进行经济改革。对于韩国,国际货币基金组织在同意提供583.5亿美元贷款时,也附加了许多极为苛刻的条件,从此韩国经济形同被国际货币基金组织代管,进入了为一些媒介所称的"IMF体制"时代。

这些苛刻条件主要包括:

①降低经济增长目标;

②控制通货膨胀;

③缩减经常项目收支逆差;

④增加外汇储备;

⑤放宽外资持股比率;

⑥尽快开放金融市场;

⑦整顿金融机构;

⑧采取紧缩的财政金融政策;

⑨加速改善企业财务结构的步伐。

国际货币基金组织还要与韩国政府代表定期召开协商会议,讨论韩国经济结构改革情况及其成效,决定是否拨付下一笔援助款项,并制定今后韩国经济的发展措施。

同时,美国也通过这些世界经济组织向接受援助的国家施加压力。1998年10月,美国明确提出,如果国际货币基金组织想得到美国注资,获得180亿美元的摊款,必须:

①向国际收支平衡状况不佳的国家发放救援贷款必须收取高于市场的利息,借方必须在两年至两年半时间内还本付息。

②要求借方取消贸易壁垒,取消"政府强制命令的非商业贷款",在处理破产的问题上必须公平对待所有贷方;

③敦促借方开放农产品市场;

第八章　东南亚金融危机中的国际货币基金组织

④韩国从国际货币基金组织获得的救援贷款不得用于补贴国内遭受金融危机打击的公司;

⑤组成一个"国际顾问常任委员会"对国际货币基金组织的各项贷款政策进行审查。[①]

2．国际货币基金组织的援助效果

(1) 对泰国的援助

1998年2月24日,在国际货币基金组织帮助与监督下,泰国政府提出了新的经济改革的政策与措施。包括:

第一,关闭56家金融机构。泰国央行曾经于1997年6月27日和8月5日暂时停止了共计56家金融机构的营业。同年10月,泰国政府公布新的金融机构监督法规,如修改与增加央行的监管金融机构的权限,并成立金融部门重整局(Financial Sector Restructuring Authority)和资产管理公司(Asset Management Corporation)。12月8日上述56家金融公司被关闭。

第二,接管了四家中型商业银行。由国家金融监管部门接收四家中央银行,以确保社会大众对银行体系的信心。

第三,重整负债结构。泰国金融机构发展基金(Financial Institutions Development Fund, FIDF)的负债将重整为中长期、低利率的政府保证债券。金融部门重整的利息成本也将列入中央政府预算中。

此外,在国际货币基金组织的督促下,泰国金融当局还修改与重建泰国金融监管机构的法规与组织结构,加快金融领域私有化步伐,优先分配适度的信用额度给非银行的企业(特别是出口商、农场主),等等。

---

① 路透社华盛顿1998年10月12日电。

(2) 对韩国的援助

当韩国发生金融危机时,国际货币基金组织就以韩国政府必须改革本国的金融体系为条件,向韩国提供了 580 亿美元的资金援助计划。为修复本国的金融体系,韩国政府也投下了近 100 亿美元的资金。仅 1998 年为充实一些银行的资本,帮助银行处理坏账,保护储蓄利益,韩国政府就花费了 410 亿韩元,约合 310 亿美元。

韩国银行业在韩国金融监管委员会的监督下,开始实施艰巨的改革计划。一些有问题的银行被兼并,政府售出它所持有的一些银行的股份。仅在发生金融危机的一年中,政府就勒令 91 家金融机构停业,9 家较大的银行合并。同时,韩国银行业还进行了大规模的裁员。在 1998 年一年中,韩国银行业人员总数已经由危机前的 11.4 万人减少了 1/3。

尽管银行业的改革经历了剧烈的变革,但也未能赢得社会公众的同情。不少人认为,韩国之所以出现支付困难,完全是由银行业一手造成的。其实,这也多少有些冤枉银行业,它们也是代人受过。当初向亏损企业无节制地提供贷款,只不过是看政府的眼色行事,明里暗里由政府作保。

国际货币基金组织要求,韩国银行必须改善管理,运用先进的管理经验和信息处理技术,以增强自身竞争和防范风险的能力。截至 1998 年底,韩国银行业的不良债权约为 8%,这在亚洲地区算是低的,但这一指标还有上升的趋势,而且,特别是一些大企业的财务重组,对银行资金压力与日俱增。另外,工商界要求延期还款和降息的压力也不小,现在,韩国银行业限制性贷款的种类已经由 1998 年的 2% 上升到 20%,过去那种习以为常的政策性贷款将难以为继,这对那些吃惯"皇粮式"贷款的企业来说,也面临着如何提高自身经营效益的问题。总之,韩国金融业依然处于改革过程中,要想迅速摆脱困境也绝非一朝一夕可以完成的。

第八章 东南亚金融危机中的国际货币基金组织

随着金融机构以及对产业结构的调整,更多的人失业,甚至影响到地方的经济发展,为社会和政局的动荡埋下了不安的种子。由于失业问题严重,促使韩国第二大工会组织全国民主工会总同盟于1999年2月宣布退出政府组织的劳、资、政三方委员会,这意味着韩国的劳工运动又进入新的斗争时期。就连韩国总统金大中也承认,韩国今后的主要政治课题,将是失业问题的处置与政治稳定的维持。

韩国汉城LG经济研究所的经济研究员吴贞勋,利用三项不利经济数值,即失业率、通货膨胀率和商家跳票率(即支票不能兑现率),除以工矿企业生产增长率,得出所谓"经济痛苦指数",以说明韩国工薪阶层当今的处境。数据表明,在全斗焕执政的中期1987年是-3.5,卢泰愚政权中期的1991年是0.5,金泳三政权中期的1996年是-1,金大中上台的第一年则是8.7,成为1986年以来的最高记录。如果按照吴贞勋的这一指数来衡量,韩国政府的压力是十分大的。

在遭受金融风暴的严重侵袭之后,韩国政府痛定思痛,在与国际货币基金组织的合作中,韩国决心改变保守的外资政策,尤其是对外国直接投资限制过多的政策,开始鼓励跨国公司到韩国投资。金大中执政后,韩国把积极引进外资作为对付经济危机和迈向新世纪的重要课题。1998年4月,韩国进一步扩大了允许外国投资的行业领域,包括租赁住房和加油站等。

按照国际货币基金组织的调查与建议,从1998年9月起,韩国对外资的重心正式从"管制和管理"转向"鼓励和支持",所有与外国投资相关的法律法规均合并《鼓励外国投资法》之中,从法律上明确了外国投资者的国民待遇和税率优惠。

爆发金融危机以后,按照国际货币基金组织的要求,韩国政府大胆进行金融部门改革和产业结构调整,致力于提高企业和金融部门的透明度,搞活劳动力市场,放松外汇交易的管制,增强资本的流动性，为外国投资者创造了较好的投资环境。同时，韩国政府在外资政策上废除了对外国企业的种种限制，例如，允许外国投资者可以不经董事会同意，购买目标公司所有在外流通的股票；取消对外国投资者股权上限的规定；取消外国投资者投资政府公债、公司债和特殊债券市场的限制；废除外国投资者购买企业及金融机构所发行短期金融商品的所有限制。

表 8-1 韩国对外资企业的税收优惠措施一览表

税赋种类	税赋减免规定
企业税	最初 7 年完全免税
所得税	从第 8 年到第 10 年的所得税降低 50%
企业股利税	投资最初 7 年完全免税
股利所得税	从第 8 年到第 10 年所得税降低 50%
地方税	从第 8 年到第 15 年的地方税可享受减免优惠
不动产交易税	
房屋税	投资最初 7 年完全免税
登记税	从第 8 年到第 10 年税赋降低 50%
综合地价税	

韩国引进外资向国内经济"输血"的一项重要措施，引起国际投资者的普遍关注，此举对韩国经济走出低谷无疑具有一定的积极意义，但它对一贯受到政府保护的韩国国内企业无疑会产生巨大的冲击。因此，对于国际货币基金组织的援助，韩国国内赞成与反对的呼声都很强烈，政府是在巨大的压力下坚持与国际货币基金组织等国际机构进行合作。

应当说，东南亚经过多年的快速成长，经济出现了结构失衡与改革滞后的困难，在很大程度上有其必然性。关键是如何面对危机后暴露的一系列问题并加以解决。在国际援助特别是危机国家的政府和人民的自身努力下，东南亚各国的经济泡沫成分已经挤出，直接触发这场危机的能量逐步释放，最困难时期已经淡

第八章 东南亚金融危机中的国际货币基金组织

出。由于经过了近二三十年的发展，东南亚国家已经积累了相当规模的经济技术实力，初步形成了灵活的劳工市场、良好的贸易发展条件、高储蓄和日益增强的对教育科研的关注等有利条件。所以可以肯定的是，这些国家在经过一定的调整和改革后，重新走上健康稳定的发展之路，是不成问题的。统计显示也证明了这一论断，即亚洲金融危机已经达到谷地，许多国家的经济从1999年开始强劲复苏，2000年已经恢复到危机前的水平。

(3) 对菲律宾的援助

在过去几十年的时间里，菲律宾的经济增长一向是落后于其他东南亚国家。因此，菲律宾被戏称为"亚洲的病人"或者是"亚洲的拉丁美洲"。然而，在亚洲金融危机中，这个"病人"比它的邻居更有活力。在亚洲金融危机肆虐的时候，处于金融危机重灾区的菲律宾却能够避免严重的经济衰退。究其原因，与国际货币基金组织对它的长期援助和在此关键时刻的鼎力支持，是密不可分的。

长期以来，国际货币基金组织与菲律宾就保持着十分密切的合作关系。菲律宾为了获得贷款，不得不按照国际货币基金组织的要求，进行金融制度的改革。尤其是在1986年科·阿基诺任总统后，在国际货币基金组织的帮助下，菲律宾开始了以银行体系改革为中心的金融自由化改革。之后，在1992年，新上任的拉莫斯总统为了获得国际货币基金组织提供的8亿美元贷款以及随之而来的数亿美元的国际金融机构和私人贷款，与国际货币基金组织达成一系列的贷款条件。这些条件主要包括：紧缩财政与货币政策，控制通胀，放宽外汇管制，放宽进口控制，实行税制改革，实现国际收支平衡，等等。这些条件一方面限制了菲律宾独立行使国家经济主权的权力，但另一方面，又有效地监督了菲律宾的理财情况，防止经济过热，并使各项经济指标一直保持在较为理想的范围之内。1996年年初，即在东南亚金融危机爆发前一年，由于菲律宾的国内经济周期已步入上升时期，国际货币基金组织同意了菲律宾有限度地放松银根的政策。在经济平稳运行时，扩张的货币政策有利于加速经济的发展。同时，在国际货币基金组织的要求下，拉莫斯执政之后继续推行其前任科·阿基诺总统的金融自由化方针。采取的金融系统自由化的重要措施，包括 1992~1995 年间放松对国内准入和开设银行分支机构的管制。

换言之，自 20 世纪 80 年代中期起，阿基诺时期的菲律宾就已在国际货币基金组织的监控下开始了金融改革，并在拉莫斯时期金融改革继续推进，并取得了重大进展。其中，与东南亚区内其他国家相比，菲律宾的银行体系就显得较为稳固。所以，应该说，这些金融改革措施，对于后来菲律宾较小程度地受到东南亚金融危机的侵袭，起到了十分重要的作用。

东南亚金融危机爆发后，国际货币基金组织又一次对菲律宾慷慨解囊相助。东南亚金融危机爆发之后，菲律宾是最早获得国际货币基金组织贷款允诺的国家。早在 1997 年 7 月 14 日，菲中央银行宣布放弃固定汇率制的第 4 天，国际货币基金组织便表示，愿向菲政府提供 11 亿美元的贷款，以加强菲律宾的国际储备。1998 年年初，菲律宾又与国际货币基金组织达成新的贷款协议，为在其后两年内确保国际收支平衡，每年可从国际货币基金组织和有关国际金融机构分别获得 16 亿美元和 10 亿美元的备用贷款。作为条件，国际货币基金组织要求菲律宾修改银行法，继续加快银行系统的改革，并采取适度从紧的金融政策，以便稳定汇率和把通货膨胀率控制在 10%以下。

1998 年 3 月底，国际货币基金组织在菲律宾政府即将脱离其管制之际，又与其达成一项新的备用贷款协议，规定菲律宾在将来紧急情况时，可立即提取 13.7 亿美元的贷款。总的来说，自 1997 年亚洲金融危机爆发后，菲律宾 GDP 增长率的下降幅度比东亚 4 国要小得多。因此，对于这一点，应该毫不吝啬地在功

第八章 东南亚金融危机中的国际货币基金组织

劳簿上为国际货币基金组织记上一笔。它对菲律宾金融改革进程的参与和推动作用，对于菲律宾金融体系的稳定和宏观经济发展，起到了利大于弊的积极作用。

三 国际货币基金组织对东南亚金融危机的认识与总结

在不长的时期内，就发生了两次影响很大的金融危机。而这两次危机都是发生在新兴经济国家和地区，其教训是深刻的。国际货币基金组织深感责任重大，对于它向有关国家提供的援助及其条件，在世界上引起广泛议论，可以说是毁誉参半。于是，国际货币基金组织认为，深刻、系统地总结这两次金融危机可供汲取的经验，有利于世界经济的增长，也有利于改进国际货币基金组织今后的评估与援助工作。

1. 对危机性质的判断

东南亚金融危机爆发后，国际货币基金组织迅速组织强有力的工作组，到危机发生国家和地区，研究危机根源，寻找应对措施。国际货币基金组织的一些学者和官员普遍认为，危机主要是亚洲资本主义———一种亲朋好友式的资本主义，一种缺乏透明度、监管不严又任人唯亲的社会制度，从而导致了危机。

应该承认，国际货币基金组织工作人员所指出的不无道理。强化市场首先要求的是提高透明度。泰国在远期市场上秘密出售外汇储备的行为使其官方储备水平成为笑柄。没有任何人意识到韩国的短期债务有多么庞大。这种不透明度加重了危机。它表明，如果在更广泛的经济问题上能有更多的较为确切的信息，全球市场运转得会好一些。

强化资本市场的第二项改革是加强监管。银行是最为脆弱的机构，如果监管不严就可能造成严重破坏。无论发展中国家抑或是发达国家都曾发生过的不可胜数的银行业危机表明，资本的自由流动以及对银行的监管不力两者结合起来会导致灾难性后果。为了改善管理，由世界各国的银行监管人员组成的巴塞尔委员会1997年颁布了从事健全的银行业务的"25条核心原则"。

必须指出的是，东南亚的金融危机表明，还不仅仅是要做如国际货币基金组织工作人员所说的事情，如减少败德行为，增加透明度，消除腐败，等等。作为东南亚各国来说，没有处理好固定汇率下内部经济均衡与外部均衡的关系，是引发这场金融危机的直接原因。

同时，作为金融安全的标准本身的确有待更新。例如，国际公认的银行业务的主要规则，是1988年由发达国家制定的巴塞尔资本充足率标准。十年过后，这些标准看起来既不够充分，又有些武断。在一个发展完善的银行业务体系中，保障安全所需资本的最低限额在变化无常的新兴市场中也许是不充足的。奇怪的是，人们认为向银行尤其是新兴市场的银行短期放贷往往比向微软之类的公司长期放贷风险小。

按照国际货币基金组织的分析，东南亚金融危机可谓是冰冻三尺，非一日之寒。产生东南亚金融危机的原因，是多方面的。除了前面具体对泰国金融危机的分析外，在东南亚各国还有一些普遍性的问题。

第一，产业结构的落后。东南亚经济的快速增长，被誉为世界经济的奇迹。但仔细分析不难发现，这一地区的经济发展模式有其落后的一面。世界经济自20世纪90年代以来就加速地进入了一个以技术创新为基础的知识经济时代。新技术的不断出现，使人眼花缭乱，目不暇接。在科技进步推动的经济全球化面前，凡是能够适应这一变化背景并抓住时代机遇的国家和企业，就能够处于时代发展和市场竞争的有利地位。美国及其以通用电气为代表的美国企业就是这一新经济时代的最大受益者。而比较之

第八章 东南亚金融危机中的国际货币基金组织

下,东南亚国家(这里也可以包括日本)则远远落后了。引进的国际投资大部分用于房地产和传统制造业,而非将重点放在高新技术产业和服务产业。早在20世纪70年代初期,欧美国家的制造业比重就开始下降。发达国家作为一个整体,制造业就业比重从1970年的28%左右降为1994年18%左右。其中,美国从1965年的28%降至1994年的16%,欧盟从1970年的30%降至1994年的20%。同时,美国的服务业就业比重已达到73%。相比之下,日本的制造业就业仅从1973年的27%降至1994年的23%,服务业的比重只达到60%左右。[①] 而以日本发展模式为代表的一些东南亚国家和地区更是未能做好从工业经济时代向知识经济时代转变的心理准备,更谈不上政府的政策导向了。而政府引导企业的方式又加剧了东南亚经济发展的落后性。例如,东南亚发展中国家和地区几乎无一例外地都在以发展民族汽车工业为己任,并列入产业政策鼓励的重点,造成该产业以高产低效的特点发展,韩国一些汽车公司的倒闭便是这一政策的必然结果。

第二,生产过剩与企业效益下降。根据国际货币基金组织的统计,1995~1997年,全球性生产与需求之间基本平衡,没有发生生产过剩现象。但这是指全世界,而从东南亚局部地区看,则确实存在生产过剩现象。其中尤以房地产、汽车、钢铁等为最。据统计,1996年后,这一地区便出现了需求不足,实际需求增长率低于实际总产值增长率。[②] 其固定资本投资率(固定资本投资占国内生产总值的比重)达到30%以上,而世界平均水平基本上保持在25%的水平。同时,大量企业由于投资过大和盲目实行多元化经营战略,致使企业经济效益严重下滑,国际竞争能力不强。在韩国,"高利润、高销售行业"从1985年的4个

---

① 国际货币基金组织《世界经济展望》1997年5月。
② 国际货币基金组织《世界经济展望》1997年10月。

减少为1995年的2个,而"低利润、低销售行业"则相应地由1个增加到7个。一度在海内外驰名的企业,如真露公司、起亚公司、汉拿集团等,都是因资不抵债,不是破产便是被兼并。另外,据统计,1990~1996年,东南亚国家和地区出口收入下降幅度最高达到20%。

第三,金融市场的不发达导致资金流动性差。日本是世界最大的债权国,本来不缺资金。但是由于资金难以流到最需要的地方,造成银行坏账,企业负债而倒闭。相比之下,其他亚洲国家和地区的资本流动性更差。尽管东南亚发展中国家和地区储蓄率很高,但因资本市场不发达,造成资本机构不合理。投资者较少用债券融资,主要依靠银行贷款,而且往往是短期贷款,不适合长期投资项目的需要。而经济过热导致的"泡沫经济"为金融市场带来虚假繁荣,而为后来的金融动荡埋下伏笔。当宏观经济不稳定时,外资抽逃,便引发股价下跌,汇率贬值。

第四,金融安全防范意识较差。对于广大发展中国家来说,在金融自由化中避免外来的金融危机和金融风险,保障国家金融安全,是十分重要的。如何把握好开放与防范之间的关系,是需要认真研究的。

2. 坚持经济开放的立场

基金组织认为,墨西哥金融危机和东南亚金融危机是沉痛的教训,其中有许多可供发展中国家借鉴的经验。除了上面已经提及的需要当事国注意的问题外,国际货币基金组织还认为有一些可供广大发展中国家注意的体制性问题。例如,一方面,金融危机提示有关国家的政府,必须重新反省以往的经济发展道路与发展模式。另一方面,这些金融危机说明,有关国家应该认真地接受国际货币基金组织的建议,实行经济改革,并且向西方进一步开放市场。

第八章 东南亚金融危机中的国际货币基金组织

国际货币基金组织认为，在韩国，人们已经普遍认识到，除非有一个运转良好的有效率的金融业，否则就不可能实现资源的有效配置。这一点在过去多次讨论过。然而，最近的经济危机不仅强化了这种意识，而且推动了各种改革措施的实施。在这方面的金融改革措施可以分为两大类：在长期，对金融机构放松管制；在短期，对金融机构进行重组。

在合并的监管结构下，金融体系从受抑制的状态转为市场导向。提高效率的总方向是促进竞争，改善对所有者和管理者的激励机制。更具体地讲，就是消除旧的管制的做法。首先，对诸如经纪行、佣金之类的金融产品任何遗留的价格管制实际上已经被解除。外汇管制也已经完全取消。其次，银行业、证券业和保险业的业务分割得以放松，从而为长期转变成为全能银行体系创造条件。放松管制的影响将更具有长期性，因为放松管制必然会涉及金融基础设施和商业文化的变化。

总的来说，在国际货币基金组织看来，国际金融市场的一体化带来的是更大的风险和不稳定。应当说，世界经济和国际金融体系在发展过程中，总是不可避免地要出现这样那样的动荡，不可能总是一帆风顺。此次东南亚金融危机又是一次新的动荡，其破坏程度不及 30 年代的大萧条，也弱于拉美国家的债务危机。这主要是由于东南亚经济的实际基础较好。但是，由于此次金融危机是在经济全球化和金融全球化的背景下发生的，因此其影响是全球性的。它对世界经济和国际金融体系造成了极大的破坏，也对广大的发展中国家如何预防金融危机，加强国家经济的安全性，提出了警示。

3. 坚持对外资的导向与管理

基金组织认为，各国经济发展主要应依靠国内的储蓄，而不能过分依靠外资，特别是不能依靠外债来支撑经济发展。由于国际资本流动性加强，各国有条件更多地利用国际资本来促进本国经济发展。但是，一些发展中国家过分依赖国外资本，从而使国家经济处于不稳定的状态。泰国在20年的经济发展中，长期保持着经常账户赤字，但始终不采取有效措施实现经常账户的平衡，而只是试图通过放松资本账户的管制来吸引更多的外资，特别是依靠短期外债来弥补经常账户的赤字，支撑经济发展。实践证明，这一政策是有重大缺陷的。

从泰国货币危机的过程来看，具有较高的外汇储备是稳定一国货币的重要因素，但不能充分保证一国的货币安全。泰国的外汇储备并不算低，到1996年年底，外汇储备为396亿美元，约为7个月的进口量，这已达到泰国历史最高水平。但是由于经济发展出现了严重的失衡，依然发生了货币危机。

因此，一国货币安全的条件不仅在于要保持较高的外汇储备，同时还要保持一国经济的健康发展和经济实力的增强。要充分利用汇率机制调节国际收支，同时使货币政策的实施更具有自主性。泰国所采取的盯住美元的汇率制度的重要缺陷之一是使中央银行丧失了在货币政策上的调控权。

四 国际社会对国际货币基金组织在危机中作用的评价

1. 危机前的预警作用

按照国际货币基金组织的协定，国际货币基金组织要对各国汇率政策进行监督。由于近年来各国金融危机发生频繁，国际货币基金组织在墨西哥金融危机后建立起一套危机预警机制，其中包括数据系统。

早在1996年，国际货币基金组织就已经预测到泰国及其他

第八章 东南亚金融危机中的国际货币基金组织

东南亚国家即将面临的危机,其总裁康德苏在 1996 年 7 月到 1997 年 7 月曾四次访问泰国,要求泰国停止实行与美元挂钩的汇率制度,同时对韩国和印尼也提出过类似建议,可惜均未得到这些国家的重视。相反,菲律宾由于是国际货币基金组织的监督国,30 年来,其银行和金融系统的运作受国际货币基金组织的严密监督,使其形成了较为健全的金融管理和监督体系,因而在这次金融危机中,菲律宾银行和金融系统表现出较强的抗风险能力,未出现大的银行倒闭现象,通货膨胀控制也较好。

2. 危机中给予力所能及的援助

《国际货币国际货币基金组织协定》第一条在论述该组织宗旨时指出:"在充分保障下,向成员国提供暂时性普通资金,使其有信心利用此机会纠正国际收支的失调现象,而不至于采取有害于本国或国际繁荣的措施。"根据协定,当成员国的国际收支遇到困难时,国际货币基金组织应以卖给外汇的方式对成员国提供短期信贷或中期的金融援助。

东南亚金融危机爆发以后,在股市、汇市的双重打击下,泰国、印尼和韩国分别于 1997 年 8 月、10 月和 11 月向国际货币基金组织提出救援的请求,国际货币基金组织紧急出动,分别与上述三国确定了主要受援条件后,陆续向它们提供援助贷款。至今,以国际货币基金组织领头的国际社会已承诺向饱受危机之苦的三国提供援助总额近 1200 亿美元。这是国际货币基金组织有史以来空前的"救火"行动,其中对韩国的援助额最多,为 570 亿美元(国际货币基金组织 210 亿美元的备用信贷,世界银行的 100 亿美元,亚洲开发银行的 40 亿美元和其他国家提供的 220 亿美元),超过当年对墨西哥的援助额,成为该机构成立 50 多年以来最大金额的救援计划。按协定,国际货币基金组织给韩国紧急资金援助将在三年内分批到位。1997 年 12 月 6 日,第一笔援助额55亿美元已经到位,25日,国际货币基金组织和西方七国答应提早给予韩国100亿美元的援助并延长韩国巨额短期外债的偿还时间,韩国的股市总算出现反弹。

国际货币基金组织的资金来源主要有成员国的认缴和国际货币基金组织的借款部分,因此国际货币基金组织在承诺借款前后要做大量的协调工作。1997年9月,在香港举行的国际货币基金组织的年会上,通过了国际货币基金组织执行董事会确定的增资规模和分配方案,将国际货币基金组织的份额增加45%,即从1450亿美元增加到2102.2亿美元,大大增强了国际货币基金组织的抗震能力。

3. 关于苛刻的援助条件

国际货币国际货币基金组织要对世界经济和东南亚金融危机形势进行分析研究,并提出方案。这首先表现为国际货币基金组织打破每年春季和秋季两次公布经济预测的惯例,在1997年12月发布紧急经济预测。该预测称,亚洲金融危机对地区性和全球性金融市场造成的影响,要比几个月前所预测的深远得多。其次表现为在国际货币基金组织对受援国提出的条件和要求上,国际货币基金组织的援助不是无条件的,也不是无的放矢,在对受援国经济状况进行分析的基础上要求受援国改变造成危机的经济结构。国际货币基金组织的条件,其实也就是对付金融危机的对策,主要集中在经济领域,尽管根据各国具体情况有所差别,但一般都包括宏观经济政策、货币及汇率政策、财政政策和金融改革等方面,而且很具体。总的来说,东南亚国家与国际货币基金组织协商的一揽子方案包括:

①控制货币发行量和约束信贷总额,提高银行利率;
②汇率贬值;
③削减政府开支,特别是基础设施等资本性开支,减少补

第八章 东南亚金融危机中的国际货币基金组织

贴，改革税制，增加税收收入；

④对国有企业、设施、银行进行私有化；

⑤冻结工资水平，对僵化的劳动力市场进行改革；

⑥关闭、清理和合并陷入困境的银行和金融公司，向外国资本开放本国银行和金融业；

⑦削减关税和非关税壁垒，贸易自由化和开放资本账户。

那么，对国际货币基金组织在东南亚金融危机中采取的政策和措施，有关国家以及国际社会有何反映呢？

第一，东南亚各国对国际货币基金组织援助态度不一，结果不同。东南亚国家由于各自国情不同，与发达国家的关系不同，因而产生对国际货币基金组织援助的态度不一。泰国在危机一发生即积极向国际货币基金组织和美国求援，由于国际货币基金组织提出的条件过于苛刻，在国内引起了强烈的反对声浪，泰国在接受援助时与国际货币基金组织讨价还价延误了一段时间，使危机进一步恶化，直到后来全盘接受国际货币基金组织的条件后经济才有所好转。印度尼西亚是在危机发展到不能控制时才向国际货币基金组织求援的，但它对国际货币基金组织的贷款感兴趣，而对其药方不感兴趣，在接受贷款后曾一度违反与国际货币基金组织的协定。印尼总统苏哈托在 1998 年年初公布的新预算案不但没有紧缩反而增加开支达 32%，此举使印尼经济再度失控，遭到国际货币基金组织的严厉批评，面对变局苏哈托不得不与国际货币基金组织重新签订协定。保证废除独裁、降低能源津贴、促进银行合并和取缔费用昂贵的工程，才使印尼金融形势又有所好转。韩国在危机开始阶段对形势估计不足，坚决不向国际货币基金组织申请援助，及至 1997 年 11 月经济全面崩溃，才向国际货币基金组织申请援助。韩国政府在接受国际货币基金组织的条件时态度坚决，全部接受而且严格执行，因而局面已得到基本控制。

国际货币基金组织

第二，对国际货币基金组织在这次危机中的作用，国际社会的评价还是大相径庭。国际货币基金组织对东南亚国家的巨额援助，并没有在短期内很快遏止东南亚金融市场的颓势。于是，一些经济学家开始怀疑，国际货币基金组织的药方是否适用于东南亚国家，并进而展开了一场对国际货币基金组织的大批判。主要批评意见包括：借援助迫使受援国改变保护国内公司政策，增大了外国的支配作用；受美国和其他富国的控制和操纵，提出的条件有利于发达国家的公司赢得市场准入权，使发达国家通过双边和多边压力无法得到的，现在通过利用国际货币基金组织贷款的手段得到了；国际货币基金组织的政策由一些对所主管的地区了解不足的人制定；鼓吹该地区的各国政府、银行和公司都需要开放和增加透明度，而它自己的运作和政策制定却是秘密进行的；对危机中面临不同问题的国家提出几乎相同的援助条件，其可行性与有效性值得怀疑；采用双重标准，对国际银行有利而对当地金融机构、公司储户和股民不利。与国际传媒对国际货币基金组织的"围攻"相比，为该组织说话的声音却显得很弱小，倒是国际货币基金组织自己出来做了一些辩解，其当时的总裁康德苏在各种场合极力为自己辩护。

一些国家在东南亚金融危机中出于不同目的，提出了一些欲取代国际货币基金组织的设想（这点我们在后面将有详细介绍），但都归于失败。对于东南亚国家来说，寻求新型高增长模式，是金融危机后各国经济政策追求的目标。政府和企业都在以多种方式寻找能推动经济增长的新技术，资本开支不断增加，大量资金投入到计算机信息技术领域。据一家调查公司估计，韩国、新加坡和中国台湾 2000 年的机械和设备开支增加了 50%。从因特网带动的香港服务业到台湾和韩国的高技术生产能力上，人们看到，东亚正处在一个经济增长模式转型时期。

第九章

进入21世纪的国际货币基金组织发展趋势

　　当人类跨入21世纪之时,伴随着经济全球化的迅速形成与发展,世界经济形势发生了前所未有的变化。在金融领域,国际资本规模巨大、流动速度加快,也是世界经济的重大趋势之一。国际货币基金组织在处理新形势变化产生的一系列金融问题时,总是显得力不从心,并因此受到来自各方面的责难。了解国际资本流动的新特点,对于我们认识国际货币基金组织在国际经济事务中的作用与影响,具有重要意义。

一　新世纪国际货币基金组织面临的新问题

1. 虚拟经济的发展

　　虚拟经济是针对于实质经济而言的概念,国外文献经常用 virtual economy、unreal economy 或 fictitious economy 等词汇表示。具体地说,虚拟经济,是指以金融系统为依托的与虚拟资本循环运动有关的经济活动。从20世纪80年代起,特别是自东南亚金融危机爆发后,虚拟经济受到越来越广泛的重视。

目前，研究虚拟经济主要涉及三个经济现象：一是由于金融资产的迅速膨胀及金融衍生产品的大量出现所产生的现象；二是因特网经济现象；三是实际变量与名义变量越来越脱离的趋势。

世界经济的实物生产，如果按人均计量，比 10 年前有实际的缩减，而实物生产中又有相当大的一部分服务于虚拟经济的运作。虚拟经济的出现是与网络经济的发展相伴而生的，并催生了一种新的投资文化，美国风险资本近年来的急剧膨胀便充分说明了这一点。1999 年底美国公司收到了近 500 亿美元的风险资本，是 1990 年 25 倍。而 1999 年首次上市股票获得的资本约 700 亿美元，是 1990 年 15 倍。在美国股市上受益最多的是那些为投资者看好的科技股和网络股，而它们的股价和它们的账面价值所留下的巨大虚拟空间仍是十分惊人的。例如，只有 3.1 万人的微软公司的市场资本总额高达 6 千亿美元，而麦当劳公司的员工人数为微软公司的 10 倍，但其市场资本总额仅为微软的 1/10。作为一个虚拟媒体的网络公司雅虎也是一个极好的例证。尽管目前雅虎公司的股票价格远远低于其以往最高价格，但仍为其账面价值的 40 多倍。[1]

表 9-1　西方部分国家股票和债券的跨境交易占 GDP 的比例

单位：%

	1975	1980	1985	1990	1994	1997	1998
美　国	4	9	35	89	131	213	230
日　本	2	8	62	119	60	96	91
德　国	5	7	33	57	158	253	334
法　国	—	5	21	54	197	313	415
意大利	1	1	4	27	207	672	640

资料来源：国际清算银行。

---

[1] 〔美〕《商业周刊》2000 年 8 月 28 日。

第九章 进入21世纪的国际货币基金组织发展趋势

从资本跨国交易占西方主要国家 GDP 比例的显著提高中，我们可以清楚地看到，20 世纪末期虚拟经济的大发展。这时期，国际资本流动规模急剧增加并远远超过实物生产的增长速度这一趋势（见表 9-1）。在过去的 20 多年中，发达国家各类证券在居民和非居民之间的交易总额在 GDP 中的比重迅速上升。并且，随着欧盟和一些经济发展迅速的发展中国家的银企改革，企业越来越倾向于学习美国股东文化的模式，证券融资规模势必越来越大，全球性的国际资本流动规模将不断扩大，世界经济中虚拟经济的影响日益加深。

2. 发达国家的虚拟经济

虽然以欧美日为主体的发达国家在国际资本市场中的主导地位难以动摇，但即使在欧、美、日之间，资本流动的不平衡现象也十分明显。美国虽然一直是吸收国际资本的最重要国家和国际资本回避风险的主要避风港，但是随着欧日经济的好转和稳定增长，这一现象将会有变化。

1999 年美国经济达到 4.2% 的强劲增长速度，并连续保持了 4 年的经济增长超过 4% 的水平。据统计，从 1995 年到 1999 年 6 月，美元兑全球 34 种主要货币升值了 28%。① 这样，美国的确成为全球经济增长的重要引擎和国际资本市场中投机逐利与回避风险的主要场所。因渴望享受美国持续多年的经济繁荣的好处，外国投资者对美国的资本市场可谓趋之若鹜。据美国商务部经济分析处统计，1994 年，外国人购买美国股票、企业债券和其他非国库的各类证券的总额为 570 亿美元，1997 年增长到 1970 亿美元，而 1998 年这一数字则继续上升至 2280 亿美元。从 2000 年上半年的情况看，该年度流入美国资本市场的外国资

---

① 王雪冰主编《1999～2000 国际金融报告》，经济科学出版社，第 202 页。

本可能达到 3.5 千亿美元，大大超过 1997～1999 年 3 年间 2 千亿美元的平均水平。① 外国资本一方面加速了股价上扬，促使家庭进行过量消费，另一方面满足了企业强烈的投资需求。

　　与间接投资相比，外国直接投资规模也是屡创新高。1998 年，美国的外国直接投资流入量比 1997 年几乎翻了一番，达到 1930 亿美元。其中，德国流向美国的外国直接投资增长了 3 倍，英国流向美国的外国直接投资增长了 7 倍多。显然，近年来外国直接投资流动的规模和方向更主要的是由跨国公司购并活动大为活跃造成的。仅在 1999 年一年中，外国企业在美国的跨国购并金额就高达 2930 亿美元，占全球购并总额的 37%。②

　　那么，在未来的趋势中，流入美国的国际资本是否还会保持上述那样强劲的增长力度呢？让我们首先分析美国经济的前景。各种信息资料显示，美国经济有明显降温倾向。2000 年第三季度经济增长率大大低于第二季度。产生这一问题的主要因素是消费信心不足。我们知道，美国多年来的经济增长主要是由消费需求拉动的，而目前许多消费者正在产生犹豫，而股市的下跌也使几年来的赚钱效应发生逆转，这使得他们不敢再大把花钱。截至 2000 年 11 月底，标准普尔 500 种股票指数下跌到 52 个星期来的最低点。纳斯达克综合指数也是如此，2000 年 3～11 月从历史最高点已经下跌将近 50%。在 2000 年第三季度，美国人每月的平均最低偿债额达到 1987 年以来的最高水平。现在，美国人的开支超过了收入，这是 20 世纪 80 年代以来从未发生过的情况。③

　　在资本方面，1990～1999 年全球外商直接投资（FDI）的总

---

①　〔日〕《钻石》周刊 2000 年 12 月 2 日。
②　OECD 网页：www.oecd.org。
③　〔美〕《纽约时报》2000 年 12 月 3 日。

第九章 进入21世纪的国际货币基金组织发展趋势

量不断增加，1999年全球FDI的总量已达到8655亿美元，其中近1/3都流向了美国。美国已成为全球最大受资国，1999年吸收外国投资2755亿美元。2000年仍保持这一规模。美国经济下滑的结果必然导致国际资本的重新分配，就目前的资本市场的格局来看，主要的资本流入地可能有欧盟、日本和东南亚三大块。

总之，目前美国经济过热现象已经表露出来，就如体格健壮的人，对自己的胃口也很有信心，但是别人没完没了的劝酒夹菜，自己一个劲地胡吃海塞，这个"巨人"终于也抗不住了。概括地说，美国经济现在出现了为世人关注的五大过头现象，即：①过低的失业率；②过低的家庭储蓄率；③过大的经常项目收支赤字；④过高的股价；⑤过于坚挺的美元。这些过头现象从单个来说，也许不足为奇，甚至是好事，如失业率较低。但是，如果失业率过低的话，就会导致熟练劳动力的极度缺乏。企业之间势必展开人才争夺大战，进而引起薪水的"通货膨胀"。然而，因为在宏观上就业并没有增加，那么人才短缺就反过来制约经济的增长。

基于上述分析，可以肯定的是，今后两三年美国经济将难以达到过去7年间的强劲增长水平。前车之鉴，即日本在20世纪90年代初期由经济繁荣一下转入长期的衰退教训，不能认为就不会在美国发生。根据世界银行的预测，仅在2001年，美国将从2000年的5.1%下降到3.2%。这一势头必然使人们担心美国经济的硬着陆，即造成经济急剧萎缩并带来严重的社会后果。如果发生这一状况，美国乃至全球金融市场发生剧烈动荡的可能性是存在的。因此，国际资本对美国投资风险在加大，投资观望或撤走已投资金另寻投向的现象必然将大大增加。

现在，我们再来看日本经济。在世界银行的经济最新预测中，日本经济已开始走上自主恢复的方向，企业的赢利能力已有所改善，民间消费有转强的趋势，新经济思想对许多企业和年轻人的触动和影响正逐渐加深，企业和金融机构的购并活动日趋活跃。虽然近年来日本的对外直接投资的流量只是1989～1990年（日本对外投资高峰期）水平的一半，但是，自1997年以来，日本引进的外国直接投资已不是发达国家中最低的了，并呈逐年上升趋势。[①] 同时，由于日本进入美国资本市场的资金在美国经济前景不明朗的情况下有回流的趋势，因此，未来几年国际资本继续从美国市场向日本市场分流的可能性是很大的。

近年来，欧盟已经从整体上成为世界上最为重要的投资者，欧盟经济的发展状况和欧洲企业跨国购并动向在相当大的程度上决定着国际资本市场的流向。尽管按照各方面预测2001年欧盟经济增长率将有所下调，由2000年的3.4%下降到3.2%，但欧盟与美国经济发展的差距在明显缩小。欧元诞生后，其汇率忽起忽落，不利于国际金融市场的平衡，对美国和日本也产生了负面影响。这些国家对欧洲的出口受到了制约，与欧洲企业的价格竞争力正在削弱。日本索尼公司2000年的第二季度的结算，营业利润比上年同期下降了14%，欧元贬值就是其中一个原因[②]。欧元贬值也使美国高科技企业的收益下降，成为美国股市下跌的诱发因素之一。

目前在世界的三极货币中，相对于美元和日元，欧元是最便宜的。造成这种情况的一个主要因素是欧洲企业的对外大规模购并活动。1999年，从欧元区流出的资本额达到1472亿欧元，比前一年增加43%，相当于欧元区经常收支盈余的3.4倍。其中，如德国银行收购银行家信托公司、雷诺公司收购日产公司等大宗收购加速了抛售欧元兑换美元的速度。而欧洲中央银行把刺激经

---

① 联合国《1999世界投资报告》，第64页。
② 〔日〕《读卖新闻》2000年11月12日。

第九章 进入21世纪的国际货币基金组织发展趋势

济放在第一位,而对阻止欧元贬值并不十分积极,这也给欧元信誉造成了不良影响。随着美国经济放慢,欧元区经济却保持相对的稳定增长,那么,欧元完全可能走出低迷和疲软。这一点,从欧洲企业在美国的大肆购并活动致使资本的单向流动近期开始有所收敛的情况,也可以看出端倪。因此,美国人所担心的事情,即从欧洲流向美国的投资资金向欧洲逆流的风险,是完全可能发生的。而且,从长远来看,欧洲在美国投资越多,将来从美国返流的资本也会不断增加。因此,欧美间资本流动将随着欧美经济形势的变化而改变目前的单向流动趋势,人们对欧盟与美国共同担当世界经济火车头的期望,将会从国际资本流动的趋向表现出来。

3. 国际资本流动的证券化

金融全球化的另一个基本特征,是资金流动的方式,正在从以银行信贷为主转为以可在金融市场公开交易的债务工具为主,即:出现了国际资本市场上的证券化趋势。证券投资已成为近年来国际资本流动的主要形式。世界范围的金融自由化、金融创新以及贸易手段的电子化,大大推动了证券市场的国际化,加上投资基金的迅速发展,使证券投资成为国际投资的一种日益重要的方式。

1981年,辛迪加贷款为965亿美元,国际债券和票据只占440亿美元。1985年,在国际融资中,辛迪加贷款下降到216亿美元,国际债券和票据则增长到1628亿美元。进入到20世纪末,各种可交易的债务工具成了国际融资的主流。1996~1997年,债券、票据和货币市场融资净额之和远远超过了银行贷款。例如,1998年,当银行贷款受亚洲金融危机影响而大幅度下降时,这种证券化的现象就更加突出了,债券、票据和货币市场工具发行却有大幅度增长(见表9-2)。

表 9-2 国际债券和票据发行状况表

单位：10 亿美元

工具与发行类型	1996	1997	1998*
公布发行额	861.5	1015.8	835.2
浮动利率	222.5	283.8	198.8
固定利率	587.9	668.0	610.4
与股票有关的发行	51.1	63.9	26.0
金融机构	453.7	539.1	419.0
公共部门	211.8	225.2	260.1
公司	196.0	251.5	156.0
实际发行	860.5	1016.6	830.9
清偿	364.0	461.2	339.0

* 1998 年前三个季度。
资料来源：国际清算银行，1998 年 11 月。

从表 9-2 可以看到，金融机构，特别是商业银行，其负债业务已越来越多地依赖发行各种债券来筹集资金，同时资产业务也越来越多地投放在可流通的证券之中，这种情况使金融机构的界限越来越模糊，金融机构也日益成为证券市场参与者。

国际资本市场的证券化使得证券的跨国交易迅速增长、规模日益扩大。与此同时，金融全球化还有一个特别的表现，就是各国政府发行的国债其持有者的全球化趋势。例如，从 1983～1997 年的 14 年中，美国、德国、英国等西方国家的政府债券的持有者中非居民所占的比例普遍增长了一倍（如表 9-3），其中美国的国债有近一半被非居民持有。这种情况在以前是根本不可想象的。

第九章 进入21世纪的国际货币基金组织发展趋势

表9-3 西方主要国家非居民持有国债占国债未清偿额的比例

单位：%

年份 国别	1983	1990	1992	1994	1996	1997
美 国	14.9	20.1	20.4	22.8	35.0	40.1
日 本	—	4.4	5.5	5.9	4.3	—
德 国	14.1	20.9	25.6	25.9	29.3	—
意大利	—	4.4	6.2	10.1	15.9	—
英 国	—	14.7	17.6	20.7	—	—
加拿大	10.7	17.4	20.2	22.6	23.8	23.1

资料来源：国际清算银行。

4．国际银行业的规模垄断趋势明显

伴随着经济全球化和国际资本的大规模快速流动趋势，国际银行业的合纵连横之势同样来得十分迅猛，在第五次全球并购浪潮中，金融业并购案例占有突出的地位。仅在1996～1998年间，可以记入购并大案史册的案例有：1996年的东京银行与三菱银行、大通银行与化学银行之间的合并；1997年的瑞士银行与瑞士联合银行；1998年的花旗银行与旅行者集团、美洲银行与国民银行、德意志银行与信孚银行之间的合并，等等。1999年以来，这一银行购并浪潮更是汹涌澎湃，首先在日本打响了金融合并浪潮的新战役：1999年8月20日，兴业银行、第一劝业银行和富士银行以1.2万亿美元的总资产规模合三为一，为世界银行资产规模之首。紧接着，日本东海银行和朝日银行宣布合并。10月13日，住友银行与樱花银行也"拜了天地"，总资产9250亿美元，成为世界第二大银行集团。11月，住友信托银行与大和银行将信托业务进行合并，组成日本最大规模的信托银行，管理资产总值高达50万亿日元。[1]

2000年9月，美国华尔街上的两家金融巨子大通曼哈顿银行与摩根公司的正式合并同样引起世人广泛关注。与制造业跨国公司购并原因略有不同的是，上述许多购并案的参与方既有朝规模化方向发展的战略意向，更有救不良债权的燃眉之急的因素在内。仅从合并势头最为剧烈的日本银行业来说，其合并是有着十分复杂而深刻的背景的，并且很好地反映了西方金融业同其他产业一样，进入一个重要行业整合与经营战略转折的时期。这里值得特别指出的是，德国、日本等国家近年来的金融业并购活动日益频繁。

之所以形成上述状况，除了经济全球化等因素外，还包括这些国家金融体系的变革因素。具体来说，包括：

①相互持股产生的巨大弊病。在德国、日本等国家，它们的银行业与美国银行间的最大差距是银行与企业之间的相互持股，也就是西方学术界所谓的莱茵模式。例如，在日本，银行持有大量的企业股票，日本在经济高度发展时期，因为金融机构与企业间的交叉持股，金融机构与往来企业具有长期稳定的交易关系，并且防止股票被大量收购而危及经营权。另外，交叉持股可以在股价上扬时带来巨大的经济利益。根据1997年3月底日本9家银行所公布的资产负债表显示，它们共持有账面价值高达26.3万亿日元的股票，几乎是其净值13.4万亿日元的两倍。在泡沫时期，银行就这样可以获得双重利益，一是潜在利益，即股价远远超过账面价格，二是可以将这一潜在利益以一定比例作为自有资本，扩大融资额度。因此，相互持股在泡沫经济时期对银行的业绩贡献很大。

---

[1] 王雪冰主编《1999~2000国际金融报告》，经济科学出版社，2000，第153页。

第九章 进入21世纪的国际货币基金组织发展趋势

但当泡沫经济破灭之后，银行持有大量股票所带来的双重利益反而引起双重损失。一是股价低于账面价格，另一个则是损失部分需要减少自有资本，信用紧缩。20世纪90年代初期日本泡沫经济破灭后，股价持续下跌，使得银行不得不加速收回企业借款以减少资本风险性。

②大量呆账所产生的金融危机。在日本的泡沫经济时期，不动产担保融资逐渐增加，并促进土地价格和股价的上涨。这时，各种违规融资事件也频频发生，如富士、东海银行的职员将伪造的存款单作为抵押，造成巨额违规融资和官商勾结的金融作弊事件。当泡沫经济崩溃后，过去的种种行为都会促成大量银行呆账的增加。据日本政府统计资料显示，在1998年会计年度，日本金融机构呆账达到80.6万亿日元，1997年11月24日，日本四大证券公司之一的山一证券公司因经营不善造成巨额呆账而宣布破产；仅在此两天后，即11月26日，日本德阳都市银行发生经营危机；1998年10月23日，日本财政部宣布将陷入经营困境的日本长期信用银行收归国有；1998年11月13日，有98年历史的北海道拓银行，因发生经营危机而被迫宣布倒闭。

③被迫进行的金融改革。不断发生的银行倒闭和金融机构违规事件，使得西方国家也纷纷改进金融监管措施。在日本，大藏省在1998年4月开始对金融管理体制进行改革。改革的三大宗旨是：第一，自由化，重点在建立市场竞争机制的金融环境，实行产品价格自由化；第二，公平化，重点建立透明的维护投资人权益的金融市场，包括规制的明确化、透明化；第三，国际化，建立适应经济全球化的完整的法规制度、会计制度和监督制度。

④国际金融业的跨业经营趋势加大。许多国家都在放松金融管制，银行、信托公司、保险、证券公司纷纷实行跨业经营，如1999年6月英国最大的零售银行劳埃得银行以70亿英镑收购著名保险公司Scottish Widows，成为最大的银行保险集团。金融公

司跨业的多元化、全能化经营，必将在很大程度上刺激国际资本市场的活跃程度。至于其所产生的积极效应和风险的大小仍是个未知数，因为大而全未必就能产生理想的经济效益，甚至可能增加金融机构的信贷与投资风险，并可能加剧国际资本市场的不稳定性，对世界经济发展产生较大负面影响。

在上述背景之下，德国、日本等国家的金融改革正在持续进行。特别是在日本政府的金融改革措施出台后，日本的经营环境发生巨大变化。由于金融机构允许跨业经营，加上外资的进入，使金融机构的竞争趋于白热化。在日益艰难的经营环境下，合并可以降低经营成本，在新金融产品开发方面也可以取得很大利益，从而达到提高市场竞争能力并向全球金融市场扩张的目的。所以，在近两年来，日本银行业的合并速度、规模远远超过以往任何时期。由于合并的结果，使得日本银行业重新洗牌，排名位次发生变化（见表9-4），也使得全球银行巨头的资产排名不断改变。截至1999年10月，以总资产排名的世界最大10家银行中，日本占了三家。①

5. 金融创新与金融风险的同步增加

进入21世纪，鼓励金融创新与防范金融风险将成为各国金融政策的左右手，两者不可偏废，否则都会影响金融业的正常发展。在冷战结束后经济安全日益被众多国家列为国家安全头等大事的今天，加强金融监管是与金融自由化政策相辅相成的必要政策，有利于维护国内金融市场和汇率的稳定，使之不因国际资本巨额流动引发剧烈动荡。

自从布雷顿森林体系崩溃后，发展中国家先后展开了以金融深化或金融发展为标志的金融创新，发达国家则相继实施了金融

---

① 《日本经济新闻》1999年8月20日。

第九章 进入 21 世纪的国际货币基金组织发展趋势

自由化政策。在经历了一段时期的发展后,金融抑制成为发展中国家经济发展的最大障碍。为了促进经济发展,拆除这些障碍,发展中国家也从 20 世纪 70 年代开始了金融自由化改革。主要措施有实行利率市场化,改革信贷分配体制,建立资本市场,放松对外国资本的控制等。进入 90 年代中后期,在经济全球化和金融全球化的大潮中,金融自由化也成为各国金融政策的主流。即使在东南亚金融危机爆发后,对国际资本流动加以适当控制的呼声甚为高涨的时候,韩国、泰国等"重灾区"在国际货币基金组织等的外来压力下,实行更加开放和自由的金融政策。

尽管金融自由化是时代发展的必然趋势,但正所谓福兮祸所倚,利弊相生,它的双刃性也引起各国金融管理当局的普遍担忧。金融自由化和资本流动全球化把每个国家都联系在一起,但是很多国家的金融制度和法律框架尚缺乏与国际金融市场平稳对接的机制,有可能使国际资本流动与本国经济政策和规章制度处于摩擦状态。而且,科学技术的发展在使金融市场急剧膨胀的同时,也加大了其中的风险系数。比如说,一方面,随着通信技术的进步,通讯价格逐渐降低和市场交易成本相应下降。例如,在纽约和伦敦间的电话费,每三分钟通话费如果按 1996 年汇率计算,1930 年需 300 美元,现在只需 1 美元,而且,互联网可使全球金融市场联网进行 24 小时交易。这样,在科学技术突破性进展的条件下,隔绝全球金融市场的时空障碍已经被消除,国际资本流动的规模及其速度发生巨大变化就不足为奇了。另一方面,金融自由化造成的一些弊端,在墨西哥金融危机和东南亚金融危机爆发前就已经显现出来了,只是其经济破坏性未造成巨大的影响而已。即使在美国,一些奉行自由经济理论的经济学家也认为,应当对那种以投机为目的的极短期的资本予以约束,如规定最低投资时限或对资本的进出实行征税等。

具体来说,对于广大的发展中国家来说,大规模资本流入带

来的主要危险是扰乱宏观经济管理,在国内资本市场上主要表现在:

首先,资本流入引起实际汇率上浮。如果汇率上浮是短期的,而人们也具有同样的预期,它就不会对投资产生显著的影响。它最主要的影响是,促使人们利用外国资本品的低价增加投资,增加国内需求。另外,当短期内的国外的低利率或国内股市景气引起资本流入时,由于实际汇率上浮,出口产品的利润下降,将减少该部门的投资,创汇能力相应减少。这时,如果资本流入是短期的,一旦资本停止流入,债务国会出现偿债困难。很显然,政府在这种情况下,从一开始就抑制实际汇率上浮,有利于防止短期价格信号扭曲对经济的影响。

其次,可能导致受资国国际收支状况的恶化,使一国债务增加而导致偿付危机。由于资本流出国多为发达国家,而发达国家长期受经济"滞胀"困扰,普遍实行高利率政策,使受资国还债付息负担加重,国际收支项目恶化。1982年拉美各国就出现过这种情况。这里涉及两个问题:一是要确定一国可能承担的债务额;二是当国际借贷市场上供给旺盛时,应将本国债务控制在一个适当的水平上。同时,从过去的有关数字可以看出,国外私人资本以利润或逃税等形式从发展中国家汇出的资本大大超过从发达国家流入发展中国家的新资本。即使资本流入净增加,能否有助于国际收支平衡,也要取决于资本设备、中间产品、原料等的进口量。

这里应该指出的是,金融全球化条件下的金融危机具有与历史上的金融危机不同的特点。金融危机的最初形式来自于货币信用危机。当商品经济的发展导致买卖过程分离以后,就埋下了货币信用危机的种子。这种货币危机的主要原因在于买卖在时间上的脱节。这种金融危机可以称为"时间脱节性金融危机"。随着金融业自身的高度发展,金融业在规模上扩大,使功能已经与实

第九章 进入21世纪的国际货币基金组织发展趋势

物经济交换过程对媒介的需要相脱节，也与投资对资本资源配置的需要相脱节。高度膨胀的金融业包含着巨大的泡沫成分，以至于任何一点的破裂都可能导致整个金融体系的崩溃；金融业的运行可以与实物经济无关，但是其崩溃可能反过来殃及实物经济。这种金融危机可以称为"功能脱节性危机"。20世纪30年代的大危机是由金融危机开始的，这种危机的性质就是功能脱节性的。

金融全球化后的金融危机与此不同，它可以被称为"空间脱节性金融危机"。危机爆发的直接形式是国际资金的大规模流动。引起这种大规模流动的原因可能是国内经济政策失当，汇率制度选择的错位，资本市场的畸形发展等。对一国经济来说，货币流通量总是应当与实际经济活动和生产规模相适应，否则就必然导致通货膨胀或失业。当资金大规模流出入时，这种实物经济对货币流通量的关系被突然打破，从而导致危机。由超速发展的各类金融市场的功能脱节又大大增加了资金流出入的规模，强化了空间脱节，无论从墨西哥金融危机看，还是从东南亚金融危机看都具有这种性质。当经济全球化显著推进到金融全球化的时候，人们看到的不只是金融全球化对经济资源国际配置的积极意义，而且看到它比其他意义上的经济全球化带来的更多的风险。我们所说的全球化是一把双刃剑，这对金融来说也许更为确切。

对于广大发展中国家来说，在金融自由化中避免外来的金融危机和金融风险，保障国家金融安全，是十分重要的。如何把握好开放与防范之间的关系，是需要认真研究的。以中国为例，近年来，虽然打下了较好的经济基础，国际收支状况良好，人民币币值稳定，金融工作取得了很大的成绩，但是引发金融危机的潜在因素并没有完全消除。这些因素主要体现在：金融市场机制和市场监管制度建设明显滞后，国有商业银行的不良贷款比例高，以及来自外债的隐患，等等。

东南亚国家尽管曾利用外资实现经济起飞,但近年来,却偏离了正确的方向,导致利用外资效果降低,甚至引来了被国际投机资本袭击的横祸,这是发展中国家金融自由化过程中缺乏金融监管的最惨痛的教训。因此,这里,我们可以简要地归纳如下几点教训,这对发展中国家未来的金融发展道路是值得深为汲取的。

①对外资依赖过高。在这些新兴发展中国家引进外资过程中,一个显著特点是投资回报率从一个相当高的程度逐渐递减。随着投资回报率下降,外资流入便会减少,原有的外资也开始流出。特别是国际短期资本的流动性、投机性相当高,一遇到国内外政治经济事件的风吹草动,便会倾巢而出,造成国内乃至国际的金融风潮。

②外资结构不合理。短期资本比重过大。在外资流入构成中,短期资本比重过大,外资流动的风险性随之增大,容易引起金融的动荡,这也是外资对国家经济安全可能构成威胁的重要因素。

③外资流向不利于经济健康发展。许多发展中国家在引进外资时都忽视了合理引导其流向的问题。加强技术引进,提高工业制造水平和出口能力,往往让位于许多公共设施建设和房地产开发等收效慢、资本运营周期长的领域。

二 国际货币基金组织的应对措施

在金融全球化大潮的推动下,面对国际金融形势的巨大变化,国际货币基金组织感受到前所未有的压力。为了应对上述国际金融领域出现的种种问题,国际货币基金组织也在努力采取应对措施,尽管这种努力往往难于得到一些成员国和学者满意,但毕竟国际货币基金组织的态度是积极的,在一些问

第九章 进入21世纪的国际货币基金组织发展趋势

题的处理上,还是收到一定成效。

1. 制定"金融部门评估规划"

由于国际资本流动越来越具有的投机性特点,以及在一些成员国不断发生的金融危机,使得国际货币基金组织日益关注各成员国金融部门的监管工作。1999年5月,国际货币基金组织与世界银行联合制定了"金融部门评估规划",目的是为了加强对成员国金融部门的脆弱性进行评估与监测。

"金融部门评估规划"的主要作用,是它可以显著地改善金融部门的监督工作,并有利于国际金融组织与各国金融机构的工作协调。该规划力求提醒成员国注意其金融部门存在的脆弱性,帮助国际货币基金组织、世界银行和国际社会制定适宜的援助计划。国际货币基金组织和世界银行成立联合工作组,在来自成员国中央银行、国家监管机构和标准制定机构专家的支持下,共同进行评估,成员国自愿参加该规划。这样,既保证了国际货币基金组织和世界银行政策建议的一致性,节约了聘请高级专家的成本,又提高了规划的合法性。

工作组通过评估来检查一国金融体系的实力、脆弱性和风险。具体方法和工具包括:首先,进行压力测试和方案分析。一国金融机构处理问题的能力如何?压力测试和方案分析显示,当单个金融机构和银行部门作为整体面对冲击时,如全球利率和汇率变动或资产价格泡沫破裂,是否依然有偿付能力。其次,宏观审慎分析。金融部门评估还提供指标读数,即"宏观审慎指标",作为危机可能发生的信号性指标,为有关部门及时采取措施以规避金融风险提供帮助。再次,标准评估。关注成员国遵守国际认可的标准与守则(如巴塞尔有效银行监管核心原则)的程度,并允许成员国政府将其监管水平和其他做法与国际公认的标准以及其他国家良好做法守则进行比较。国际货币基金组织与世界银行的这种评估，还为判断监管者管理金融体系风险和脆弱性水平提供了基础。

国际货币基金组织进行"金融部门评估规划"本身并不是目的，评估结果主要由成员国金融管理部门（如中央银行）使用，这些管理部门使用评估的结果，诊断其金融体系存在的不足。"金融体系稳定评估"应在成员国第四条磋商基础上进行研究。因此，"金融体系稳定评估"将规划的结果，应当与国际货币基金组织监管下的金融体系联系起来。

"金融部门评估规划"作为两家国际金融组织的试验计划出台。在试验阶段，"金融部门评估规划"包括10多个金融体系处于不同发展阶段的国家，既包括加拿大、爱尔兰这样的工业国家，也有哈萨克斯坦、南非这样的新兴市场国家和经济转轨国家，还有如喀麦隆、萨尔瓦多这样的发展中经济体。在资源有限的情况下，国际货币基金组织主张，应考虑使用若干适当的标准来挑选重点国家。挑选的标准包括：一国的系统重要性；易受货币或国际收支危机打击的程度；汇率制度和货币制度特性；地区的代表性等。

总之，该规划在为识别金融体系脆弱性，加强对宏观经济和金融稳定问题的分析，判断金融部门的发展需要和重点问题，以及在帮助成员国制定政策应对措施等方面，提供了全面和一致的框架，具有一定的积极作用和影响。

2．促进国际标准与守则的实施

减少金融危机风险的主要工具之一，是制定经济和金融良好做法的国际标准与守则，并促进这些标准与守则的实施。这项工作在1988年就开始进行了，例如，发布"巴塞尔有效银行监管核心原则"。在许多发达国家，长期以来就有经济与金融发展的国内标准。国际货币基金组织在过去几年工作

第九章 进入 21 世纪的国际货币基金组织发展趋势

中,加快了国际认可的新标准的沟通工作,从而使各个成员国在更大的范围内进行比较,建立共同的基础标准。

3. 加强储备充足性的管理

基金组织不断加强帮助成员国评估储备充足性的工作,这是为了防范发生与流动性有关危机的基本措施。准确、及时和全面地提供国际储备数据,是分析对外脆弱性的基础。国际货币基金组织推动成员国使用国际流动性和外币流动性的数据模板。该模板是国际货币基金组织和国际清算银行共同开发的,它为评估向国际货币基金组织提供的官方外汇储备及流动性数据提供了基准。对储备充足性本身的分析,越来越多地在一个扩展的框架内进行。

4. 建立"早期预警系统"

基金组织与世界银行共同起草了一套指导方针,帮助成员国改进公共债务管理做法。这一指导方针,是在国际货币基金组织与世界银行两机构的执行董事会讨论基础上,吸收了来自 122 个国家和 19 个机构的 300 多名代表的意见。这样,可以得到国际货币基金组织成员国对该指导方针的认同,并确保指导方针与稳健做法相一致。

对于分析发生外汇危机可能性的方法,国际货币基金组织一直努力加以不断改善。"早期预警系统"是国际货币基金组织建立的拥有一套变量的正规模型,是检测成员国和国际市场状况引发风险的重要工具。使用"早期预警系统"的研究结果及相关指标的分析,工作人员可以经常通报情况、加强监督与相互讨论。例如,定期向执行董事会报告"世界经济与市场发展"的情况。

"早期预警系统"的研究工作,为工作人员在国别报告中使用关键的脆弱性指标,提供了技术分析支持。工作人员还可以对

"早期预警系统"感兴趣的机构有直接接触。虽然"早期预警系统"和脆弱性指标是与成员国当局讨论脆弱性的有用工具,但结果必须反映单个国家的具体情况。国际货币基金组织认为,这些模型和脆弱性作为预测危机的工具,具有很大的局限性。因此,国际货币基金组织要求,利用这一工具对成员国监测时,一定要谨慎使用

国际货币基金组织通过不断改进脆弱性分析使这一方法更加系统化,这包括不断进行实证研究、建立内部工作组、开展对外交流活动等。在实施标准和"金融部门评估规划"的基础上,开展对脆弱性的研究。国际货币基金组织还特别成立了国际资本市场部,以加强国际货币基金组织监测和降低成员国脆弱性的工作。

第十章

大势所趋的国际货币基金组织改革

一 改革的必要性

从墨西哥金融危机到东南亚金融危机,人们在对现存的国际金融体系表现出十分不安的同时,又将目光聚焦在同样处于国际金融体系改革旋涡的国际金融结构。对于一俟哪里发生金融危机,哪里就有以"消防队员"身份出现的国际货币基金组织来说,要求它进行改革的呼声日渐高涨。许多改革建议和方案汹涌而出,对于这些莫衷一是的建议和方案,国际金融机构何去何从,新的改革究竟是对发达国家有利,还是更受广大发展中国家的欢迎,人们在拭目以待。但有一点得到几乎所有的有识之士的认同,即以国际货币基金组织为代表的国际金融机构是建立在旧的国际经济体制之上的,已经不能适应世纪之交的世界经济发展的需要,改革乃是不可逆转的趋势,改革国际金融机构是重建国际金融体系的重要内容。

1. 关于重建国际货币体系

正如前面我们多次强调过的,自1944年布雷顿森林会议决定成立国际货币基金组织以来,其作用已经有了显著变化。国际货币基金组织的功能已经从面临国际收支困难（在固定汇率下）提供临时援助，转向了20世纪70年代石油危机发生后石油美元的回流、80年代拉美债务危机后的债务管理和结构调整、90年代初期指令性经济体制的改造以及90年代后期金融危机的处理。

不过，尽管国际货币基金组织已随国际环境的变化而不断变革，但世界各国政府、经济学家迄今尚未对国际货币的体制、目标和运作做过根本性的再评估，其结果自然也使人们难以对国际货币基金组织的作用与影响进行更加准确的评估和判断。如果我们归纳一下各种对于国际货币基金组织的批评，那么，这些批评主要集中在三个方面：关于建设与维持国际货币制度；关于发展中国家的财务援助；关于国际货币基金组织本身的法律问题。

一般而言，国际货币制度被分为三部分分别加以考察：汇率制度、储备制度和调整义务。按通常的理解，所谓"制度"就意味着有规则、有组织以至于有管理，以此来约束个体行为并进而调节个体之间的关系。按这种理解，当前的国际货币制度也可以说是无制度，而最成功的国际货币制度要算是金本位和布雷顿森林制度。作为布雷顿森林制度的产物及其捍卫者的国际货币基金组织在该制度崩溃之后虽然未改初衷，仍然坚持在汇率制度、储备制度和调整义务方面发挥管理与监督的职能，但是显然力不从心。

从汇率制度来看，基金协定第二次修正案允许各国实行浮动汇率或钉住汇率，同时授权国际货币基金组织对成员国的汇率政策进行监督，各国有义务解释自己的汇率政策。但由于国际货币基金组织并没有能够制定具体的标准，似乎种种监督职能更多地停留在纸面上，不断呼吁加强监督也正说明了这一点。

从储备制度看，也被认为处于无政府的和不合理的状态。对于各国以什么作为储备以及储备多少都没有任何规定。最主要的

第十章　大势所趋的国际货币基金组织改革

储备货币仍然是美元，国际货币基金组织创立的特别提款权在各国乃至国际货币基金组织自己的储备资产所占的比例都还相当低。虽然除美元之外，目前欧元和日元作为储备货币的地位在上升，但是这种以某一国家的货币作为国际货币主要储备资产的做法给国际社会带来了极大的隐患。主要原因是，在这种做法下，世界清偿能力的大小，过多地系于少数国家经济状况的好坏及其实行的货币政策和外汇政策，反而加强了国际货币体系的不确定性，或者造成世界清偿能力的不足，导致世界经济的紧缩；或者造成世界清偿能力的无计划增长，导致世界性通货膨胀。国际货币基金组织创设的特别提款权被许多经济学家寄予厚望，希望它能够成为主要的国际储备手段。但由于一些国家的反对，至今分配的数量有限，加上它本身的一些弱点，使得它的作用受到很大的限制。针对这种状况，发展中国家还特别指出，国际货币基金组织在发达国家与发展中国家之间分配国际清偿手段的安排无论在数量上还是在质量上都是不合理的，应该结合发展的因素考虑这一分配。

从调整的义务来看，虽然有一些具体的规定，但一方面，这种规定有时是相当宽容的，比如甚至最低储备的传统规定也受到国际资本市场的严重侵蚀，因为大多数国家可以相当自由地在国际资本市场上举债；另一方面，也不存在一套系统的调整方法，而只能在逐一的基础上向成员国提供资金与建议。

2. 改革与建议

(1) 李光耀的建议

新加坡资政李光耀认为，要建立新的控制国际金融运动的机构和标准，还需要有很长时间。因此，类似国际货币基金组织和世界银行这样的机构还是需要的，并应力争缩小三种主要货币——美元、日元和欧元——之间的汇率波动幅度，发展中国家的汇率不稳定性就会减少。因为，大多数发展中国家的汇率是与这些主要货币之一挂钩的，或者是与以这些货币为主要成分的一揽子货币挂钩的。李光耀在其《调整全球金融体制——浮动汇率再也不能满足今天迅速变化的经济》[①]一文中指出，在国际金融市场的体制性风险极有可能传染的情况下，这些机构能在别无他法的情况下起到贷款机构的作用。这样，在外国私营资本突然流出时，受到危机冲击的国家就不一定要提高到令人不能忍受的水平，导致公司和银行业陷入困境。

(2) 舒尔茨的建议

美国前财务部长舒尔茨认为，国际货币基金组织是一个非民主、非透明的机构，对任何事情都不负责任，这样将会形成和刺激道义上的冒险。这也是出现危险和破坏改革的主要原因。他还认为，国际货币基金组织在国际货币安排方面从来就缺少严肃的创意，而总是向现存的形式让步。而且正是国际货币基金组织使政府、投资者和放款者放松警惕，变得草率起来。由于觉得国际货币基金组织随时会来救援，它们可随意地采取不负责任的行动。这样，"国际货币基金组织的干预只能引发更多的危机。正是有国际货币基金组织的存在，才有了在墨西哥金融危机以后又爆发了亚洲金融危机。因此，国际货币基金组织必须取消。"[②]这一观点的支持者们指出了美国19世纪的金融体制，当时没有中央银行，也不存在有价证券和储蓄保险委员会。尽管出现大量银行倒闭，但作为一个整体的体系却度过了危机生存下来。许多极端自由派学者认为这一时期的金融状况值得借鉴。

应该说，从理论上讲，这一说法不无道理。因为市场经济就是应该奖励合理的投资和规范的做法，惩罚不合理的投资和做

---

① 美国《时代》周刊1999年2月1日。
② 美国《外交》杂志1998年5~6期。

第十章 大势所趋的国际货币基金组织改革

法。激励投资者避免风险过高的投资,促进政府采取谨慎的政策。但实际上,国际货币基金组织提高的援助从来不是"免费的午餐",它历来都是附加一些甚至许多苛刻的条件,遇到危机的国家必须经常答应进行艰难的改革,尽管是有些不情愿的。因此,反对这一建议的人提出,解决的办法不是取消国际货币基金组织,而是利用这一机构设法警告有关国家及其银行,一旦发生危机,其遭受的损失是必然的。如需要国际货币基金组织援助,就要接受其对经济和金融政策的干预。

(3) 考夫曼的建议

美国学者考夫曼建议建立一个对金融市场有监督责任的新国际机构。它将不仅监视传统金融中介机构的投资和交易头寸,而且包括非银行金融机构的参与者(如对冲基金等)的金融活动。它将被赋予协调最低资本要求,确立统一会计和信息披露准则,监视金融制度的运转和其成员的交易权力。它的董事会将由"所有工业国家"的投资人士组成。在它的权威下,它将提供市场参与者的信贷评级。国际货币基金组织提供增强其成员的经济和金融的评级,并公开这些信贷评级。

同属于这类建议的,则是一种近乎极端的建议,即将国际货币基金组织转变为具有超国家权力的国际性中央银行,或者干脆将国际货币基金组织、世界银行、巴塞尔委员会和其他国际管理组织合并组建一个新的永久性的全球金融管制委员会。其主要任务是确立和实施关于金融监管的国家准则,令其能独立地管理国际货币事务。这类建议认为现在的形势是,美国的联邦储备体制成了事实上的世界中央银行,其他国家和国际货币基金组织在很多事务上是没有发言权的。而美国的某些政策,比如说,它利用全世界都接受美元的便利而放任国际收支赤字的增加,从而刺激世界的通货膨胀,显示出没有任何的责任感。各国有必要进行合作通过国际货币基金组织改变这种局面。

(4) 克鲁格曼的建议

对国际金融市场实行控制的建议是美国经济学家克鲁格曼提出来的,他提出了建立一个世界金融市场监督委员会的设想。这个委员会负责制定世界金融准则,对其下属机构进行监督和评价。此想法是好的,但关键问题是它的可行性和可操作性。

(5) 七国集团的建议

1998年10月,西方七国集团财政部长和中央银行行长发布了一个前所未有的关于加强国际金融体系的特别宣言。该宣言重复了其他国际组织关于改革国际金融体系的一些建议,如需要最小限度的可接受金融活动的国际准则,增强金融活动的透明度,同时,对增强私人部门在处理危机中的作用,也提出了一些可能特别有限的建议。

该宣言还指出,需要提高对金融机构的债权人和债务人国家的监管(通过对非银行金融中介和银行的信息披露准则的谈判,通过国际货币基金组织监视其成员遵守准则的状况,以及发布透明度报告来实现);需要政府各部门较大的信息透明度(定期和准确地发布关于它们国际储备的信息,遵守国际货币基金组织关于财政透明度的法规,协商关于货币和财政政策的共同法规);需要关于对国际货币基金组织各部分信息的更多透明度(国际货币基金组织应当发布信息,"除非可能涉及泄密",应当委托外部评估)。在私人部门中资助,它们赞成在贷款合同中增添集体行为条款(七国集团自己考虑在它们的主权和准自主权债务的发行中进行使用),认为国际货币基金组织参与处理债务危机是适当的,对新兴经济体与在债权人国家的商业银行谈判提出私人临时性贷款限额。

(6) 其他建议

除了上述批评与建议外,更多的学者与各国政府官员认为,应保留国际货币基金组织,但它必须进行改革。例如英国首相布

第十章　大势所趋的国际货币基金组织改革

莱尔就提出过比较具体的建议，如利用国际货币基金组织等国际经济组织以加强国际货币制度和财政政策透明度的监督，促使有关国家实施健全的政策，正确处理国际资本流动问题，等等。还有一种意见认为，改革后的国际国际货币基金组织应提供有限的贷款便利。这种贷款仅仅限于提供短期融资，并实行"惩罚"性利率。这个便利仅仅服务于国际国际货币基金组织的成员国。

（7）中国的建议

随着中国国家经济实力和国际地位的不断提高，来自中国的声音已越来越受到国际社会的广泛重视。在国际货币基金组织改革这一国际金融体制的重大问题上，为了维护广大发展中国家的利益，推动世界经济健康发展，中国也表达了自己的看法。1999年9月，在国际货币基金组织与世界银行召开的该年度一系列重要会议上，中国财政部长项怀诚、中国人民银行行长戴相龙、副行长肖钢分别发表讲话，阐述中国政府的相关立场与建议。具体内容包括：

①在国际货币基金组织的作用与改革问题上，中国官员指出，国际货币基金组织在国际货币体系中一直处于核心地位，其作用是其他任何机构所无法替代的。但改革国际货币基金组织临时委员会应充分兼顾公开性、代表性和有效性。

②发展中国家有参与决策的权利。改革国际货币和金融体制应注意倾听发展中国家的声音，不能由少数国家控制。发展中国家在国际货币基金组织的代表性和发言权要有充分保证。发达国家应负责任地进行有效的广泛协调，不应强迫发展中国家按发达国家标准改造自身经济结构。要多传播经验，少强求一律。

③增加特别提款权的分配和使用，加强国际货币基金组织在国际流动性资本方面的职能。在解决金融危机中的作用，国际货币基金组织是其他国际金融机构所无法替代的。中国支持国际货币基金组织根据客观条件的变化对其职能进行适当调整，但国际

国际货币基金组织

货币基金组织应坚持其成立的宗旨,维护成员国宏观经济和国际货币体系的稳定,发挥贷款人的职能,在国际流动性不足的情况下,通过分配特别提款权来维护成员国调整国际收支的需要。

④各个国际经济组织应保持相对明确的分工。国际货币基金组织应与世界银行、国际清算银行等其他国际组织避免职能的重叠和资源的浪费。例如,对银行监管标准的制定、推行与评估应是国际清算银行的主要任务,而非世界银行的主要任务。只有各司其职的国际分工和合作体系,才能有利于国际经济机构最大限度地提高效率和发挥作用。

⑤提高国际货币基金组织帮助成员国解决国际收支困难的作用与影响。中国认为,现实情况表明,大多数国家没有能力从国际资本市场筹集资金,新兴市场国家在国际资本市场上融资亦有困难,而一旦发生危机时更难进入国际资本市场。因此,国际货币基金组织的贷款设置应保证这些国家能够从国际货币基金组织获得融资,而不可将国际货币基金组织为这些国家解决国际收支困难和防范与救援危机的作用加以弱化。

⑥中国不赞成提高基金贷款利率,同时支持继续保留中期贷款,并反对将贷款条件与遵守标准和准则的情况硬性挂钩。

二 来自国际货币基金组织内部的改革压力

1. 从总裁之争看大国矛盾

东南亚金融危机后,国际货币基金组织一直处于社会的批评与议论的旋涡之中,甚至成为被"审判和处理"的对象。它一方面要频频出现在遇有金融危机的国家和地区,拿出解决办法并提供贷款,另一方面要接受成员国尤其是来自美欧大股东的审查与批评,做出改革姿态以缓解自身尴尬的境地。同

第十章 大势所趋的国际货币基金组织改革

时,由于美欧出于各自利益对改革国际货币基金组织意见不同,它们也一直为争夺对国际货币基金组织的主导权而明争暗斗。这一斗争终于在康德苏辞职后的总裁之争中暴露无遗。

1999年11月,时任国际货币基金组织总裁的康德苏突然宣布提前辞职,立刻引起国际社会的一场轩然大波。当时年已66岁的法国人康德苏,自1987年1月开始担任每届任期5年的国际货币基金组织总裁一职,1997年1月康德苏第三次连任,是该组织成立50多年来任职时间最长的一位总裁。按说康德苏的任期应于2002年期满,为什么他宣布提前卸任呢?无疑,康德苏之所以要下台,自然是与东南亚金融危机直接相关,但如果仅是如此未必就会使康德苏提前辞职。美国的不满则是他下台的最重要原因。

1997年始于泰国的亚洲金融危机迅速从东南亚蔓延至东亚的韩国、日本以及南美诸国、俄罗斯等东欧国家,对全球经济金融体系形成了巨大的冲击,而一向被称作"全球中央银行"的国际货币基金组织在危机处理过程中的表现却大失水准。在危机过程中,康德苏及其国际货币基金组织开出了"紧缩银根、提高利率"的猛药,备受国际舆论的批评,特别是作为国际货币基金组织最大的资金供应国美国对其表现已公开表示不满。一些美国政界批评国际货币基金组织说:"国际货币基金组织对发展中国家的紧急援助往往促使这些国家采取不负责任的政策。"[①] 1999年底,美国新任财长萨默斯在伦敦商学院的公开演讲中虽然"客气"地肯定了康德苏过去多年对国际货币基金组织的贡献,但最后却毫不掩饰美国希望国际货币基金组织"换帅"。身为第一大股东的美国坚决要求换人,康德苏只怕不去也难!

美国希望康德苏辞职,主要目的是要从根本上改变国际货币

---

① 路透社华盛顿1999年11月11日英文电。

国际货币基金组织

基金组织的主要职能。萨默斯在几次谈及国际货币基金组织的改革问题时，一再申述"国际货币基金组织今后应在稳定全球金融体系方面发挥更重要的作用，而不应该再充当在国际间发放低效软贷款的机构、作为那些急于取得私人资本的国家的低成本融资来源或者作为那些无力解决自身政策缺陷国家的一种长期福利。"他强调，国际货币基金组织在国际间长期进行的福利主义贷款政策必须结束。

公平地说，在康德苏任职期间，国际货币基金组织还是做了一些促进国际金融与世界经济增长的有益工作。过去 20 年来，国际货币基金组织在以康德苏为首的奉行中间偏左路线控制之下，其针对国际上众多不发达或欠发达国家的融资支持作用日益显著，除了朝鲜和古巴等极少数国家外，世界绝大多数国家都已成为国际货币基金组织的成员国，使成员国总数在 2000 年达到 182 个。并且，迄今为止，国际货币基金组织已对其 182 个成员中的一半以上国家或地区进行了贷款，它现有的贷款余额与 10 年前相比增加了 5 倍以上。尽管由于受各种因素的影响其贷款往往附加十分苛刻的条件，但它在稳定国际金融形势、帮助受援国走出危机等方面都起到了一定的积极作用。

康德苏宣布辞职后，法国总统希拉克、英国首相布莱尔及世界银行行长沃尔芬森等对康德苏做了高度的评价，称其卓有成效地领导了国际货币基金组织，为经济增长和全球稳定做出了巨大贡献。众多西方国家及其媒体对他赞赏有加，赠给他不少桂冠和绰号"世界经济的主治医生"、"金融风暴的抢救队员"等，但在一些发展中国家，特别是采用他的药方后经济出现衰退的一些亚洲国家，却对他进行了许多非议。

在康德苏以国际货币基金组织总裁身份发表最后一次演讲之前几分钟，总裁先生得到一件"特别"的退休礼物：美国一名反自由贸易人士越过联合国贸易与发展会议的保安，在有 190 个国

家参加的联合国贸发会议的会议厅里，扔出一个奶油杂果馅饼，摔在他脸上。可见，在不同人眼里，他的形象是不一样的：有人视他为"救星"，有人则称他为"魔鬼"。

2．美、欧、日的总裁之争

康德苏辞职后，西方媒体纷纷猜测可能继任康德苏的人选。英国伦敦《周日商报》于 2000 年 1 月 16 日曾经发表的一份分析报告，列出了康德苏继任人选名单，即：英国工党现任财政大臣布朗、布朗的前任原保守党财政大臣克拉克、欧洲中央银行现任行长杜伊森贝赫、英格兰银行现任副行长麦维·金、德国现任副财长柯克·韦译、法国中央银行行长特里谢、国际清算银行现任总裁英国人克罗克特、意大利现任财长德拉蒂、意大利现任外长迪尼、前任世界贸易组织总干事鲁杰罗等。

显然，在这份名单中，主要人选都是来自欧洲。因为从国际货币基金组织成立以来，该组织总裁一职一直由西欧国家的人士担任，作为欧洲列强与美国达成的不成文的默契，另一重要国际金融组织世界银行行长一职则一直由美国人担任。然而，萨默斯 2000 年年初一次讲话中则一反常态。他公开表示，国际货币基金组织总裁并非一定要由欧洲人来担任，也可以由具有改革思想的美国人来担任；与此同时，作为交换，世界银行行长一职在现任行长沃尔芬森退下来之后也可以由欧洲人担任。

于是，为了抢夺先机，美国先于欧洲推出了自己的候选人，并在欧洲人尚未统一意见时正式向 IMF 提交了名单：国际货币基金组织代理总裁、原副总裁费希尔。费希尔为美国籍，麻省理工学院经济学博士，曾先后在芝加哥大学和麻省理工学院任教。1990 年 8 月担任世界银行副行长兼首席经济学家，1994 年起任国际货币基金组织第一副总裁。

在这一问题上，欧洲表现了鲜有的强硬态度。欧洲各国坚持

国际货币基金组织

认为,国际货币基金组织必须由欧洲人担任。在美国人提出自己的人选之后,欧盟迅速做出反应,积极物色国际货币基金组织的新总裁人选。德国率先提出自己的人选:现任德国财政部副部长柯克·韦泽。柯克·韦泽1999年5月被德国财长埃切尔召回任财政部副部长,之前在世界银行工作了26年,并曾任世行行长办公室主任一职。韦泽精通四种语言,并且能说一些汉语。

由于德国在国际货币基金组织中的份额居欧洲各国之首,而德国人又从没当过此机构的"掌门人",因此,德国此举也似乎无可厚非。此后,德国人一直在游说欧洲各国支持他们的候选人韦泽。德国方面认为,如果韦泽能够成为国际货币基金组织总裁,不仅可以增加德国在国际货币基金组织中的发言权,而且欧盟也将从中受益。2000年2月28日,欧盟各国财长召开会议,一致同意推举韦泽为国际货币基金组织下任总裁候选人。欧洲再次展示了团队精神,实现了枪口一致对外。欧洲人松了口气,乐观地认为55岁的韦泽成为欧盟惟一的国际货币基金组织总裁候选人后,他的当选只是个手续问题,而并未想到事情远不是如此的简单,没有预料到美国的从中作梗。在美、欧推出各自的候选人后,作为国际货币基金组织的另一大股东的日本也勉强地指定了自己的候选人,即日本前大藏省次官神原英资。

2000年3月2日,国际货币基金组织执行董事会在内部举行了一次民意测验式的投票,以了解其内部对这3名候选人的支持程度。欧盟提出的候选人、德国副财长柯克·韦泽得票最多,他获得了43%的支持率;该组织原第一副总裁、美国人斯坦利·费希尔紧随其后,为12%;而日本的神原英资位居第三,支持率只有9%。执行董事会表示,执行董事们将在这次内部投票的基础上进一步协商,并征求各自国家政府的意见,力争早日选出新任总裁。

在这一背景下,美国政府不得不承认现实,不再竞争总裁人选,同意继续由欧洲人担任国际货币基金组织总裁一职。但为了

第十章 大势所趋的国际货币基金组织改革

体现自己第一大股东的权利,对欧盟推选的韦泽当即表示反对。当时的美国财政部长萨默斯认为韦泽过于软弱,无法大刀阔斧地对国际货币基金组织实行改革,而且此人未曾出任过财政部长或中央银行行长之类的职务,很难胜任国际货币基金组织总裁的重任。克林顿还公开表示,自1999年5月才进入德国财政部的韦泽缺乏国家政府部门的工作经验,并强调国际货币基金组织需要"强有力"的领导人,要求欧盟重新推举一名"更有资格"的候选人。美国白宫发言人洛克哈特2000年2月28日发表声明说,克林顿总统不会支持韦泽出任国际货币基金组织总裁,因为新总裁必须得到世界各国的广泛支持,其中包括新兴市场国家的有力支持,而韦泽很难赢得这样的支持。美国反对韦泽出任国际货币基金组织总裁,还有一个原因,就是韦泽不支持美国提出的在该组织内部进行改革的方案。美国欲借此机会与欧洲讨价还价,以图在其他方面获得更大利益,甚至改变多年来在重要的国际金融组织领导权上与欧洲"平分秋色"的局面。

面对美国人的阻挠和反对,欧洲人也不甘示弱。3月2日德国总理府外交顾问施坦纳指出,德国政府不会撤换候选人。德国政府发言人3日也表示,国民经济学专业科班出身、又在世界银行供职多年并担任过领导职务的韦泽是出任国际货币基金组织总裁一职的最佳人选。欧盟委员会主席普罗迪3日在第一轮投票结束后通过其发言人再次声明,韦泽是一个"十分出色的欧洲候选人"。但是,德国政府最终在美国的压力下屈服,2000年3月8日,宣布推荐欧洲复兴开发银行行长、德国人霍斯特·科勒尔(Horst Koehler)接替韦泽担任国际货币基金组织总裁候选人。由于这一提议得到美国政府的同意,科勒尔终于成为国际货币基金组织的第8任总裁。这样,在欧美双方都有所妥协的情况下,一场深受世人关注的总裁之争终于尘埃落定。

这场总裁争夺战给人很深的回味与反思。首先,它体现了德国的强大、欧洲的支持和团结,这无疑是对美国的严重挑战。从这个意义上讲,隐藏在人选矛盾背后的也有美国对德国乃至欧洲成为"强大而具有行动能力的政治巨人"的恐慌。就德国而言,推荐自己人出任国际货币基金组织总裁,旨在显示德国经济大国的地位,加强德国在国际事务中的分量。德国是二次大战的战败国,并在当今世界经济中占有举足轻重的地位。德国把国际货币基金组织的职务视为一个意义重大的"奖赏",因为德国感到数十年来它在国际事务中的地位仍不如意,如果这次德国人能出任国际货币基金组织总裁的话,德国在欧盟乃至世界事务中说话的分量无疑将加重。在此事上,欧洲对外又体现出较强的团结和统一。在候选人推举过程中,德法两个欧洲大国曾一度发生意见分歧,但经协商仍然达成了谅解。在美国表示反对提名韦泽后,欧盟各国更显得空前团结,再三强调国际货币基金组织总裁一职非欧洲人出任不可,显示了欧洲在国际政治经济舞台上欲发挥更大的独立影响与作用的战略意图。

在这一争夺过程中,作为国际货币基金组织的另一大股东的日本,则处于十分尴尬的境地,虽然多少有些慰藉的是,在欧美这一问题的矛盾中,有些媒体甚至认为日本人可能会渔翁得利,但毕竟其可能性微乎其微。除了因历史因素使国际货币基金组织和世界银行由欧美分别"坐庄"外,在一定程度上,也反映了受国内经济和政治问题的困扰,日本在国际上的发言权是十分有限的。

三 国际货币基金组织的改革方向

1. 管理层的立场

作为国际货币基金组织来说,改革已是不容置疑的任务。这一点在国际货币基金组织内部取得了共识。至

第十章 大势所趋的国际货币基金组织改革

于证明国际货币基金组织改革决心的比较有代表性的文件,可以2000年4月国际货币与金融委员会发布的一份公报为代表。作为国际货币基金组织的决策机构,国际货币和金融委员会(即前临时委员会)在2000年的首届会议后,发布了会议公报。

该公报比较详细阐述了国际货币基金组织今后改革的主要方向和主要内容。该公报指出,委员会将支持国际货币基金组织继续进行必要的改革,使之在国际货币和金融体系中发挥独特作用。在所有成员国的支持下,国际货币基金组织进行了持续不断的改革,以更好地帮助成员国建立强健的宏观经济和制度性的基础结构。这是实现国际金融稳定和更全面地分享开放的世界经济带来的利益和机遇所必需的。但是,国际货币基金组织还需要进行更多的改革。因此,委员会将继续做出努力,使国际货币基金组织变得更有效率、更加透明和更加负责。会议就国际货币基金组织的贷款设置、保护国际货币基金组织资金的安全、加强国际货币基金组织的监管等一系列问题进行了审议。

出席会议的各国财政部长和中央银行行长一致认为,国际货币基金组织的金融业务必须适应世界经济不断变化的性质,包括国际资本市场的迅速增长和一体化。基于这一考虑,国际货币和金融委员会同意国际货币基金组织执行董事会做出的精简贷款种类的决定,其中包括取消"货币稳定基金"等4种贷款,简化"补偿融资贷款"。但公报强调,国际货币基金组织必须保持帮助成员国对短期国际收支问题做出迅速而有效反应的能力。

同时,作为国际货币基金组织的新任总裁科勒尔也表明了自己对国际货币基金组织实行改革的基本立场。科勒尔认为,国际货币基金组织必须改革。加强世界金融和货币体系的危机预警和防范能力,维持宏观世界经济稳定,必须成为国际货币基金组织的主要任务。国际资本自由流动与国内资本吸收结构必须保持平衡,国际货币基金组织要掌握各国国债和私人外债及其偿还期限和担保等可靠信息，提高市场透明度，以减少发生金融危机的风险。国际货币基金组织应为全球化经济建立市场经济秩序框架，国家应为资本市场建立"指导性护栏"。

他还指出，资本流动自由化要求稳健的银行结构和监管结构保持同步。每一个国家应自主决定对国际金融市场开放的速度和步骤。只有在有效运作的制度化基础上，自由市场才能发挥积极作用。

在谈到国际汇率制度时，科勒尔说，有关国家必须在固定汇率和自由浮动汇率之间做出明确选择。大趋势是自由浮动汇率有助于防范大的金融投机泡沫。不过，盯住美元的固定汇率政策也并非禁区。

科勒尔说，富国应兑现两项很久前就做出的承诺，即将其0.7%的国内生产总值用于对发展中国家的发展援助和富国向穷国产品开放市场。科勒尔的设想是，世界银行负责加强穷国脱贫援助，国际货币基金组织则负责防范和帮助摆脱金融和货币市场危机。他主张，通过严格监督资金使用来解决国际货币基金组织贷款浪费问题，鼓励私人资本在援助穷国脱贫中发挥主要作用。[①]

2．日趋明确的改革方向

从上面国际货币基金组织的决策机构和科勒尔的讲话中，我们看到，国际货币基金组织的改革方向非常明确，这就是：通过建立国际间的广泛合作，以及对现有汇率制度的完善，达到最大程度的经济、金融稳定。具体来说，有如下几点：

①国际货币基金组织的职能要进一步明确和强化。在亚洲金

[①] 《解放日报》2000年4月3日。

第十章　大势所趋的国际货币基金组织改革

融危机中，国际货币基金组织的宏观改革方案对各国的事务指点过多，引起广泛不满，甚至发生冲突。国际货币基金组织应该在提出改革建议时更多的考虑到各国的实际情况，不要搞"一刀切"，因为从长远看，不论是贷款的按时偿还，还是最终实现国际金融体系的稳定，都需要各国政府的积极配合。

②每一表决权代表的金额应该扩大。在1948年，国际货币基金组织成员国每多获得一表决权所需认缴的金额占当年全球贸易额的13%，而如今这个比例随着贸易额的迅速增长已经下降到不足3%，也就是说，每一表决权所行使的权力、对全球金融的影响力变大了，国际货币基金组织的决策过程更加不具普遍性和代表性。扩大国际货币基金组织的总认缴额度和每一表决权所代表的金额，一方面扩大了参与国际货币基金组织管理和决策的国家数目，使其决策更具有民主性，另一方面，也会促成成员国间的合作，为国际货币基金组织目前正在大力倡导的联合监管的有效实施创造良好氛围。

③国际货币基金组织的贷款条件急需调整。随着二战后欧洲经济重建的结束和东南亚诸多国家经济的发展，有许多过去依靠国际货币基金组织资金援助的国家改为市场筹资。可以设想目前尚需国际货币基金组织援助的国家要么是经济发展水平非常低，要么是经济一时陷入困境，无法从国际金融市场上融资。在这种情况下，它们自然很难完全满足国际货币基金组织提出的较为苛刻的条件，如开放金融市场、汇率自由浮动等。面对这个事实，国际货币基金组织有必要认识到：保持国际金融体系和成员国币值稳定才是它的职责，而其他的问题应该留给各国来决定和解决。

④实现资金来源与行政和决策过程分离。这也主要代表了绝大多数成员国特别是发展中国家的心声。国际货币基金组织应使其金融政策尽量不受少数发达国家控制，只有这样，国际货币基

金组织才能真正公正地发挥其协调国际间金融、货币事务的职能。

⑤增强决策透明度。决策的透明度问题是国际货币基金组织受到国际社会广泛抨击的一个主要问题。就国际货币基金组织而言，它正在通过更大程度地公开其政策以及给成员国提供的建议，和通过公布更多的外界对国际货币基金组织的经营和政策的评价来增加透明度。此外，有必要进一步发展和推广国际公认的标准，包括财政透明度、货币和财政政策、公司治理结构、会计和破产等，以鼓励规范的行为，使得金融市场能够对借款人进行更好的区分。当然，这有赖于国际货币基金组织同其他国际金融组织的通力合作。

⑥建立更好的国际标准。为了给变幻莫测的国际金融市场带来秩序，国际货币基金组织应与各成员国合作加快设立国际标准和良好的实践准则。并通过在金融和货币政策方面创立相似的准则，逐渐扩大和覆盖到如会计、审计、资产评估等一些重要领域。

3．不容乐观的改革前景

应该说，尽管国际货币基金组织改革的决心很大，也是时势所趋，但要达到其预期的效果又谈何容易。由于我们已经十分详细介绍了近20年特别是近年来国际金融形势和发展趋势，所以这里我们不再赘述那些不利于国际货币基金组织改革的宏观因素，只是尽可能简单地归纳一下国际货币基金组织改革过程中面临的主要困难。

①货币汇率的不稳定。自从布雷顿森林体系解体以来，各国货币的汇率安排主要是浮动制，尽管有自由浮动和管理浮动之分。对于发达国家来说，这种汇率安排的好处很明显。由于主要生产工业制成品的发达国家，对特定出口地的依存度小，而且国

第十章　大势所趋的国际货币基金组织改革

内财政、金融调控手段多，政策传导渠道畅通；加之国内的金融机构信誉良好，可以迅速在国际金融市场上取得所需资金，所以汇率的波动不会对出口造成大的影响，而且也可能马上运用多种财政、金融手段对这种波动加以干预。相对而言，欠发达地区的经济受国际市场的影响大、国内调控经济的手段和能力较差，加上关键时刻在国际金融市场上获得资金困难和成本高。这些因素使得浮动汇率安排对于发展中国家，尤其是经济总量小、经济单一化（如石油生产国家）的国家来说非常不利。

②流出、流入经济新兴国家的资金波动大。由于经济新兴国家的投资回报率远远高于经济运行已经有章可循的发达国家，大量的资金流入，或者寻求投资机会，或者单纯为了进行货币的投机，这给经济新兴国家迅速带来了资金，但应该看到，无论是何种目的流入的资金，都给本国货币和经济体系造成压力。多数开放了资本市场的新兴国家，一方面由于在监管能力上的不足，不能准确、迅速地掌握资金流出、流入的情况；另一方面由于国内经济总量不够大，当资金大量流出、流入时，经济往往无法承受这种变化，从而使整体经济迅速崩溃。

③风险传播更迅速。进入20世纪90年代，互联网和全球通信技术的提高、普及使本已全球化的国际金融市场更加紧密地联系在了一起。在更加高效、快捷的提供资金的服务的同时，金融信息和风险也在以前所未有的速度传播。几乎可以肯定，伴随着经济一体化，国际金融领域的任何波动，都会影响到各个金融市场和各国国内经济，惟一的区别只在于：这个波动策源地的经济全球影响力和某国对它的经济依存度。

④西方国家之间改革意见的不统一。不论是构建国际金融新体制，还是直接涉及国际货币基金组织本身的改革，都要有世界各国的参与。虽然发展中国家和地区的意见日益受到重视，但西方国家的态度仍是决定性的。1998年西方七国在波恩首脑会议

国际货币基金组织

上决定成立以发达国家为核心的"稳定金融论坛",标志着西方国家在改革国际金融体制上开始采取较为积极的态度,而且也说明国际金融体制的决策权依然在发达国家手中。但是,由于在改革国际金融体系的关键问题上,发达国家的分歧严重,而这些问题都决定了国际货币基金组织的改革实质和改革方向,因此,也就造成人们对国际货币基金组织的改革难以抱有更为乐观的态度。具体来说,发达国家的分歧表现在这样一些方面:

一是在汇率制度方面。日本和欧盟国家主张建立美元、日元和欧元三种主要货币的相对稳定的汇率机制,确立汇率的浮动范围,建立目标汇率区。这一主张遭到美国的坚决反对。

二是防范金融危机方面。美国主张继续推行以执行"健全的宏观经济政策"作为国际货币基金组织发放贷款、解救危机的前提条件。日本则主张国际货币基金组织应在经常性的监督中强调各成员国执行健全的宏观经济政策,而一旦发生危机,则应迅速地、不附加任何政策条件地予以资金援助。

三是改革国际货币基金组织临委会的问题。法国主张应提高和加强临委会的作用,而美国、加拿大与英国反对把临委会作为决策机构。由于欧元的施行,欧元区国家在国际货币基金组织中的总投票权大大超过美国,而且国际货币基金组织总裁一直是由欧洲人担任,因此,欧洲人反对美国在国际货币基金组织中唱主角的情绪日益强烈。相应地看,美国人也敏感地觉察到美欧在国际货币基金组织中的力量对比,对于在这一最重要国际金融组织的主导权的争夺,也表现出十分强硬的立场。

四是关于建立亚洲货币联盟问题。显然,最极力主张建立亚洲货币联盟的发达国家就是日本。由于长期的经济衰退,特别是亚洲金融危机之后,日本在全球乃至在亚洲地区的经济影响远不及20世纪80年代,在国际金融领域的作用也大大低于美国和欧盟。因此,日本考虑首先在本地区恢复其金融主导权,并积极倡

第十章　大势所趋的国际货币基金组织改革

导建立亚洲货币基金。对于美欧诸强而言，亚洲地区金融遭受金融危机的挫折，但这一地区能够在很短的时间内便重整元气，经济增长速度仍是全球发展最快的地区，特别是当美国作为世界经济的火车头开始放慢速度的时候，能否拓宽亚洲这一巨大市场，是美欧各国企业都在考虑的事情。因此，日本希望在亚洲经济和金融领域获得领导者的地位，也是美欧国家所坚决反对的。日本为此而提出一些改革国际货币基金组织的建议也自然会遭到其他西方国家的拒绝。

　　总之，国际货币体系和国际货币基金组织的改革牵涉到方方面面的利害关系，绝非一朝一夕便可完成，而国际货币基金组织的改革更是要由它的各个股东的态度所决定，尤其决定于欧、美、日等发达国家。有如此多的"婆婆"在后面争吵并面临复杂的国际经济环境，前台的这个"小媳妇"在短期内也难有大的改革动作。当然，伴随着国际政治经济形势发生的深刻变化，国际货币基金组织正面临着全新的挑战。虽然它不可能在短期内摆脱一个国家或极少数国家的影响和控制，但人们还对它寄予希望，希望它能够真正地在广大成员国配合下推动国际金融的稳定健康发展，并在发展中不断地完善自己。

第十一章

中国在国际货币基金组织中的地位与影响

一 中国与国际货币基金组织的关系

1. 席位的恢复与初期的份额

1980年以前，在国际货币基金组织中，中国的席位一直是由台湾当局占据着。尽管中国早在1971年便恢复了在联合国的合法席位，在联合国各专门机构的合法席位也相继恢复，但与国际货币基金组织的关系直到1980年才得以恢复。

1980年4月初，中国政府与国际货币基金组织达成协议，决定于1980年4月17日，中国正式恢复在该组织的合法席位。在加入国际货币基金组织时，中国缴纳的份额合5.5亿特别提款权。但是，由于台湾当局长期占据着中国的合法席位，在多次的份额总检查中，中国在国际货币基金组织中的份额一直没有增加，这样，中国份额从原来的第3位下降到第16位。于是，在1980年4月中国在国际货币基金组织的合法席位得以恢复时，经中国政府与国际货币基金组织商定，把中国份额从5.5亿特别

第十一章　中国在国际货币基金组织中的地位与影响

提款权提高到 18 亿特别提款权。1983 年，在国际货币基金组织第 8 次份额总检查中，再次增加到 23.9 亿特别提款权。之后，在 1992 年的第 9 次份额总检查中，中国份额增加到 33.852 亿特别提款权，占国际货币基金组织总份额的 2.35%。在所有成员国中，中国份额排名占第 11 位，在国际货币基金组织理事会中的投票权占 2.29%。截至 2000 年底，中国份额已达到 46.872 亿特别提款权，在各成员国中依然列在第 11 位。

2. 中国的增资与最新份额

2001 年 2 月 5 日，国际货币基金组织理事会投票通过了关于中国特别增资的决议，将中国在国际货币基金组织的份额由原来的 46.872 亿特别提款权（约为 61 亿美元）提高到 63.692 亿特别提款权（约为 83 亿美元），从而使中国在国际货币基金组织的份额座次由原来的第 11 位提高到了第 8 位。这一决定反映了随着中国经济实力的提高，在国际货币基金组织中的发言权开始增强。如上所述，自 1969 年特别提款权诞生后，作为一种全新概念国际储备货币，它对于稳定和发展国际货币体系发挥了重要作用。各成员国向国际货币基金组织缴纳的份额构成了这一组织的资金来源，成员国在国际收支发生困难时可从国际货币基金组织借用相当于份额一定倍数的资金。同时，份额还决定了成员国在国际货币基金组织的投票权和义务。

在获得特别增资后，中国在国际货币基金组织中的份额与加拿大并列第 8 位，位于美国、日本、德国、英国、法国、意大利、沙特阿拉伯之后。其实，早在 1997 年香港回归后，中国就提出了增资申请，但迟迟没有得到最终结果。2001 年年初，国际货币基金组织在华盛顿提议，将过去的股份从 2.2% 提高到 3%，以增加中国在该组织的发言权。2 月 5 日，对该提议案进行了表决，结果中国获得了 85% 以上的赞同票，与加拿大并列成为国际货币基金组织第8大股东。同时,中国也责无旁贷地在30天内多存入22亿美元,在国际货币基金组织的存款总数达84亿美元。同时,中国也可以享受更多的权利,需要时可从国际货币基金组织提取更多的贷款。

二 在国际货币基金组织中的地位与影响

1. 国际货币基金组织中的模范成员国

中国在经历了20多年的改革开放,特别是在近10年经济发展过程中,市场经济体制不断完善,经济实力大大提高。因此,中国在国际经济舞台中的作用也日益提高,对推动世界经济增长的贡献程度日趋重要。在1997年亚洲金融危机中,中国保持人民币不贬值,对东南亚,以及亚洲和整个国际金融和世界经济的稳定都具有相当大的影响。国际货币基金组织实质上是经济上的联合国,所以,此次中国特别增资,就体现出国际社会对中国经济成就的认可和赞许。

中国目前在国际货币基金组织中还是一个净出资国,向其申请的贷款不是很多。由于各种因素的影响,特别是国际货币基金组织借款附加条件很多,对借款国国内宏观经济政策往往会提出十分苛刻的条件,所以,中国对于向其借款一向持十分谨慎的态度,也不以国际货币基金组织作为中国利用外资的主要来源。

作为世界上最大新兴经济国家和国际货币基金组织中的重要成员国,中国经济的发展状况正日益受到国际货币基金组织的重视。发展虚拟经济是稳步扩大资本项目开放的需要。实现经常项目和资本项目下的人民币完全可兑换,是我国建立社会主义市场经济体制的重要组成部分,也是我国经济实力增强的表现。1996年12月我国实现了人民币经常项目完全可兑换,提前达到了国

第十一章　中国在国际货币基金组织中的地位与影响

际货币基金组织协定的有关要求。按照国际货币基金组织的规定,资本项目的开放包括 43 项。目前我国开放的或经过审查可以开放的占 2/3,暂时禁止开放的占 1/3,其中主要是禁止外资购买用人民币标价的证券资产,目的是为了防范国际短期资本特别是投机性资本流动对我国经济、金融的冲击。因此,从整体上看,我国资本项目的开放程度已比较高。当前,我国利用外资已进入一个新阶段,资本流动发生了很大变化,即在大量引进外资进入中国的同时,国内外币种投资于境外的数量也在不断增加。从国际货币基金组织角度看,在努力提高全球的金融与货币合作的过程中,不断加强与中国的联系与合作,具有特别重要的意义。对于与中国的合作,国际货币基金组织还是满意的。国际货币基金组织前总裁康德苏指出:"中国并不只是基金协定的受益者,它还是国际货币基金组织的模范成员国。在处理泰国金融危机时,中国承诺参与融资的行动,就表明了中国正在越来越广泛地融入国际社会。"

2. 合作日益加深的相互关系

20 多年来,中国与国际货币基金组织的合作是多方面的。中国在国际货币基金组织地位不断提高的同时,国际货币基金组织同中国的经济合作也越来越密切,向中国提供的经济援助也在扩大。例如,在技术援助方面,中国曾多次得到国际货币基金组织提供的十分有益的技术咨询,包括金融规划、货币和财政政策、银行统计等方面。这对于中国改善宏观政策调控机制,增强宏观政策制定的科学性和实施的有效性起到了积极的作用。此外,国际货币基金组织每年 10 月都派代表团来华访问,商谈经济问题,这一磋商制度不仅是国际货币基金组织全面了解中国经济及其政策的机会,而且对中国的经济建设也起到了一定的促进作用。

当然，由于国际货币基金组织是不同集团、不同利益国家间争斗的国际组织，以美国为首的西方国家在该组织中占有绝对性主导地位，因而带有极强的政治色彩。因此，许多发展中国家对国际货币基金组织都还有一定的戒心。中国是社会主义国家，坚持独立的外交政策，在国际货币基金组织中凡是有利于发展中国家的正当要求和主张，中国都会积极地争取和支持。尽管中国的经济实力还不够雄厚，但作为世界上最大的发展中国家和联合国5个常任理事会成员国之一，中国在国际货币基金组织中的地位也日益提高，起到了一定的平衡作用。

附 录

国际货币基金组织协定（节选）

第一条 宗旨

国际货币基金组织的宗旨是：

(i) 通过设置一常设机构就国际货币问题进行磋商和协作，从而促进国际货币领域的合作。

(ii) 促进国际贸易的扩大和平衡发展，从而有助于提高和保持高水平的就业和实际收入以及各成员国生产性资源的开发，并以此作为经济政策的首要目标。

(iii) 促进汇率的稳定，保持成员国之间有秩序的汇兑安全，避免竞争性通货贬值。

(iv) 协助成员国之间建立经常性交易的多边支付体系，取消阻碍国际贸易发展的外汇限制。

(v) 在具有充分保障的前提下，向成员国提供暂时性普通资金，以增强其信心，使其有机会在无需采取有损本国和国际繁荣的措施的情况下，纠正国际收支失调。

(vi) 根据上述宗旨，缩短成员国国际收支失衡的时间，减轻失衡的程度。

《基金组织协定》所明确的上述六条宗旨将指导基金组织各项政策和所做的决定。

第二条 成员国资格

第 1 款 创始成员国

创始成员国是指那些参加了联合国货币与金融会议,其政府在 1945 年 12 月 31 日前接受成员国席位的国家。

第 2 款 其他成员国

其他国家将按照基金理事会规定的时间和条件加入基金组织。这些条件,其中包括认缴的条件,基金组织所依据的原则应与适用于现有成员国的原则一致。

第三条 基金组织的份额和认缴款项

第 1 款 份额及认缴款项的支付

对每一成员国均应分配以特别提款权表示的份额。凡出席联合国货币和金融会议,在 1945 年 12 月 31 日前加入基金组织的成员国,其份额均在附录 A 中列出。其他成员国的份额应由基金理事会决定。每一成员国认缴款项应等于其份额,并在适当的存款机构全部缴付给基金。

第 2 款 份额的调整

(a) 理事会应在每隔一定时期(不超过 5 年)对成员国的份额进行一次总检查,并在必要时提出调整。理事会如觉不合适,亦可根据有关成员国的要求,在任何其他时候考虑单独调整该国之份额。

(b) 基金组织可在任何时候提议给那些于 1975 年 8 月 31 日已成为基金成员国的国家,按其该日的份额比例增加份额,累计数额不超过依第五条第 12 款(f)项和(j)项从特别支付账户到普通资金账户的金额。

(c) 份额的任何变更,需经 85% 的多数票通过。

(d) 未经成员国的同意并做出支付(除非依据本条第 3 款 (b) 项可视已支付),不得改变该成员国的份额。

第 3 款 份额变更时的付款办法

(a) 任何依本条第 2 款 (a) 项同意增加其份额的成员国,应在基金组织规定的期限内以特别提款权支付增加部分中的 25%,但理事会可以规定全部或部分用基金组织指定的其他成员国货币(经该成员国同意)或成员国本国货币支付,对所有成员国一视同仁。未参加特别提款权账户的成员国应用基金组织指定的其他成员国货币(经该成员国同意)支付所增加份额中的一定比例(相当于参与国以特别提款权支付的比例)。所增加份额的其余部分以成员国本国货币支付,基金所持有的一成员国货币,不能因此项规定下其他成员国的支付而超过依第五条第 8 款 (b) 项 (ii) 须支付手续费的水平。

(b) 依本条第 2 款 (b) 项同意增加其份额的各成员国,应被视作已向基金组织支付相当于其增加额的认缴额。

(c) 如成员国同意减少其份额,基金组织应在 60 天内将相当于减少额的金额退回该国,基金应以成员国的货币、一定数量的特别提款权或基金组织指定的其他成员国货币(经该成员国同意)支付,须避免基金组织持有的货币减少到新的份额以下,但在特殊情况下,基金可以向该成员国支付其本国货币,从而使基金组织持有的货币减少到新的份额以下。

(d) 依上述 (a) 项所作的任何决定,除有关期限和所用货币的规定外,需要总投票权 70% 的多数票通过。

第四条 关于汇兑安排的义务

第 1 款 成员国的一般义务

鉴于国际货币制度的宗旨就提供一个促进国与国之间商品、

服务和资本的交换以及保持经济健康增长的框架,而且主要目标是继续发展保持金融和经济稳定所必要的有秩序条件,各成员国保证同基金组织和其他成员国合作,以保证有秩序的汇兑安排,并促进形成一个稳定的汇率制度。具体地说,各成员国应:

(i) 努力将各自的经济和金融政策的目标放在实现促进有秩序的经济增长这个目标上,既可以实现合理的价格稳定,又适当照顾自身的国情;

(ii) 努力通过创造有秩序的经济、金融条件以及不致经常造成动荡的货币制度以促进稳定;

(iii) 避免操纵汇率或国际货币制度来阻碍国际收支的有效调整或取得对其他成员国不公平的竞争优势;

(iv) 奉行同本款各项保证一致的汇兑政策。

第 2 款　总的汇兑安排

(a) 在本协定第二次修改之后 30 天内各成员国应把其在履行本条第 1 款规定的义务方面计划采用的汇兑安排通知基金组织,汇兑安排的任何改变,应及时通知基金。

(b) 根据 1976 年 1 月 1 日现行的国际货币制度,汇兑安排可以包括:

(i) 一个成员国可以采用特别提款权或黄金之外的其他尺度来确定本国货币的价值;

(ii) 通过合作安排,建立起成员国的本国货币与其他成员国的货币的比价;

(iii) 成员国选择的其他汇兑安排。

(c) 为适应国际货币制度的发展,在得到占总投票权 85% 的多数同意的条件下,基金组织可就总的汇兑安排做出规定,但又不限制各成员国根据基金的目的和本条第 1 款规定的义务选择汇兑安排的权利。

第 3 款　对汇兑安排的监督

(a) 基金组织应监督国际货币制度,以保证其有效实施,并监督各成员国是否履行了本条第 1 款规定的义务。

(b) 为了履行上述 (a) 项规定的职能,基金组织应对各成员国的汇率政策行使严格的监督,并制定出具体原则,以在汇率政策上向各成员国提供指导。各成员国应该向基金组织提供为监督所必要的资料,在基金组织提出要求时,应就成员国汇率问题与基金组织进行磋商。基金组织制定的原则应该符合各成员国确定本国货币对其他成员国货币比价而采用的合作安排,并符合一个成员国根据基金组织的宗旨和本条 1 款规定选择的其他形式的汇兑安排。这些原则应该尊重各成员国国内的社会和政治政策,在执行这些原则时,基金应该对各成员国的国情给予应有的注意。

第 4 款 平价

在国际经济条件允许的情况下,基金组织可在占总投票权 85% 的多数票支持的情况下做出决定,采用以可调整的稳定平价为基础的普遍的汇兑安排制度。基金组织应在世界经济基本稳定的基础上做出决定,为此应考虑到价格变动和成员国的经济增长率。这项决定应考虑到国际货币制度的演变,特别是要考虑流动性的各项来源,为了保证平价制度的有效实施,还要考虑使国际收支顺差和逆差国都能采取迅速、有效而对称的调整行动,以及对国际收支不平衡进行干预和处理的各项安排。在作此决定时,基金组织应通知成员国附录 C 的各项规定。

第 5 款 成员国领土内的其他各种货币

(a) 成员国根据本条对本国货币采取行动,应该被认为适用于该成员国根据第三十一条第 2 款 (g) 项规定接受本协定的所有领土的货币,除非成员国宣布,它的行动仅是针对东道国的货币,或者仅仅是针对一种或几种特定的货币或针对东道国的货币和一种或几种特定的各种货币。

(b) 基金组织根据本条采取的行动,应该被认为是针对上述

(a) 项所提到的一个成员国的所有货币,除非基金另有说明。

第五条

第1款 与基金组织往来的机构

各成员国应由其财政部、中央银行、平准基金会或其他类似的财政机关与基金组织往来,基金组织也只经由这些机关与成员国往来。

第2款 基金组织的业务范围

(a) 除本协定另有规定外,基金组织的业务限于根据成员国请求,从基金普通资金账户的普通资金中向其供应特别提款权或其他成员国货币,该成员国须以本国货币购买。

(b) 如经请求,基金组织可决定提供符合于基金组织宗旨的金融和技术服务,包括管理成员国所缴纳的资金。提供此项金融服务所涉及的业务不属基金组织业务。此类服务未经成员国同意不得加给其任何义务。

第3款 使用基金组织普通资金的条件

(a) 基金组织应制定使用其普通资金的政策,包括备用安排或类似安排政策,也可对特殊的国际收支问题制定特殊的政策,以便协助成员国按照符合协定条款的方式来解决其国际收支问题,并对暂时使用基金组织资金做出充分保障。

(b) 在下列条件下成员国得以本国相当数额的货币向基金组织购买其他成员国货币。

(i) 成员国应根据本协定的规定及依该规定所制定的政策使用基金组织的普通资金。

(ii) 成员国应以国际收支或储备状况或储备变化等为理由提出购买的需要。

(iii) 请购的数额系指在储备档额度内的购买,或不致使基金组织所持有的购买国的货币超过其份额的200%。

(iv) 基金组织在以前并未根据本条第 5 款，第六条第 1 款或第二十六条第 2 款（a）项宣布过，请购成员国已无资格使用基金组织的普通资金。

（c）基金组织应审查购买申请，决定其是否符合本协定的规定以及根据该等规定所制定的政策。但成员国申请在储备档额度内购买无须受审查。

（d）基金组织应制定选择所出售货币的政策和程序，要同成员国磋商，考虑到成员国的国际收支、储备状况、外汇市场的变化，以及在一段时间内改进在基金组织中的平衡地位的要求。假如一个成员国提出购买另一成员国的货币是因为希望获得其他成员国提供的相等数量的本国货币，该成员国应可购买其他成员国的货币，除非基金已按第七条第 3 款通知其持有的该成员国的货币已经稀少。

（e）(i) 每个成员国应保证，从基金组织购买的其货币额是可以自由使用货币额或在购买时可以兑换成由其选择的一种自由使用货币。两种货币间兑换使用的汇率等于两者间以第十九条第 7 款（a）项为基础的汇率。

(ii) 每个成员国，其货币被从基金购买，或其货币是被从基金组织购买的货币所换得，应和基金组织及其他成员国合作，从而使它的这些货币额在购买时能够兑换成其成员国的可自由使用的货币。

(iii) 按照上述（a），如所购的是一种不能自由使用货币，应由其货币被购买的成员国进行兑换，除非该成员国和购买成员国同意采用另一种办法。

(iv) 如一成员国从基金组织购买另一成员国的可自由使用货币，并希望在购买时兑换成另一种可自由使用货币，在该成员国的要求下应与另一成员国做出兑换。兑换应按另一成员国选择的可自由使用货币进行，汇率按照上述（i）的规定。

(f) 基金组织应按其制定的政策和程序，同意按照本款规定提供给请购的参与国以特别提款权，而不是其他成员国货币。

第 4 款　条件的放弃

基金组织得在保障自身利益的条件下，酌情放弃本条第 3 款 (b) 项 (iii) 和 (iv) 所列的任何条件，特别是对过去一向避免多用或连接使用基金组织普通资金的成员国。在放弃条件时，基金组织应考虑申请放弃条件的成员国的周期性的或特殊的需要。基金组织也应考虑该国愿否提供基金组织认为足以保障其利益的可接受的资产作为担保，并可要求提供此种担保作为放弃条件的交换条件。

第 5 款　使用基金组织普通资金资格的丧失

当基金认为任何成员国使用基金普通资金的方式违反基金组织的宗旨时，即应向该国提出报告，阐明基金组织的意见，并规定一适当的答复期限。在提出报告后，基金组织可限制该国使用本机构的普通资金。如在规定期限内该成员国对于基金的报告不予答复，或者答复不能令人满意，基金组织得继续限制其使用本机构的普通资金，或者在给予该成员国适当通知后应通告该成员国丧失使用基金组织的普通资金的资格。

第 6 款　基金组织对特别提款权的其他购买和出售

（a）基金组织可接受参与国提供的特别提款权，兑换给由购买而发生的等值金额的其他成员国货币。

（b）在参与国的要求下，基金组织可提供给该国以特别提款权换回等值金额的其他成员国货币。基金组织持有的成员国货币不能由于这些交易的结果而增加到超过本条第 8 款（b）项（ii）所规定的要征收手续费的水平。

（c）基金组织按本款提供或接受的货币，应按政策进行选择，政策须考虑到本条第 3 款（d）项或第 7 款（i）项的原则。只有成员国同意使用其由基金提供或接受的货币，基金组织才能按此款进行交易。

第7款 成员国向基金组织购回本国货币

（a）成员国任何时候均有权购回基金组织所持有的其货币额中按本条第8款（b）项的规定要征收手续费的部分。

（b）已按本条第3款进行的成员国，在其国际收支和储备状况有所改善时，一般情况应购回持有的该国货币额中由购买而发生的按本条第8款（b）项规定要征收手续费的部分。如基金组织根据其制定的购回政策并在与成员国磋商后向该成员国提出，由于其国际收支和储备状况有所改善，应该购回，则成员国应购回基金组织持有的这些货币。

（c）已按本条第3款进行购买的成员国，应在购买日之后5年内，购回基金组织持有的该国货币额中由购买而发生的按本条第8款（b）项的规定要征收手续费的部分。基金组织可以规定成员国从购买日之后3年起到5年止的期限内分期购回。基金组织可以总投票权85%的多数票改变本项所规定的购回期限，由此而规定的期限应适用于所有成员国。

（d）基金组织可以总投票权85%的多数规定一个不同于上述（c）项而适用于所有成员国的购回期限，购回基金组织按基金普通资金的特殊政策而持有的那部分货币。

（e）成员国应根据基金组织以总投票权70%多数通过的政策，购回基金组织持有的该国货币不因购买而产生的按本条第8款（b）项（ii）的规定须征收手续费的部分。

（f）如果做出决定，规定按使用基金组织普通资金的政策，上述（c）或（d）项下的购回期限应短于按政策执行中的期限，则该决定应仅适用于该决定生效之日后基金组织所得的持有额。

（g）在成员国的要求下，基金组织可以推迟履行购回义务的日期，但不能超过上述（c）或（d）项下的或依上述（e）项基金规定政策下的最长期限。除非经基金组织以总投票权70%的多数票决定,由于在规定日期偿还会给成员国造成额外的困难,延长购回期限与暂时性使用基金普通资金是一致的,因而是合理的。

(h) 本条第 3 款 (d) 项的基金组织政策,可以通过政策加以补充,即基金在和成员国磋商后,可以决定按本条第 3 款 (b) 出售基金所持有的、尚未根据第 7 款购回的该成员国货币,不妨碍按本协定其他规定有权采取的任何行动。

(i) 本款项下所有购回,均应用特别提款权或基金组织指定的其他成员国货币进行。基金组织在指定成员国进行所须使用货币的政策和程序时,应考虑本条第 3 款 (d) 项的原则。基金组织所持有的被用于购回的成员国货币,不能由于购回而增加到高出成本第 8 款 (ii) 项的规定要征收手续费的水平。

(j) (i) 假如按上述 (i) 项所指定的成员国货币不是自由使用货币,该成员国应保证进行购回的成员国在进行购回时可以用它兑换成被指定货币的成员国所选择的自由使用货币。此规定项下的货币兑换,其汇率应等于两种货币按第十九条第 7 款 (a) 项兑换的汇率。

(ii) 每个成员国,其货币被基金组织指定用作购回的,应和基金组织及其他成员国合作,从而使进行购回的成员国在购回时,能够获得指定的货币,用以兑换成其他成员国的自由使用货币。

(iii) 上述 (j) 项 (i) 下的兑换,应与被指定货币的成员国进行,除非该成员国和进行购回的成员国之间同意按另外的程序进行。

(iv) 假如进行购回的成员国在购回时,希望获得按上述 (i) 项所指定的其他成员国的自由货币,如其他成员国要求,它应按上述 (j) 项 (i) 所提到的汇率,以可自由使用的货币,从其他成员国换得货币。基金可对在兑换时提供自由使用货币问题制定规章。

第 8 款　手续费

(a) (i) 基金组织对成员国用本国货币换购特别提款权或普

通资金账户上持有的其他成员国货币应征收手续费时,对储备档购买可比其他档购买征收较低的手续费,储备档购买的手续费不能超过 0.5%。

(ii) 基金组织可对备用安排或类似的安排收取手续费。基金组织可以决定,安排的手续费应抵消按上述(i)对该安排项下的购买所征收的手续费。

(b) 基金组织对在普通资金账户上持有的每一成员国货币的每日平均余额在以下情况下征收手续费,该货币是:

(i) 属于按第三十条(c)项中,列作不包括项目的某项政策所获得者;

(ii) 在除去上述(i) 所提及的任何余额后超过了成员国的份额的数额。在持有余额期间,手续费应每隔一定时间提高。

(c) 假如成员国不能按本条第 7 款的要求进行购回,基金组织在和成员国就减少基金组织所持有的该成员国货币进行磋商后,可对其所持有的、应当购回的该成员国货币征收基金认为合适的手续费。

(d) 决定上述(a)和(b)项下的手续费率须有总投票权 70% 的多数票,费率对所有成员国应该一致,上述(c)项费率亦同。

(e) 成员国应以特别提款权支付所有的手续费,只有在特殊情况下,在基金与其他成员国磋商后,基金组织可允许成员国以基金组织指定的其他成员国货币支付手续费,或者用本国货币。基金组织所持有的成员国的货币,不能因其他成员国按此规定进行支付的结果而增加到超过上述(b)项(ii)的规定要征收手续费的水平。

第 9 款 酬金

(a) 当下述(b)或(c)项所规定的份额比例超过基金组织普通资金账户所持有的成员国货币的每日平均余额(不包括第三

十条（c）项中，列作不包括项目的政策所获得的余额）时，基金组织应对超过额付给酬金。酬金率应由基金按总投票权 70% 的多数票决定，对所有成员国均相同，并应不高于或低于第二十条第 3 款所定利率的 4/5。在制定酬金率时，基金组织应考虑到第五条第 8 款（b）项下的手续费率。

（b）适用于上述（a）项购买的份额比例如下：

（i）对第二次修改协定前成为成员国的国家，此项份额比例应相当于第二次修改协定之日其份额的 75%，对第二次修改协定后成为成员国的，其份额比例的计算是：用相当于该国成为成员国当日适用于其他成员国的份额比例的总金额除以同日其他成员国的总份额；加上：

（ii）成员国自上述（b）项中适用的日期起，按第三条第 3 款（a）项以货币或特别提款权支付给基金的数额，减去：

（iii）成员国自上述（b）项中适用的日期起，按第三条第 3 款（c）项从基金组织所得到的货币或特别提款权的数额。

（c）经总投票权 70% 的多数票通过，基金组织可以对每个成员国将适用上述（a）项的最新份额比例提高到：

（i）不超过 100% 的某一比例，对每个成员国应按适用于所有成员国的同样准则来决定，或

（ii）所有成员国均为 100%。

（d）酬金应以特别提款权支付，除非基金组织或成员国决定支付应以成员国本国货币来进行。

第 10 款　计算

（a）基金组织在普通账户所持有的资产价值以特别提款权表示。

（b）适用于本协定规定（第四条和附录 C 除外）的有关成员国货币的计算，均应按照本条第 11 款基金计算这些货币的汇率进行。

(c) 为实行本协定的规定，确定有关份额的货币金额的计算，不应将特别支付账户或投资账户中持有的货币包括在内。

第 11 款　价值的维持

(a) 在普通资金账户的成员国货币的价值，应依第十九条第 7 款（a）项的汇率折成特别提款权表示。

(b) 基金组织按照本款变更其所持有的某成员国的货币额，应在基金和其他成员国进行业务活动中使用那种货币时进行，也可在基金组织决定的或成员国要求的其他时候进行。因变更而须向基金组织的支付，或基金组织向成员国的支付，应在变更之日由基金组织决定的一个合理期限内进行，或在成员国要求的任何其他时候进行。

第 12 款　其他业务与交易

(a) 基金组织在此款下的所有政策和决定，应遵守第八条第 7 款所规定的目标，以及避免在黄金市场上管理价格或制订固定价格的目标。

(b) 基金按下述（c）、(d) 和（e）项进行业务或交易的决定，应经总投票权 85% 的多数同意。

(c) 基金组织在经与成员国磋商后，可以出售黄金换取该成员国的货币，但未经该成员国同意，不能因此项出售而使基金组织在普通资金账户里所持有的该成员国的货币增加到超过本条第 8 款（b）项（ii）所规定要征收手续费的水平；但经成员国的要求，基金组织在出售黄金时，可将一部分兑换成另一成员国的货币，以防止这种增加。以一种货币兑换成另一成员国的货币须经和该成员国协商后进行，并不得使基金组织持有的该成员国的货币增加到超过本条第 8 款（b）项（ii）规定要征收手续费的水平。基金组织在制定有关兑换的政策和程序时应考虑到本条第 7 款（i）所用的原则。依本规定向一成员国的出售，应按照每笔交易双方根据市场价格所协议的价格。

(d) 在基金组织按本协定进行的任何业务或交易中,可以从成员国接受黄金,以代替特别提款权或货币。依本规定向基金组织的支付,应按照每笔业务交易双方根据市场价格所同意的价格。

(e) 基金组织可将在本协定第二次修改之日持有的黄金出售给在 1975 年 8 月 31 日已经参加基金并且同意购买的成员国,并按这一成员国份额的比例售给。假如基金打算为下述 (f) 项 (ii) 的目的而依据上述 (c) 项出售黄金,可出售该部分黄金给同意购买的各发展中成员国,该部分黄金如依上述 (c) 项出售会造成有多余,可以按下述 (f) 项 (iii) 分配给成员国。按此规定出售黄金给本条第 5 款宣布为无资格使用基金组织普通资金的成员国,应在其恢复资格时再售给,除非基金组织决定提前售给。依本项出售给成员国的黄金应收取该成员国的货币,并按特别提款权合 0.88671 克黄金等值的价格出售。

(f) 基金组织依上述 (c) 项任何时候出售其在第二次协定修改之日所持有的黄金时,应把出售收入按出售时以 1 特别提款权合 0.88671 克纯黄金的等值存入普通资金账户。除非基金组织按下述 (g) 项决定用另外办法,任何多余部分应存于特别支付账户。在特别支付账户所持有的资产应和普通账户的其他账户分开,并可在任何时候使用于:

(i) 转入普通资金账户,直接用于本协定的除本款以外的规定所认可的业务与交易。

(ii) 虽非本协定其他规定认可但符合基金宗旨的业务与交易。在本项 (ii) 下,对处于困境的发展中成员国可按特别的条件提供国际收支上的援助。为此目的,基金组织应考虑到平均国民收入的水平。

(iii) 对 1975 年 8 月 31 日为成员国的发展中成员国按其在这一天的份额的比例进行分配。基金组织按上述 (ii) 的目的决定使用的资产部分,相当于这些成员国在分配之日的份额与同日所有成员国份额总数的比例。但依本规定对于按本条第5款宣布为无资格使用普通资金的成员国的分配，应在其资格恢复后才能进行，除非基金组织决定提前给予分配。

按上述（i）使用资产的决定须经总投票权70%的多数票通过，按上述（ii）和（iii）所作的决定须经总投票权的85%多数票通过。

（g）基金组织可经总投票权85%的多数票决定，将上述（f）项提及的部分剩余额转入投资账户，按第十二条第6款（f）项的规定使用。

（h）在按上述（f）项规定未使用期间，基金组织可将在特别支付账户持有的成员国货币投资于该成员国的可销售债务，或国际金融机构的可销售债务，按上述（f）项（ii）所得到的投资和利息收入应存入特别支付账户。未经其货币被用于投资的成员国同意，不得进行该项投资。基金组织只能对以特别提款权或用作投资的货币为单位的债务进行投资。

（i）从普通资金账户支付的有关特别支付账户的行政管理费用应不时得到偿还，根据对此项费用合理的估计数，从特别支付账户转拨到普通资金账户内。

（j）特别支付账户应在基金组织清理时终止，并可经总投票权70%多数票在基金组织清理前终止。该账户因基金组织清理而终止时，对按账户内的任何资产应根据附录K的规定予以分配。该账户在基金清理前终止时，该账户内的任何资产应转到普通资金账户，直接在业务活动中使用。经总投票权70%多数票通过，基金组织可对特别支付账户的管理制定出规章和条例。

第六条 资本转移

第1款 使用基金组织资金作资本转移的规定

（a）除本条第2款规定的情况外，会员国不得以基金组织普通资金作大量或长期的资本输出之用。基金组织可以要求会员国实行管制，以防止对基金组织普通资金作如此使用。如会员国接到此项要求后不采取适当管制，基金组织可以宣布该会员国无资格使用基金组织资金。

(b) 本款规定不限制下列情况：

(i) 会员国为了扩大出口或进行正常贸易，金融业或其他业务使用基金组织普通资金作必需的合理数额资本交易。

(ii) 会员国使用其自有资金作符合基金组织宗旨的资本移动。

第2款 资本转移的特殊规定

会员国可以在储备部分额度内购买货币，作为资本转移之用。

第3款 资本转移的管制

会员国对国际资本转移得采取必要的管制，但这种管制，除第七条第3款（b）款及第十四条第2款规定者外，不得限制日常交易的支付或者不适当地阻滞清偿债务的资金转移。

第七条 补充货币和稀少货币

第1款 基金组织补进货币的办法

基金组织认为有补进普通资金账户中有关业务所需某种会员国货币的需要时，得采取下列措施之一，或者两者同时采取：

(i) 在基金组织与该会员国协议的期限和条件下，向该会员国提议借入稀少货币，或经该国同意，向其境内或境外的其他来源借入稀少货币。但该会员国并无出借货币给基金组织或同意基金组织向其他来源借入的任何义务。

(ii) 要求会员国（如该会员国是参与国）将其货币出售给基金组织，换回在普通资金账户持有的特别提款权，并遵守第十九条第4款的规定。在以特别提款权补充时，基金组织应适当注意

第十九条第 5 款指定参与国的原则。

第 2 款 货币的普遍稀少

基金组织如发现某种货币发生普遍稀少情形在发展时，应即通告各会员国，并提出报告，阐明稀少的原因，并建议解决的办法。当准备此项报告时，稀少货币的当事国应派代表参加。

第 3 款 基金组织持有的某种货币

（a）在国际货币基金组织认为对于某会员国货币的需求明显地严重威胁基金组织供应该项货币的能力时，不论其已否按本条第 2 款规定发出报告，应即正式宣告该货币已经稀少。此后，对所存有和可收的该项稀少货币，应参酌各会员国的相对需要、总的国际形势及其他有关的考虑，进行分配。基金组织并应发出关于此项措施的报告。

（b）根据上述（a）所作的正式宣告，亦即是授权任何会员国，在与国际货币基金组织协商后，暂时限制稀少货币的自由汇兑。依照第四条和附录 C，该会员国应全权决定此项限制的性质。但此项限制，仅以使对稀少货币的需求能与该国已有或应有的供给相适应为限。一旦情况许可，应即尽速放宽或解除限制。

第 4 款 限制的执行

任何会员国依据本条第 3 节（b）的规定，对任何其他会员国货币施行限制时，应对其他会员国就此限制措施所提的任何意见，尽量予以考虑。

第 5 款 其他国际协定对此项限制的效力

各会员国同意不引用本协定未签订前与其他会员国所订协定内的义务，以免妨碍本条款规定的施行。

第八条 成员国的一般义务

第 1 款 引言

各成员国除承担本协定其他各条下的义务外，尚需履行本条规定的义务。

第 2 款 避免限制经常性支付

（a）除第七条第 3 款（b）项及第十四条第 2 款的规定外，未经基金组织同意，各成员国不得对国际经常性交易的支付和资金转移实行限制。

（b）有关任何成员国货币的汇兑契约，如与该国按本协定所施行的外汇管理条例相抵触时，在任何成员国境内均属无效。此外，各成员国可相互合作采取措施，使彼此的外汇管理条例更为有效，但这类措施与条例，应符合本协定。

第 3 款 避免施行歧视性货币做法

除非本协定规定或基金组织批准以外，无论是在第四条或附录 C 规定的范围之内或之外，任何成员国都不可从事或允许第五条第 1 款所指的财政机关实行歧视性货币安排或多重货币做法。如在本协定生效前已经施行这类安排与做法，有关成员国应与基金磋商逐步采取消除措施，但根据第十四条第 2 款规定而保留或实施的安排与做法除外。在该情况下得适用该条第 3 款的规定。

第 4 款 兑换外国持有的本国货币

（a）如果其他成员国提出申请任何成员国应购回对其他成员国所持有的本国货币余额，但申请国应表明：

（i）此项货币余额系最近经常性交易中所获得，或

（ii）此项兑换系为支付经常性交易所必需。

购买国得自行选用特别提款权支付（须遵守第十九条第 4 款规定）或者用该申请国的货币支付。

（b）上述（a）项所规定的义务，不适用于下列情况：

（i）按本条第 2 款或第六条第 3 款规定，已限制此项货币余额的兑换；

（ii）此项货币余额系一成员国在撤销依照第十四条第 2 款所

施行的限制前的交易所得；

（iii）此项货币余额之获得违反被要求购买的成员国的外汇条例；

（iv）申请购买国的货币，依照第七条第 3 款（a）项的规定，已经被宣告为稀少货币；

（v）被要求购买的成员国由于其他原因，已经无资格用本国货币向基金购买其他国家的货币。

第 5 款　供给信息

（a）基金组织可以要求各成员国提供基金组织认为其进行活动所需的各种资料，为了有效地履行基金组织的职责，至少应包括以下全国性的数据：

（i）官方在国外持有的（1）黄金；（2）外汇；

（ii）官方机构以外的银行和金融机构在国内外持有的（1）黄金；（2）外汇；

（iii）黄金生产量；

（iv）按目的国和原产国分类的黄金进出口量；

（v）按目的国和原产国分类的商品进出口量（以本国货币计价）；

（vi）国际收支，包括：（1）商品与服务的交易；（2）黄金的交易；（3）可确定的资本交往；（4）其他项目；

（vii）国际投资头寸，即外国人在本国境内的投资，及本国人在国外的投资，在可能范围内提供此项资料；

（viii）国民收入；

（ix）物价指数，即批发和零售市场的商品价格指数，及进出口价格指数；

（x）外币的买进和卖出价；

（xi）外汇管理情况，即加入基金组织时外汇管理的全面情况，以及后来变更的详情；

(xii) 如有官方的清算安排，关于商业及金融交易待清算的数额，及此项未清算款项拖欠的时间。

(b) 基金组织在要求资料时，应考虑到各成员国提供资料能力的不同。成员国并无义务提供特别详细资料，以致披露了私人和公司的事务。但成员国应提供尽可能详细而准确的必要资料，避免单纯的估计。

(c) 基金组织可与成员国通过协商获取更多的资料。基金组织应成为收集和交换货币金融情报的中心，以便进行研究协助成员国制定政策，促进基金组织宗旨的实现。

第6款 成员国之间就现行国际协定进行协商

如根据本协定，某成员国被准许在本协定规定的特殊或临时情形下维持或实行外汇交易限制，而在本协定以前已与其他成员国签订的协议与此项限制的实施相抵触时，有关成员国应互相协商，以做出双方可以接受的必要调整。本条规定不应影响第七条第5款的施行。

第7款 就储备资产政策进行合作的义务

每个成员国应和基金组织或其他成员国进行合作，以保证成员国有关储备资产的各政策有助于促进更好地对国际流动性进行国际监督，并且使特别提款权作为国际货币制度的主要储备资产。

第九条 法律地位、豁免与特权

第1款 本条的目的

为使基金能履行其受托的职能，基金组织在各会员国境内得享有本条所规定的法律地位、豁免与特权。

第2款 基金组织的法律地位

基金组织应有完整的法人权利，特别是有权：

(i) 签订契约；

(ii) 取得与处置动产与不动产；

(iii) 法律诉讼。

第3款 司法程序的豁免

基金组织的财产与资产，不论在何地和为何人所保管，均应享受任何形式司法程序的豁免，除为起诉或因履行契约，得自动声明放弃此项豁免权益。

第4款 其他豁免事项

基金组织的财产和资产，不论在何地和为何人所保管，均应免受搜查、征用、没收、征收及其行政或立法行为上的任何形式的扣押。

第5款 档案的豁免

基金组织的档案不受侵犯。

第6款 资产免受限制

基金组织的一切财产和资产，在执行本协定规定业务所必需的范围内，应免受各种限制、管制、统制以及任何性质的延缓付款。

第7款 通讯的特权

各会员国对基金组织的公文邮电应与其他会员国的公文邮电同等对待。

第8款 官员和雇员的豁免事项与特权

基金组织的理事、执行董事及其副职、委员会的成员、按第十二条第3款（j）所任命的代表、以上人员的顾问以及官员和雇员皆享有以下权益：

(i) 在执行公务中，应豁免法律程序。但基金组织放弃此项豁免权益时，不在此限。

(ii) 若非当地本国人民，应豁免当地的移民限制、外国人登记办法和兵役义务，其在外汇限制方面享有的便利，应与其他会员国同等级的代表、官员及雇员享受同样待遇。

(iii) 在旅行方面的便利，应与会员国同等级的代表、官员及雇员同样待遇。

第9款　豁免捐税

（a）基金组织的资产、财产、收益以及本协定授权的业务活动和交易，应豁免一切捐税和关税。基金组织对于任何捐税关税的征收或交纳，也均豁免承担任何责任。

（b）基金组织的执行董事、副董事、官员和雇员非当地本国公民、属民或国民，对其自基金组织所得的薪金和报酬，不得征税。

（c）对于基金组织发行的债券凭证或证券，包括红利和利息在内，不论为何人所持有，不得征取：

（i）仅因该项负债凭证或证券的来源不同而发生的歧视性捐税；或

（ii）仅以其发行及付款的地点和货币，或基金组织办事处或进行业务的地点为法律根据而征收的捐税。

第10款　本条的施行

各会员国应在境内采取必要的行动，使本条文的原则得在其本国法律内发生效力，并应将已采取的具体行动通知基金。

第十条　与其他国际组织的关系

基金组织应在本协定条文范围内，与一般的国际组织和在有关领域内负有专门责任的公共国际组织进行合作。凡此项合作的办法，如涉及变更本协定的任何条款时，须按照第二十八条规定修改本协定后方能生效。

第十一条　与非会员国的关系

第1款　与非会员国关系的约定

会员国约定：

（i）不与非会员国或其境内的人民从事违反本协定条文或基

金宗旨的交易。并不准第五条第 1 款所指定的任何财政机关，从事此种交易。

(ii) 不与非会员国或其境内的人民合作从事违反本协定条文或基金宗旨的事情。

(iii) 与基金合作在本国境内采取适当措施，防止与非会员国或其境内的人民间的违反本协定条文或基金宗旨的交易。

第 2 款 与非会员国交易的限制

本协定并不影响任何会员国对非会员国或其境内人民施行外汇限制的权力。但如基金认为该项限制妨碍会员国的利益和违反基金宗旨时，得另行考虑。

第十二条 组织与管理

第 1 款 基金组织的机构

基金组织应设理事会、执行董事会、总裁及工作人员。如理事会决定，经总投票权 85% 多数票同意，可设一委员会。适用附录 D 的规定。

第 2 款 理事会

(a) 本协定下的一切权力，凡未直接授予执行董事会或总裁的，均属于理事会。理事会由每个成员国按其自行决定的方法委派理事及副理事各一人组成。每一理事及副理事可任职到另有新的任命为止。副理事仅在理事缺席时始有投票权。理事会应推选理事一人为理事会主席。

(b) 除本协定直接赋予理事会的权力外，理事会得将其权力委托执行董事会行使。

(c) 理事会将按理事会的规定或经执行董事会召集举行会议。理事会经 15 个成员国或持有 1/4 总投票权的成员国的请求时，得召集开会。

(d) 理事会每次会议的法定人数应为过半理事，并持有不少于 2/3 的总投票权。

(e) 每位理事应按照本条第 5 款规定所分配于各成员国的票数投票。

(f) 理事会得制定规章建立另一种程序，使执行董事会得在认为其行动最适合基金利益时，对某项特殊问题可采取不召开理事会而获得各理事的投票。

(g) 理事会及执行董事会在被授权范围内，得采用进行基金业务所必需或适合的规则和章程。

(h) 基金对理事及副理事不付给报酬，但应支付其出席会议而发生的合理费用。

(i) 理事会应决定执行董事和副董事的报酬及总裁服务契约的酬金和条件。

(ii) 理事会和执行董事会在认为适当时可任命各种委员会，委员会的成员不必限于理事、执行董事或其副职。

第 3 款　执行董事会

(a) 执行董事会负责处理基金的业务。为此，应行使理事所授予的一切权力。

(b) 执行董事会应由执行董事组成，由总裁任主席。在执行董事中：

(i) 5 人应由持有最大份额的 5 个成员国指派；

(ii) 其余 15 人由其他成员国选举产生；

对执行董事的每次的定期选举，理事会可以经总投票权 85% 的多数增加或减少上述（ii）中的执行董事人数。在一些情况下，假如执行董事是按下述（c）项任命的，上述（ii）中执行董事的人数可以减少 1 或 2 人，除非理事会经总投票权 85% 多数票决定，这样的减少将会妨碍执行董事会所希望有的平衡。

(c) 当举行第二次及以后的定期的董事选举时，如有两个成员国〔不在上述（b）项（i）有权指派董事的成员国内者〕，其存于基金普通资金账户的本国货币在过去两年内用特别提款权表示的平均数，下降至其份额之下，而且降低的绝对数量大，则该两国中任一国指派一执行董事，或两国各派一执行董事。

（d）按附录 E 及基金认为适当的补充规章，执行董事的选举每隔两年举行一次。对于执行董事的每次定期选举，理事会可制定规章，修改附录 E 规定的选举董事所需要数的比例。

（e）每一执行董事应指派一副董事在其本人缺席时全权代行使职权。当执行董事出席时，副董事可参加会议，但不得投票。

（f）执行董事应继续任职至其继承人被派定或被选出为止。

如某选任的执行董事在其任期终结前出缺超过 90 天以上时，应由原选举该前任执行董事的成员国另选一执行董事以继任其未满的任期。当选的票数必须过半数。在执行董事出缺期间，由其副董事代行职权，但无权指派副董事。

（g）执行董事会应常驻基金组织总部办公，并应根据基金业务的需要经常举行会议。

（h）执行董事会每次会议的法定人数应为过半数执行董事，并代表不少于半数的总投票权。

（i）（i）每一被指派的执行董事应按本条第 5 款分配给指派该执行董事的成员国的票数投票。

（ii）假如按照上述（c）项分配给一个指派执行董事的成员国的票数，由于上次定期选举执行董事的结果而须与分配给其他成员国票数一起由一个执行董事投票，该成员国可和每个分配给它的票数应由该指派执行董事投的其他成员国协议。做出此项协议的成员国不得参加执行董事的选举。

（iii）每个被选任的执行董事应有权按其当选时所获得的票数投票。

（iv）当适用本条第 5 款（b）项规定时，执行董事有权投票数应按该规定作相应的增减。执行董事有权投的全部票数应作为一个单位投票。

(v) 如果根据第二十六条第2款（b）项某一成员国投票权的暂停已被解除，而且该成员国无权任命执行董事，则该成员国可以与选出某位执行董事的所有其他成员国商定分配给该成员国的投票数可以由该位执行董事代投，其条件是，在该成员国投票权被暂停期间没进行定期的执行董事选举，该成员国在其投票被暂停之间已参与了上述那位执行董事的选举，或其继任者的选举符合附录L第3段（c）项（i）或上述（f）项的规定，因而该位执行董事有权代该成员国执行投票权。该成员国应被认为已经参与了有权代其执行投票权的那位执行董事的选举。

(j) 理事会应做出规定，使依据上述（b）项之规定不能指派执行董事的成员国，在其提出请求，或审议事项对其有特殊影响时，须派遣一代表出席执行董事的会议。

第4款　总裁和工作人员

(a) 执行董事会应选总裁一人。理事或执行董事皆不得兼任总裁。总裁应为执行董事会的主席，但除在双方票数相等时须投一决定票外，无投票权。总裁须参加理事会会议，但无投票权。总裁职务的终止由执行董事会决定。

(b) 总裁为基金组织工作人员的首脑，在执行董事会的指示下处理基金日常业务，并在执行董事会总的监督下负责有关基金工作人员的组织、任命和辞退。

(c) 总裁和基金组织工作人员在执行其职务时，应完全对基金组织负责，而不对其他官方负责。各成员国应尊重此种职守的国际性，并应避免任何对基金组织工作人员执行职务施加影响的企图。

(d) 总裁任命工作人员时，最重要的是应注意具有最高水平的效率和技术能力，并应适当注意尽可能在最广泛地区录用人员的重要性。

第 5 款 投票

(a) 每一成员国应有 250 票,此外,按其份额每 10 万特别提款权可增加一票。

(b) 当依据第五条第 4 或第 5 款的规定须投票表决时,各成员国应有上述 (a) 项所述票数,并作如下的调整:

(i) 凡截至投票日,从基金组织普通资金中净出售的该国货币价值每 40 万特别提款权应增加一票;

(ii) 按照第五条第 3 款 (b) 项和 (f) 项,凡截至投票日,净购入的该国货币价值每 40 万特别提款权应减少一票。但无论净购入或净出售,在任何时候均以不超过该国份额为限。

(c) 除另有特别规定外,所有基金组织的决议,必须有投票的过半数决定。

第 6 款 准备、净收入的分配和投资

(a) 基金组织应每年决定其净收入哪些用于普通储备或特别储备,哪些(如果还有的话)用于分配。

(b) 除分配外,基金组织可使特别储备用于任何可用普通储备的用途。

(c) 如对任何一年的净收入进行分配,应依据成员国份额的比例分配给所有成员国。

(d) 基金组织经总投票权 70% 的多数票可以决定在任何时候分配普通储备的任何部分。任何分配应按成员国的份额的比例分给所有成员国。

(e) 上述 (c) 项和 (d) 项的付款应以特别提款权支付。除非基金或成员国决定对成员国使用本国货币支付。

(f) (i) 基金组织可以根据本项设立一个投资账户。投资账户的资产应与普通账户项下的其他账户分别存放。

(ii) 基金组织可将根据第五条第 12 款 (g) 项出售黄金收入的一部分转入投资账户,并且经总投票权 70% 的多数,可将普通资金账户持有的货币转入到投资账户以作立即投资之用。这些转入的数额不能超过做出决定时普通储备和特别储备的总额。

(iii) 基金组织可将在投资账户持有的成员国货币投资于该成员国可销售债务或国际金融机构的可销售债务。未经其货币被用于投资的成员国的同意，不能进行此项投资。基金组织仅对以特别提款权或用作投资的货币为单位的债务进行投资。

(iv) 投资的收入应根据本项进行投资。未作投资的收入应存于投资账户或用于基金进行业务活动的开支。

(v) 基金组织可使用投资账户内持有的一成员国的货币，去获得基金组织进行业务活动开支所需的货币。

(vi) 在基金组织进行清理时，投资账户应立即终止。经总投票权70％的多数通过，基金组织可在清理以前终止投资账户，或减少投资数额。基金组织可以经总投票权70％的多数，制定与管理投资账户有关的符合下述（vii）、（viii）和（ix）的规则和章程。

(vii) 由于基金组织清理而终止投资账户时，此账户的任何资产应根据附录K的规定进行分配。但在这些资产中，其相当于按第五条第12款（g）项转入到此账户的全部资产的比例的那部分资产，应视为存于特别支付账户的资产，并按照附录K第2段（a）项（ii）进行分配。

(viii) 在基金组织清理以前终止投资账户时，本账户所持有的资产的一部分，即相当于按第五条12款（g）项转入此账户的资产占转入此账户的全部资产的比例的部分，应转入特别支付账户，假如此账户尚未终止；投资账户所持有的资产余额应转入普通资金账户供业务活动直接使用。

(ix) 在基金组织减少投资数额时，减少额中相当于按第五条第12款（g）项转入投资账户的资产占转入本账户的全部资产的比例的部分，应转入特别支付账户，如该账户尚未终止；应减少的余额应转入普通资金账户，供业务活动直接使用。

第7款　报告的公布

（a）基金组织应出版一种载有已经审计过的决算报告的年报，并应每隔3个月（或更短时期）发表一种关于基金组织业务活动及基金组织持有的特别提款权、黄金和各成员国货币的简报。

（b）基金组织认为执行任务有需要时须发表其他报告。

第8款　向成员国传达意见

基金组织在任何时候有权将其对本协定任何有关事项的意见非正式地传达给各成员国。基金组织经总投票权70%多数通过，须决定发表一项致某一成员国的报告，说明该国货币或经济的情况及发展变化将直接造成各成员国国际收支的严重不平衡。如该成员国是无权委派执行董事的国家，则可按本条第3款（j）项的规定，派遣代表出席。基金组织不得发表任何有关成员国经济组织基本结构变化的报告。

第十三条　办事处和存款机构

第1款　办事处地点

基金组织总部应设在持有最大基金份额的成员国境内，在其他会员国境内得设立代理或分支机构

第2款　存款机构

（i）各会员国应指定其中央银行为存放基金中所持有本国货币的机构。如无中央银行，应指定一基金同意的机构。

（ii）基金组织得将其他资产，包括黄金在内，存于持有最大份额的5个会员国所指定的存款机构内，或基金组织所选择的其他指定存款机构内。最初设立时，基金组织所有资金至少应有一半存于总部所在地会员国所指定的存款机构内，并至少有40%存于上述其余的4个会员国所指定的存款机构内。但基金组织对

黄金的转移应注意到运输费用,并预计到基金组织的需要。遇有紧急情况时,执行董事会得将黄金的一部或全部转移至任何有充分保障的地点。

第 3 款 基金组织资金的保证

各会员国保证基金组织资产如因其所指定的存款机构倒闭或赖欠而发生损失时负赔偿责任。

第十四条 过渡办法

第 1 款 对基金组织的通知

成员国应通知是否将采用本条第 2 款的过渡办法,或者是否准备接受第八条第 2、3、4 款所规定的义务。采用过渡办法的成员国以后如准备接受上述义务时,应即通知基金组织。

第 2 款 外汇限制

成员国在通知基金组织准备按本规定采用过渡办法后不得不顾本协定的任何其他条文的规定,维持并根据情况的变化修改在其成为成员国时已在施行的各种限制国际经常性往来的付款和资金转移办法。成员国应继续在其外汇政策中注意基金组织的宗旨。一旦条件许可,应即采取各种可能的措施,与其他成员国发展各种商业上和金融上的办法,以便利国际支付,并促进一个稳定的汇率制度。特别是,一旦成员国自信取消此种外汇限制后已能解决本国国际收支问题,而不致过分依赖基金组织的普通资金时,应即取消本款规定下所维持的各种限制。

第 3 款 基金组织对限制办法的行动

基金组织应就依本款实施的限制提出年度报告。任何成员国如仍保留不符合第八条第 2、3、4 款的任何限制,应每年与基金组织进行磋商有关继续施行的问题。如基金组织认为在特殊情况下有必要时得向成员国提议,提出目前情况有利于将不符合本协定其他条款规定的某项限制予以取消,或将全部限制予以放弃,并给予该成员国以答复的适当期限。如基金发现该成员国坚持仍保留不符合基金组织宗旨的限制,该成员国应受第二十六条第2款(a)的制裁。

第十五条 特别提款权

第1款 分配特别提款权的权利

当发生需要时,基金组织有权将特别提款权分配给参与特别提款权账户的成员国,以补充其现有储备资产之不足。

第2款 价值单位

确定特别提款权价值的方法由基金以总投票权70%的多数票决定。但是,改变定值的原则或根本改变应用实施中的原则,应经总投票权85%的多数通过。

第十六条 普通账户与特别提款权账户

第1款 业务活动的分列

凡涉及特别提款权的业务活动应通过特别提款权账户办理。本协定授权基金组织办理的其他业务活动应通过普通账户办理。按照第十七条第2款规定办理的业务活动应同时通过普通账户与特别提款权账户办理。

第2款 资产与财产的分列

除在第二十条第2款、第二十四条、第二十五条以及附录H项、I项下所获得的资产和财产应列入特别提款权账户以外,基金组织的所有资产和财产应列入普通账户〔按第五条第2节(b)项所管理的资金除外〕。列入其中一个账户的资产和财产不得用以支付另一账户业务项下的负债、义务和损失。例外的情况是:办理特别提款权账户的行政费用,应由基金从普通账户中开支。此项费用应根据合理估计,按照第二十条第2款的规定,以特别提款权偿还,由各参与国随时摊还。

第 3 款 账户记载与汇报情况

参与国的特别提款权持有额的变化只有在基金组织记入特别提款权账户后才能生效。参与国在使用特别提款权时应通知基金,是引用协定中何条规定而使用的。基金组织还可以要求参与国提供其职权范围内所需的信息。

第十七条 参与国及特别提款权的其他持有者

第 1 款 参与国

基金组织的任何成员国在向基金组织递交保证书之日即可作为特别提款权账户之参与国。该参与国应在保证书中说明:它愿意遵守基金的规定,承担特别提款权账户参与国应承担的一切义务,并已在国内采取必要步骤,使其能承担这些义务。在本协定有关特别提款权账户的规定尚未生效和至少有占总份额75%的成员国按本款规定递交其本保证书之前,成员国不能成为参与国。

第 2 款 基金组织作为持有者之一

基金组织可以在普通资金账户上持有特别提款权,并按照本协定规定,在和成员国的业务交易中,或者和根据本条第3款的条款所规定的持有者的业务交易中,通过普通资金账户接受和使用特别提款权。

第 3 款 其他持有者

基金组织可以规定:

(i) 非成员国,未参与特别提款权账户的成员国,以及代理一个以上会员国执行中央银行职能的机构以及其他官方单位为特别提款权持有者;

(ii) 关于上述持有者在与参与国或其他指定的持有者业务往来时,准予持有以及可以接受和使用特别提款权的条件;

(iii) 参与国与基金组织通过普通资金账户可与指定持有者

以特别提款权进行业务往来的条件。

制定上述（i）需经85%的多数票通过。基金组织制定的条件，应符合本协定的规定及特别提款权账户的有效实施。

第十八条　分配与撤销特别提款权

第1款　分配与撤销的指导原则及考虑

（a）基金组织在做出关于分配与撤销特别提款权的一切决定时，在需要发生时，应力求弥补世界长期性的现有货币储备之不足，从而促使达到设立基金组织的宗旨，并避免世界性的经济停滞与萧条或需求过度与通货膨胀。

（b）在第一次做出分配特别提款权的决定时，应将集体判断作为一项特别因素来考虑。此项集体判断是：认为已发生了世界性的补充现有储备之需要；认为经过补充储备以后可以达成更好的国际收支平衡，以及可以促使将来调整过程更好地进行。

第2款　分配与撤销

（a）基金组织做出分配或撤销特别提款权决定时，应以"基本期"为单元，此基本期应是连续的，一期为5年。第一个基本期应自做出第一次分配特别提款权决定之日开始，或自该决定中所指定的略晚日期开始，分配或撤销每年进行一次。

（b）每年的分配率是指决定分配之日占份额的一定百分比。每年之撤销率是指决定撤销之日占累计分配净额的一定百分比。上述百分比对全体成员国都是相同的。

（c）虽然有（a）、（b）的规定，基金组织可以做出关于某一基本期的决定如下：

（i）该基本期不是5年，或

（ii）分配或撤销不是每年进行一次，或

（iii）不是按照决定分配或撤销之日的份额或累计分配净额作为分配或撤销的标准，而是按照另一日的份额或累计分配净额作为分配或撤销的标准。

(d) 某一基本期已开始后才参与的成员国,要等到下一个基本期开始后才能领取分配额。除非基金组织做出决定,准许该参与国可以从同一基本期之下一年度开始领取分配额。假如基金组织做出这一决定,即在某一基本期内参与国可在剩余的基本期内领取分配额,由于该参与国在上面(b)、(c)所提及的日期尚未参与,所以基金应另为该参与国规定一单独的分配标准。

(e) 参与国应接受根据分配决定而分配的特别提款权,以下情况除外:

(i) 代表参与国的理事在基金做出分配决定时投反对票;以及

(ii) 在根据分配决定,进行第一次分配以前,该参与国以书面形式通知基金组织,它不准备接受根据该分配决定而分配的特别提款权。根据该参与国的要求,基金组织可把上述书面通知视为失效,并允许该国接受该基本期的以后几次的分配。

(f) 在撤销分配生效日,假如某一参与国所持有的特别提款权数额低于它所应撤销的份额,应由该参与国在其货币储备总值许可范围内尽速弥补这一赤字,并予以撤销。

第3款 意外的重大情况发生

遇有意外的重大情况发生,基金组织认为必要时,可以在一个基本期内改变分配率或撤销率,改变分配或撤销的间隔期,或改变该基本期之长短,或另外开始一新基本期。

第4款 关于分配与撤销的决定

(a) 本条第2款之(a)、(b)、(c)或第3款所述之决定,应由理事会根据总裁的提议(经执行董事同意)做出。

(b) 总裁在提议前,应先确定这一提议是符合本条第1款(a)的规定,然后再经多方面磋商,以确定参与国对这一提议是广泛支持的。此外,总裁在提议第一次分配时,应确定本条第一款（b）所述的条件已成熟，以及参与国对于开始分配是广泛支持的。总裁确定这种情况后，一旦设立特别提款权账户，他就可以做出第一次分配的提议。

（c）(i) 总裁的提议应不迟于每一基本期结束前的六个月；

(ii) 当总裁确定上述（b）中规定的条件已经成熟，但基金组织仍未做出关于某一基本期分配或撤销的决定时，总裁就可以提议；

(iii) 根据本条第 3 款的规定，总裁认为有必要改变分配率或撤销率，改变分配或撤销的间隔期，改变基本期的长短，或另行开始一新基本期，总裁可以提议；或

(iv) 根据理事会或执行董事会提出要求的六个月内总裁可以提议；

例外的情况是：上述（i）、（iii）、（iv）的情况下，总裁认为虽然符合本条第 1 款的规定，但是缺乏依照上述（b）参与国的广泛支持时，他应向理事会和执行董事会提出报告。

（d）根据本条第 2 款（a）、（b）（c）或第 3 节所做出的决定需要总投票权的 82% 通过；根据第 3 款做出关于降低分配率的决定时例外。

第十九条 根据特别提款权进行的业务

第 1 款 特别提款权的使用

本协定中规定或批准的业务可以使用特别提款权。

第 2 款 参与国间的业务往来

（a）一个参与国可以使用特别提款权向根据本条第 5 款规定而指定的另一参与国换取等值的货币；

（b）一个参与国经征得另一参与国同意，可以使用特别提款权，获取另一参与国的等值的货币；

（c）基金组织经 70% 的多数票通过，可以规定一参与国经

授权和另一参与国按基金组织认为合适的条件所进行的业务，条件应符合特别提款权账户的有效实施以及本协定中关于正当使用特别提款权的规定。

（d）基金组织对于上述（b）或（c）进行业务活动的参与国，如认为该业务活动不利于本条第5款规定的指定程序或不符合第二十二条的规定，可以向其提出意见。如该参与国仍坚持实行此项业务活动，则按第二十二条第2款（b）处理。

第3款　确有需要的原则要求

（a）除了下面（c）中所规定的例外情况外，一个参与国根据本条第2款（a）的业务往来使用特别提款权时，其目的应是为了国际收支方面的需要，或由于其货币储备地位的需要或货币储备变化。不能使用特别提款权来有意识地改变货币储备的构成。

（b）参与国在使用特别提款权时，基金组织并不按照上述（a）的规定加以审查，但参与国如不按照规定使用时，基金组织可以提出意见。如该成员国仍坚持不改，将按第二十三条第2款（b）的规定处理。

（c）基金组织可以放弃上述（a）中规定的约束，参与国在业务往来中可使用特别提款权向另一根据本条第5款指定的参与国换取等值货币，从而使后一参与国可以根据本条第6款（a）的规定补充特别提款权头寸；防止或减少后一参与国的特别提款权赤字；弥补后一参与国由于未遵守上述（a）的规定，使用特别提款权不当而造成的后果。

第4款　提供货币的义务

（a）由基金根据本条第5款所指定的参与国，应向根据本条第2款（a）之规定而使用特别提款权的另一参与国提供自由使用货币。前一参与国提供货币义务的限度是：其所持有的特别提款权超过其累计分配净额等于其累计分配净额之两倍，或该参与国与基金所协议的更高限度。

(b) 参与国提供的货币可以超过义务限度或协议的更高的限度。

第5款 提供货币的义务

(a) 基金组织应通过指定某一参与国提供货币的方式来保证其他参与国可以使用特别提款权。使用特别提款权应按照规定的数额，符合本条第2款（a）及第4款所规定的精神。基金组织在指定参与国提供货币时，应遵照下列总的指导原则及基金组织随时规定的其他补充原则：

(i) 一个国际收支状况及货币储备总额地位都相当强的参与国即可成为指定条件。这并不排除一个货币储备地位强但国际收支出现轻度逆差的参与国被指定。基金组织在指定参与国提供货币时，力求经过一段时间以后，各参与国所持有的特别提款权可以分配得更为均匀。

(ii) 为了促使该参与国按照本条第6款（a）的规定补充头寸或为了使其减少特别提款权之赤字，或为了使其补充因未遵守本条第3款（a）的规定而造成的后果，该参与国得被指定提供货币。

(iii) 在指定参与国提供时，基金组织一般应尽先指定上述(ii)中所指的需要特别提款权的参与国。

(b) 为了按照上述（a）(i)的规定，促使经过一段时间以后，各参与国所持有的特别提款权可以分配得更为均匀，基金组织应采用附录F中所规定的"指定规则"，或下列（c）中所述的规则。

(c) 基金组织可在任何时候检查上述"指导规则"并在必要时采用新规则。在采用新规则以前，仍沿用检查时的现行规则。

第6款 补充头寸

(a) 已使用特别提款权之参与国应按照附录G以及下面(b) 所规定的"补充头寸规则"，来补充其持有的特别提款权。

(b) 基金组织可在任何时候检查"补充头寸规则"，并在必要时采用新规则。除非采用新规则或决定废除"补充头寸规则"，应仍沿用检查时的现行规则。做出采用新规则、修改或废除现行规则时应有总投票权70%的多数票通过。

第7款　汇率

(a) 除下述 (b) 所规定外,按本条第2款 (a) 和 (b) 参与国之间进行业务所采用汇率,应达到这样一个要求:即使用特别提款权的参与国不论兑换何种货币,也不论向哪一个参与国兑换,应能取得等价交换。基金将通过规定以执行这一原则。

(b) 基金组织应由总投票权85%的多数票通过,可以采取以下政策,即在例外情况下经总投票权70%的多数票通过,基金组织可以授权按本条第2款 (b) 而进行业务往来的参与国实行不同于上述 (a) 的汇率。

(c) 基金组织应与参与国协商关于确定其货币汇率的程序。

(d) 本款中提到的"参与国"包括"即将退出的参与国"。

第二十条　特别提款权账户利息与手续费

第1款　利息

凡持有特别提款权者,由基金组织对其持有的数额付给利息,利率对所持有者一律相同,不论基金收入的手续费是否足以支付利息。

第2款　手续费

各参与国应以其累计分配净额,加上使用后之赤字,再加上以前欠付之手续费三项之总和作为基数,向基金组织交付手续费,费用率对各参与国一律相同。

第3款　利率与费用率

基金组织应以总投票权70%的多数票来决定利率。费用率应相同于利率。

第4款　摊款

根据第十六条第2款的规定,决定摊还费用时,应由基金组织根据各参与国的累计分配净额，按同一比率，计算出每一参与国应摊还的款额。

第 5 款 利息、手续费与摊款的支付

利息、手续费及摊款均应以特别提款权支付。凡需要获取特别提款权以支付手续费或摊款之参与国义务，也有权利以基金组织可接受之货币向基金换取普通资金账户上的所存有的特别提款权。假如用这种方式不能获得足够的特别提款权，该参与国有义务、也有权利以自由使用货币向基金组织指定的另一参与国换取特别提款权。该参与国在支付费用之日以后获得的特别提款权应用以支付未偿付的费用，并予以撤销。

第二十一条 普通账户与特别提款权账户的管理

(a) 普通账户与特别提款权账户应按照第十二条的规定管理，并受以下各条的约束：

(i) 当理事会召开单纯涉及特别提款权事项的会议，或做出关于这一事项的决定时，在决定是否召开会议，到会人数是否已达到法定人数，票数是否达到规定多数时只考虑或只计算：代表参与国的理事所提出的要求，它们出席的人数以及所投的票数。

(ii) 当执行董事会做出单纯涉及特别提款权事项的决定时，只有参与国所指派的执行董事或经至少一个参与国所选出的执行董事才有投票权。参与国指派的执行董事所投的一票按照分配给该参与国的票数计算；选任的执行董事所投的一票按照分配给选举该董事的参与国的票数计算。在决定出席人数是否达到法定人数以及票数是否达到规定的多数票时，只计算上述两类的执行董事。为执行本规定，一参与国按照第十二条第 3 款 (i) (ii) 所作的协议，应授权一指派的执行董事按分配给该国的票数投票。

(iii) 关于基金组织一般行政方面的问题（包括第十六条第 2 款中涉及的摊付费用）以及任何有关是否涉及两个账户事项还是

纯属特别提款权账户事项的问题，一律视作纯属普通账户的问题做出决定。关于特别提款权的定值方法，普通账户中的普通资金账户上接受，持有以及使用特别提款权的决定，以及关于同时通过普通账户的普通资金账户与特别提款权账户办理的业务项目的决定，应分别按照纯属前一账户或后一账户所需要的多数票通过。在做出关于特别提款权账户事项的决定时应特别注明。

(b) 除本协定第9款所给予的特权或豁免权以外，对于持有的特别提款权以及办理使用特别提款权的业务予以免税。

(c) 本协定中关于纯属特别提款权账户事项的规定，如根据第二十九条（a）发生解释问题时，只能由参与国向执行董事会提出。关于此项解释经执行董事会做出决定后，只能由参与国根据第二十九条（b）的规定，要求向理事会申诉。理事会将决定，不是参与国的成员国所指派的理事是否有权在"解释委员会"内对于纯属特别提款权账户的问题进行投票。

(d) 当基金组织与退出特别提款权账户的参与国，以及在特别提款权账户清理期间与参与国发生关于纯属特别提款权账户的纠纷时，此项纠纷应按照第二十九条（c）所规定的程序进行仲裁。

第二十二条 参与国的一般义务

除协定其他各款所规定的参与国应承担关于特别提款权的各项义务以外，各参与国应保证与基金以及其他参与国的合作，以促使特别提款权账户之有效实施，以及按照本协定正当使用特别提款权，并使其成为国际货币制度中的主要储备资产。

第二十三条 停止特别提款权业务交易

第1款 紧急措施

在紧急情况下以及发生了危及基金组织管理特别提款权账户的意外情况时，执行董事会经总投票权85%的票数，可暂时停止执行本协定中所有关于特别提款权的规定，停止期不能超过一年。在这一时期内，将适用第二十七条第1款（b）（c）和（d）的规定。

第2款　未能遵守义务

（a）如参与国未能按照第十九条第4款的规则履行义务，除基金另有决定外，可以停止该参与国使用特别提款权的权利。

（b）如参与国未能履行除了上述以外的其他有关特别提款权的义务时，基金可以不准许该国使用在撤销其权利以后所获得的特别提款权。

（c）基金应做出规定以保证：在按照上述（a）或（b）对某参与国采取行动以前，应先立即给予警告，并给予该国口头或书面申诉的充分机会。在给予该国有关上述（a）所述的警告时，该国应立即停止使用特别提款权，听候关于该警告之处理。

（d）按上述（a）、（b）停止使用权，或按上述（c）限制使用权，并不影响第十九条第4款关于参与国提供货币义务的规定。

（e）按上述（a）或（b）之规定，停止参与国的使用权以后，基金组织可以随时恢复其使用权。但因未能履行第十九条第6款（a）规定之义务按上述（b）的规定而停止使用权者，须在自该参与国按照规定补足了头寸的那个季度的末期算起180天后才能恢复。

（f）按照第五条第5款、第六条第1款及第二十六条第2款（a）规定，宣布某成员国无资格使用基金普通资金后，并不影响该国使用特别提款权的权利。第二十六条第2款的规定不适用于参与国未能履行关于特别提款权方面义务的情况。

第二十四条　退出特别提款权账户

第1款　退出的权利

（a）参与国只要将书面通知送交基金组织总部，可以随时退出特别提款权账户。通知收到之日，退出即生效。

(b) 凡退出基金组织的参与国,视同同时退出特别提款权账户。

第 2 款 退出时的账款结算

(a) 当参与国退出特别提款权账户时,应即停止特别提款权中的一切业务,除非基金组织为了便利该国结算账款,根据下列(c) 的规定,予以特准,或根据本条第 3、5、6 款或附录 H 的规定办理时也可例外。截至退出之日应付的利息与手续费用,以及在该日以前计算出该国应摊付的费用而尚未付清者,应即以特别提款权照付。

(b) 基金组织应兑付退出之参与国所持有的特别提款权。退出之参与国偿还基金组织的应是:相当于它的累计分配净额加上因参与特别提款权账户而应付的其他款额。这些债务应相互抵消,该退出参与国所持有的应以抵付债务的这部分特别提款权即视为已撤销。

(c) 按照上述 (b) 的规定,债务进行抵消以后,退出国或基金组织所应支付的余额应由双方迅速达成协议进行结算。如协议不能迅速达成,应按附录 H 的规定办理。

第 3 款 利息与手续费

在参与国退出之日后,基金组织应按第二十条规定的时间和利率对该国所持有的特别提款权余额支付利息;该国应按同样的费用率对积欠基金组织的特别提款权支付手续费。双方均应以特别提款权支付。退出的参与国有权以自由使用货币向基金组织指定的另一参与国或通过协议从其他持有者换取特别提款权,以支付积欠基金组织之手续费及摊款。该退出国也可以按第十九条第 5 款的规定,以特别提款权的利息收入向基金组织指定的另一参与国,或通过协议向其他持有者换取货币。

第 4 款 结算对基金的债务

基金组织从退出国收入的货币,应按收入时各参与国所持有的特别提款权超出其累计分配净额的数额，按比例地分配给各参与国，以兑取其特别提款权，这样兑换的特别提款权即行撤销。退出国按照本协定规定获得的特别提款权，用以支付按照结算协议应支付的分期付款，或按照附录 H 的规定，用以抵付该项分期付款，在支付或抵付后，此特别提款权即行撤销。

第 5 款 结算基金对退出国的债务

当基金组织应兑取退出国所持有的特别提款权时，基金组织应使用其指定的其他参与国所提供的货币进行兑换。如何指定这些参与国，按第十九条第 5 款的规定办理。每一被指定的参与国按其选择，可以提供给基金组织以退出国的货币，或一种自由使用货币，并选取等值的特别提款权。如经基金组织许可，退出国可以使用其所持有的特别提款权向任何其他持有者换取退出国自己的货币，或一种自由使用的货币，或其他资产。

第 6 款 通过普通资金账户的业务

为了便利与退出国的结算，基金可以决定：

（i）该退出国以其持有的特别提款权按照本条第 2 款（b）的规定进行抵消以后，如仍有余额应由基金组织兑换者，可以准许该国通过普通资金账户兑取其本国货币或一种自由使用货币（由基金组织选择）；或

（ii）该退出国可以通过普通资金账户以基金所接受的某国货币换取特别提款权，以便支付按照本协定或附录 H 的规定应支付的手续费或分期付款。

第二十五条　特别提款权的清理

（a）特别提款权账户除非理事会决定，不得清理。当发生紧急情况时，执行董事会认为有必要清理特别提款权账户，他们可以在理事会做出决定以前，暂时停止分配或撤销特别提款权以及使用特别提款权的一切业务。当理事会做出清理基金的决定时，

此项决定应是同时清理普通账户与特别提款权账户。

(b) 当理事会决定清理特别提款权账户时，所有分配或撤销特别提款权，一切以特别提款权进行的业务以及基金组织有关特别提款权账户的一切活动将完全停止（只有属于有秩序地清理参与国以及基金组织的特别提款权债务的活动除外）；本协定所规定的基金以及参与国应承担的有关特别提款权的一切义务也同时停止（只有如下情况除外，即本条、第二十条、第二十一条（d）、第二十四条、第二十九条（c）、附录 H 中的规定；以及根据第二十四条所达成的协议，并受附录 H 第 4 段及附录 H 的约束）。

(c) 特别提款权账户清理时，截至清理之日应付的利息和手续费，以及在清理日之前计算出各参与国应负担但尚未付的摊款应一律以特别提款权支付。基金组织有义务兑付各参与国所持有的特别提款权，各参与国应偿还基金组织相等于它们各自的累计分配净额加上由于参与特别提款权账户而应支付的其他款项。

(d) 特别提款权账户的清理按照附录 I 的规定办理。

第二十六条 成员国的退出

第 1 款 成员国退出的权利

任何成员国可以随时以书面通知基金组织总部退出基金组织，在基金组织接到该项通知之日起即可生效。

第 2 款 强制退出

(a) 如一切成员国不履行本协定任何义务，基金组织应宣告该国丧失使用基金组织普通资金的资格。本款规定不应该视作限制第五条第 5 款或第六条第 1 款各项规定的施行。

(b) 如经过一段合理期限后，该成员国仍不履行本协定任何义务，经理事会 85% 总投票权的表决，应要求该成员国退出基金组织。

（c）基金组织应拟订章程，使在上述（a）或（b）对一成员国采取行动前，将对成员国的警告于一段合理时间内通知到该成员国，并给予充分的机会以便其得以口头和书面进行申述。

第3款 退出成员国的账目结算

当成员国退出基金组织时，基金组织以该国货币所作的正常交易应立即终止。该国与基金组织间的一切账目，应根据双方商议的合理期间迅速结清。如双方不能取得一致意见，即按附录J的规定进行结算。

第二十七条 紧急措施

第1款 暂时停止业务

（a）遇有紧急情况或意外情况的发展危及基金组织的活动时，执行董事会经85%的总投票权的表决应暂行停止下列条款的施行，但其期间不超过一年。

(i) 第五条，第2、3、7、8款（a）、(i) 和 (e)；

(ii) 第六条，第2款；

(iii) 第十一条，第1款；

(iv) 附录C，第五段。

（b）按上述（a）暂停某项业务的时间不应超过一年。但如发现上述（a）的紧急情况和以外情况仍继续存在时，经理事会85%的总投票权表决，应予以延长，延长期不超过一年。

（c）执行董事会经总投票权过半数表决，应随时终止施行暂停业务。

（d）基金组织在暂停业务期间，可就某项条款有关事项制定规则。

第2款 基金组织的清理

（a）本基金组织非经理事会决定，不得清理。在紧急情况下,如执行董事会认为有清理基金之必要,应在理事会做出决定前,暂时停止各项业务。

(b) 如理事会决定清理基金,基金组织除进行正常的收款、清理资产和清算债务外,应立即停止一切活动。各成员国在本协定下的一切义务,除本条、第二十九条(c)、附录J之第7段及附录K所规定的外,也应立即终止。

(c) 基金的清理按附录K的规定办理。

第二十八条 本协定的修改

(a) 任何修改本协定的建议,不论其是否为成员国、理事或执行董事会所提出,均应先通知理事会主席,然后由其提交理事会。如修改建议经理事会通过,基金组织应用书信或电报方式征询各成员国是否愿意接受该修改案。如有3/5成员国并持有85%总投票权接受该修改案,基金组织应即将此一事实通知各成员国。

(b) 虽有上列(a)款的规定,但属于下列的修改事宜仍应经全体成员国的同意:

(i) 关于退出基金组织的权利(第二十六条第1款);

(ii) 关于未经成员国同意不得变更其份额的规定(第三条第2款(d));

(iii) 关于非经成员国提议不得变更其货币平价的规定(附录C第6段)

(c) 修改案应于正式通知各成员国之日起三个月后生效,但书信或电报中另规定有较短期限者不在此限。

第二十九条 本协定的解释

(a) 凡成员国与基金组织间或各成员国间对于本协定条款的解释发生任何异议时,应立即提交执行董事会裁决。如该异议对某一无权指派执行董事会的成员国有特殊影响时,该国应按照第十二条第3款（j）之规定派遣代表出席。

（b）如执行董事会已按照上述（a）之规定裁决，任何成员国仍可以在裁决后三个月内要求将该异议提交理事会作最后裁决。提交理事会的异议将由理事会的"解释条文委员会"考虑。委员会成员投票权为每人一票。理事会应做出关于委员会成员、程序和表决多数的规定。委员会的决定应被视为理事会的决定，除非理事会以总投票权的85%的多数通过另有规定。在理事会未做出决定前，基金组织如认为必要时可以先按执行董事会的裁决执行。

（c）当基金组织与退出的成员国间，或基金组织在清理期间与成员国间发生争议时，应提交由三人组成的法庭进行仲裁，其中一人由基金指派，另一人由成员国或退出的成员国指派，另有公证人一人，除双方另有协议外，应由国际法院院长或基金组织规章所规定的其他权力机关指派。公证人对双方争议的程序问题应有全权处理。

第三十条　名词说明

在解释本协定条款时，基金组织与成员国应以下列规定为准：

（a）基金组织在普通资金账户持有的成员国货币应包括第三条第4款所接受的任何证券。

（b）"备用安排"是指基金组织的一种决定，保证成员国可按此决定的条件在规定期限内从普通资金账户中购买到规定数额的货币。

（c）"储备部分购买"是指成员国以本国货币购买特别提款权或其他成员国的货币时，此项购买不致使基金组织在普通资金账户上持有的该国货币超过其份额。按此定义在下述政策下购买和持有额不包括在内：

（i）因出口波动补偿贷款而使用基金组织普通资金的政策；

（ii）有关为初级产品的国际缓冲库存筹集资金而使用基金组

织普通资金的政策;

(iii) 有关经 85% 的总投票权多数通过,基金组织决定应不包括其他使用基金普通资金的政策。

(d) "经常性往来支付",是指不用作资本转移目的的支付,包括(但不限于)以下各项:

(i) 所有有关对外贸易、其他经常性业务(包括劳务在内),以及正常短期银行信贷业务的支付;

(ii) 贷款利息及其他投资净收入的支付;

(iii) 数额不大的偿还贷款本金或摊提直接投资折旧的支付;

(iv) 数额不大的赡养汇款。

基金组织应与有关成员国协商后,确定何种特定往来属于经常性往来,或属于资本往来。

(e) "特别提款权累计分配净额"是指分配给一成员国的特别提款权总额减去按第十八条第 2 款 (a) 撤销的其特别提款权部分。

(f) "自由使用货币"是指被基金组织指定的一成员国的货币,该货币: (i) 事实上国际往来支付中被广泛使用的; (ii) 在主要外汇市场上被广泛地交易的。

(g) 1975 年 8 月 31 日已是成员国的成员国包括:按照在该日以前理事会所通过的决议但在该日以后才被接纳的成员国。

(h) "基金的交易"是指基金组织用货币资产兑换其他货币资产,"基金的业务"是指基金组织对货币资产的其他使用或收受。

(i) "特别提款权交易"是指用特别提款权兑换其他货币资产,"特别提款权业务"指特别提款权的其他使用。

第三十一条 最后条款

第 1 款 生效时间

本协定经持有基金总额的 65% 的成员国政府(如附录 A 所

载）签字，并按照本条第2款（a）的规定交存保证书后，应即刻生效。但其生效日期不得在1945年5月1日以前。

第2款 签字

（a）各签字于本协定的政府，应将表明业已按照本国法律接受本协定，并已采取履行本协定义务所必需的一切措施的保证书交存美国政府。

（b）各政府自按上述（a）之规定交存保证书之日起即为基金成员国，但在本协定依本条第1款规定开始生效之前，各政府均不得成为成员国。

（c）美国政府应将本协定签字情况和按上述（a）之规定交存保证书情况，通知附录A所列的各国政府及在第二条第2款下被批准加入基金组织的各国政府。

（d）各国政府应于签字于本协定时，将其认缴份额的万分之一用黄金或美元交与美国政府，作为基金之行政管理费。美国政府应将此款专户储存，一旦第一次理事会会议后，即移交理事会。如本协定到1945年12月31日尚未生效时，美国政府应将此款退还各交款政府。

（e）凡附录A所列各国政府，在1945年12月31日前，可以随时于华盛顿在本协定上签字。

（f）凡依照第二条第2款被批准加入基金组织的各国政府，可以在1945年12月31日以后在本协定上签字。

（g）凡签字于本协定的各国政府，不仅代表其本身，而且也代表其一切殖民地、海外领土、所有在该国保护、统治下的领土及托管地接受本协定。

（h）上述（d）对于签字政府自其签字之日起即发生效力。

在华盛顿签字的正本存档于美利坚合众国，副本寄给附录A名单所列的各国政府和按照第二条第2款批准成员国资格的各国政府。

附表1 国际货币基金组织主要成员国配额和投票权（截至2001年1月11日）

	配额		投票权	
	特别提款权（百万）	比例（%）	票数（张）	比例（%）
阿富汗	120.4	0.06	1454	0.07
阿尔巴尼亚	48.7	0.02	737	0.03
阿尔及利亚	1254.7	0.60	12797	0.60
安哥拉	286.3	0.14	3113	0.14
阿根廷	2117.1	1.01	21421	1.00
澳大利亚	3236.4	1.54	32614	1.52
奥地利	1872.3	0.89	18973	0.88
巴哈马	130.3	0.06	1553	0.07
巴林	135.0	0.06	1600	0.07
孟加拉国	533.3	0.25	5583	0.26
比利时	4605.2	2.19	46302	2.15
玻利维亚	171.5	0.08	1965	0.09
巴西	3036.1	1.44	30611	1.42
保加利亚	640.2	0.30	6652	0.31
柬埔寨	87.5	0.04	1125	0.05
喀麦隆	185.7	0.09	2107	0.10
加拿大	6369.2	3.02	63942	2.97
中非共和国	55.7	0.03	807	0.04
乍得	56.0	0.03	810	0.04
智利	856.1	0.41	8811	0.41
中国	4687.2	2.22	47122	2.19
哥伦比亚	774.0	0.37	7990	0.37
哥斯达黎加	164.1	0.08	1891	0.09
克罗地亚	365.1	0.17	3901	0.18
捷克	819.3	0.39	8443	0.39

续附表 1

	配 额		投票权	
	特别提款权（百万）	比例（%）	票数（张）	比例（%）
丹 麦	1642.8	0.78	16678	0.78
多米尼加共和国	218.9	0.10	2439	0.11
厄瓜多尔	302.3	0.14	3273	0.15
埃 及	943.7	0.45	9687	0.45
埃塞俄比亚	133.7	0.06	1587	0.07
斐 济	70.3	0.03	953	0.04
芬 兰	1263.8	0.60	12888	0.60
法 国	10738.5	5.10	107635	5.01
德 国	13008.2	6.17	130332	6.06
希 腊	823.0	0.39	8480	0.39
海 地	60.7	0.03	857	0.04
洪都拉斯	129.5	0.06	1545	0.07
匈牙利	1038.4	0.49	10634	0.49
冰 岛	117.6	0.06	1426	0.07
印 度	4158.2	1.97	41832	1.95
印度尼西亚	2079.3	0.99	21043	0.98
伊 朗	1497.2	0.71	15222	0.71
伊拉克	504.0	0.24	5290	0.25
爱尔兰	838.4	0.40	8634	0.40
以色列	928.2	0.44	9532	0.44
意大利	7055.5	3.35	70805	3.29
牙买加	273.5	0.13	2985	0.14
日 本	13312.8	6.32	133378	6.20
约 旦	170.5	0.08	1955	0.09
哈萨克斯坦	365.7	0.17	3907	0.18
肯尼亚	271.4	0.13	2964	0.14
韩 国	1633.6	0.78	16586	0.77

续附表1

	配额		投票权	
	特别提款权（百万）	比例（%）	票数（张）	比例（%）
老 挝	39.1	0.02	641	0.03
黎巴嫩	203.0	0.10	2280	0.11
卢森堡	279.1	0.13	3041	0.14
立陶宛	144.2	0.07	1692	0.08
马来西亚	1486.6	0.71	15116	0.70
马耳他	102.0	0.05	1270	0.06
毛里求斯	101.6	0.05	1266	0.06
墨西哥	2585.8	1.23	26108	1.21
蒙 古	51.1	0.02	761	0.04
摩洛哥	588.2	0.28	6132	0.29
莫桑比克	113.6	0.05	1386	0.06
纳米比亚	136.5	0.07	1615	0.08
尼泊尔	71.3	0.03	963	0.04
荷 兰	5162.4	2.45	51874	2.41
新西兰	894.6	0.43	9196	0.41
挪 威	1671.7	0.80	16967	0.79
阿 曼	194.0	0.09	2190	0.10
巴基斯坦	1033.7	0.49	10587	0.49
巴拿马	206.6	0.10	2316	0.11
秘 鲁	638.4	0.30	6634	0.31
菲律宾	879.9	0.42	9049	0.42
波 兰	1369.0	0.65	13940	0.65
葡萄牙	867.4	0.41	8924	0.42
罗马尼亚	1030.2	0.49	10552	0.49
俄罗斯	5945.4	2.82	59704	2.78
沙特阿拉伯	6985.5	3.32	70105	3.26
新加坡	862.5	0.41	8875	0.41

续附表 1

	配额		投票权	
	特别提款权（百万）	比例（%）	票数（张）	比例（%）
斯洛伐克	357.5	0.17	3825	0.18
斯洛文尼亚	231.7	0.11	2567	0.12
南非	1868.5	0.89	18935	0.88
西班牙	3048.9	1.45	30739	1.43
斯里兰卡	413.4	0.20	4384	0.20
瑞典	2395.5	1.14	24205	1.13
瑞士	3458.5	1.64	34835	1.62
塔吉克斯坦	87.0	0.04	1120	0.05
坦桑尼亚	198.9	0.09	2239	0.10
泰国	1081.9	0.51	11069	0.51
突尼斯	286.5	0.14	3115	0.14
土耳其	964.0	0.46	9890	0.46
乌干达	180.5	0.09	2055	0.10
乌克兰	1372.0	0.65	13970	0.65
阿联酋	611.7	0.29	6367	0.30
英国	10738.5	5.10	107635	5.01
美国	37149.3	17.63	371743	17.29
乌拉圭	306.5	0.15	3315	0.15
乌兹别克斯坦	275.6	0.13	3006	0.14
委内瑞拉	2659.1	1.26	26841	1.25
越南	329.1	0.16	3541	0.16
也门	243.5	0.12	2685	0.12
南斯拉夫	467.7	0.22	4927	0.23
赞比亚	489.1	0.23	5141	0.24
津巴布韦	353.4	0.17	3784	0.18
总计	210719.1	100.00	2149781	100.00

资料来源：国际货币基金组织。

附表2 储备资产官方持有额
（10亿特别提款权）

	1995	1996	1997	1998	1999	2000
所有国家						
总储备,不包括黄金						
与基金组织相关的资产						
在基金组织的储备头寸	36.7	38.0	47.1	60.6	54.8	47.4
特别提款权	19.8	18.5	20.5	20.4	18.5	18.5
小计,与基金组织相关的资产	56.4	56.5	67.6	81.6	73.2	65.9
外汇	932.0	1085.7	1193.7	1162.8	1295.2	1471.8
总储备,不包括黄金	988.4	1142.2	1261.2	1243.8	1368.8	1537.7
黄金*						
数量(百万金衡盎司)	907.1	904.9	887.1	966.5	964.5	950.8
按伦敦市场价格计算的价值	236.0	232.4	190.8	197.6	204.0	200.3
总储备,包括黄金	1224.4	1374.6	1452.0	1441.3	1572.3	1737.9
工业国家						
总储备,不包括黄金						
与基金组织相关的资产						
在基金组织的储备头寸	31.6	32.6	41.3	53.9	46.8	39.7
特别提款权	15.0	14.5	15.5	15.8	14.7	14.4
小计,与基金组织相关的资产	46.6	47.1	56.8	69.8	61.5	54.1
外汇	44.1	501.7	520.9	475.8	524.8	595.4
总储备,不包括黄金	487.7	548.8	577.7	545.6	586.3	649.5
黄金						
数量(百万金衡盎司)	755.0	748.2	732.5	808.7	810.4	796.5
按伦敦市场价格计算的价值	196.4	192.1	157.5	165.3	171.4	167.8
总储备,包括黄金	684.1	740.9	735.2	710.9	757.7	817.3

续附表 2

	1995	1996	1997	1998	1999	2000
发展中国家						
总储备,不包括黄金						
与基金组织相关的资产						
在基金组织的储备头寸	5.0	5.4	5.7	6.7	8.0	7.7
特别提款权	4.8	4.0	5.0	4.5	3.7	4.1
小计,与基金组织相关的资产	490.9	584.1	672.8	687.0	770.4	876.4
外汇	367.9	448.3	634.8	546.5	608.1	690.4
总储备,不看病黄金	375.2	455.1	542.8	554.8	616.8	699.1
黄金						
数量(百万金衡盎司)	125.0	139.4	127.9	131.0	128.1	128.1
按伦敦市场价格计算的价值	32.5	33.2	27.5	26.8	27.1	27.0
总储备,包括黄金	407.7	488.4	570.3	581.6	643.9	726.1
净债务发展中国家						
总储备,不包括黄金						
与基金组织相关的资产						
在基金组织的储备头寸	3.1	3.5	3.8	4.6	4.8	4.6
特别提款权	2.8	1.8	3.0	2.6	2.4	2.1
小计,与基金组织相关的资产	5.9	5.3	6.8	7.2	7.2	6.7
外汇	273.0	327.3	400.5	425.5	485.9	557.9
总储备,不包括黄金	278.8	332.5	407.2	432.6	493.1	564.5
黄金						
数量	76.6	80.3	82.7	85.9	83.8	83.5
按伦敦市场价格计算的价值	19.9	20.6	17.8	17.6	17.7	17.6
总储备,包括黄金	298.8	353.1	425.0	425.2	510.8	582.1

* 1金衡盎司等于31.103克。

资料来源:国际货币基金组织。

附表3 各种货币占可识别的官方外汇储备持有总额的比重

	1991	1992	1993	1994	1995	1996	1997	1998	1999	2000
所有国家										
美 元	51.3	55.3	56.7	56.6	57.0	60.3	62.4	65.9	68.4	68.2
日 元	8.5	7.6	7.7	7.9	6.8	6.0	5.2	5.4	5.5	5.3
英 镑	3.3	3.1	3.0	3.3	3.2	3.4	3.7	3.9	4.0	3.9
瑞士法郎	1.2	1.0	1.1	0.9	0.8	0.8	0.7	0.7	0.7	0.7
欧 元	—	—	—	—	—	—	—	—	12.5	12.7
德国马克	15.4	13.3	13.7	14.2	13.7	13.1	12.9	12.2	—	—
法国法郎	3.0	2.7	2.3	2.4	2.3	1.9	1.4	1.4	—	—
荷兰盾	1.1	0.7	0.7	0.5	0.4	0.3	0.4	0.4	—	—
欧洲货币单位	10.2	9.7	8.2	7.7	6.8	5.9	5.0	0.8	—	—
未说明的货币	6.2	6.6	6.6	6.5	8.9	8.3	8.4	9.3	8.9	9.2
工业国家										
美 元	43.6	48.8	50.2	50.8	51.8	56.1	57.9	66.7	73.5	73.3
日 元	9.7	7.6	7.8	8.2	6.6	5.6	5.8	6.6	6.5	6.5
英 镑	1.8	2.4	2.2	2.3	2.1	2.0	1.9	2.2	2.3	2..0
瑞士法郎	0.8	0.4	0.3	0.2	0.1	0.1	0.1	0.2	0.1	0.2
欧 元	—	—	—	—	—	—	—	—	10.7	10.2
德国马克	18.3	15.1	16.4	16.3	16.4	15.6	15.9	13.4	—	—
法国法郎	3.1	2.9	2.6	2.4	2.3	1.7	1.3	1.3	—	—
荷兰盾	1.1	0.4	0.4	0.3	0.2	0.2	0.2	0.2	—	—
欧洲货币单位	16.6	16.7	15.2	14.6	13.4	12.0	10.9	1.9	—	—
未说明的货币	4.9	5.7	4.8	5.0	7.0	6.7	6.4	7.4	6.9	7.6
发展中国家										
美 元	63.3	64.4	64.3	63.0	62.4	64.4	66.2	65.3	64.6	64.3
日 元	6.7	7.7	7.5	7.6	7.0	6.5	4.7	4.5	4.7	4.4
英 镑	5.5	4.1	4.0	4.4	4.4	4.8	5.1	5.2	5.3	5.2
瑞士法郎	1.8	1.9	2.0	1.7	1.5	1.4	1.1	1.1	1.1	1.1
欧 元	—	—	—	—	—	—	—	—	13.9	14.6
德国马克	10.8	10.8	10.5	11.9	11.0	10.6	10.3	11.3	—	—
法国法郎	2.7	2.3	2.0	2.3	2.0	2.3	1.8	1.5	—	—
荷兰盾	1.0	1.0	1.0	0.8	0.6	0.5	0.6	0.5	—	—
欧洲货币单位									—	—
未说明的货币	8.2	7.7	8.7	8.1	10.9	9.8	10.0	10.7	10.4	10.4

资料来源：国际货币基金组织。

附表 4 官方外汇持有的货币构成*
(百万特别提款权)

	1994	1995	1996	1997	1998	1999	2000
美 元							
持有额变化	32582	73526	121245	87790	18402	108773	114141
数量变化	57328	78550	103268	15135	48546	90532	68132
价格变化	-24746	-5024	17976	42655	-30144	18241	46009
年底价值	423300	496826	618071	705861	724263	833036	947176
日 元							
持有额变化	6007	19	2685	-3197	975	7144	7226
数量变化	3123	3089	8021	-56	-3494	-2107	10010
价格变化	2884	-3070	-5336	-3141	4469	9251	-4784
年底价值	59030	59048	61733	58536	59511	66655	73880
英 镑							
持有额变化	4004	3233	7371	6202	1118	6508	4493
数量变化	4139	3828	3272	4651	2757	6671	5880
价格变化	-135	-595	4099	1552	-1638	-164	-1387
年底价值	24643	27877	35248	41451	42569	49076	53569
瑞士法郎							
持有额变化	-932	210	881	-35	-54	271	1791
数量变化	-1372	-541	1811	75	-128	1243	1492
价格变化	439	751	-930	-109	74	-972	299
年底价值	6689	6899	7780	7745	7691	7962	9753
欧 元							
持有额变化	—	—	—	—	—	8268	23706
数量变化	—	—	—	—	—	26711	27126
价格变化	—	—	—	—	—	-18443	-3420
年底价值	—	—	—	—	—	152632	176338
德国马克							
持有额变化	11862	13296	14050	11896	-11467	—	—

续附表 4

	1994	1995	1996	1997	1998	1999	2000
数量变化	7081	6817	20159	22336	-15353	—	—
价格变化	4781	6478	-6109	-10440	3887	—	—
年底价值	106414	119709	133759	145655	134188	—	—
法国法郎							
持有额变化	1911	1975	-981	-3389	-488		
数量变化	1261	668	-225	-2038	-890		
价格变化	650	1306	-647	-1352	402		
年底价值	18079	20054	19073	15683	15195		
荷兰盾							
持有额变化	-512	-301	-330	1138	-569		
数量变化	-731	-547	-152	1443	-708		
价格变化	1994	2822	-849	-3755	1456		
年底价值	4070	3769	3439	4577	4009		
欧洲货币单位							
持有额变化	959	1665	985	-3240	-47848		
数量变化	-1035	-1157	1833	515	-59304		
价格变化	1994	2822	-849	3755	1456		
年底价值	57613	59278	60262	57022	9174		
以上总和							
持有额变化	55881	93622	145905	97164	-39929	130963	151356
数量变化	69795	90707	137878	72060	-18575	123050	114639
价格变化	-13914	2914	8027	25104	-21354	7913	36717
年底价值	699839	739460	939365	1036530	996600	1109361	1260717
官方持有总额							
持有额变化	61036	120520	153745	107959	-30842	132367	176621
年底价值	811464	931984	1085729	1193688	1162846	1295213	1471834

* 年末数。

资料来源：国际货币基金组织。

附表 5　1995～2000 年间各财政年度按贷款和政策分类的基金组织信贷余额

	1995	1996	1997	1998	1999	2000
备用安排[1]	15117	20700	18064	25526	25213	21410
中期安排	10155	9982	11155	12521	16574	16808
补充储备贷款	—	—	—	7100	12655	—
补偿与应急融资贷款	3021	1602	1336	685	2845	3032
体制转轨贷款	3848	3984	2984	3869	3364	2718
小计(普通资金账户)	32140	36268	34539	49701	60651	43968
结构调整贷款安排	1277	1208	954	730	565	456
减贫与增长贷款安排[2]	3318	4469	4904	5505	5870	5857
信托基金	102	95	90	90	89	89
总　计	36837	42040	40488	56026	67175	50370
占总数的百分比						
备用安排	41	49	45	46	38	43
中期安排	28	24	28	22	25	33
补充储备贷款	—	—	—	13	19	—
补偿与应急融资贷款	8	4	3	1	4	6
体制转轨贷款	8	4	3	1	4	6
小计(普通资金账户)	87	86	85	89	90	87
结构调整贷款安排	3	3	2	1	1	1
减贫与增长贷款安排	9	11	12	10	9	12
信托基金[3]						
总　计						

1. 包括信贷档和紧急购买的余额。
2. 包括来自沙特阿拉伯发展基金的联系贷款余额。
3. 少于总额的 0.5%。

资料来源：国际货币基金组织。

附表6 减贫与增长贷款、捐款估计数*

单位：百万特别提款权

	补贴(赠款或赠款类)[1]			贷款[2]	
	扩大以前	扩大	总计	扩大以前	扩大
阿根廷	—	35	35	—	—
澳大利亚	—	14	14	—	—
奥地利	42	20	63	—	—
孟加拉国	—	1	1	—	—
比利时	88	35	123	—	200
博茨瓦纳	—	2	2	—	—
加拿大	129	74	203	300	400
智利	—	4	4	—	—
中国	—	15	15	—	100
捷克共和国	—	13	13	—	—
丹麦	50	16	67	—	100
埃及	—	13	13	—	100
芬兰	42	—	42	—	—
法国	235	250	485	800	1100
德国	197	—	197	700	1050
希腊	25	14	39	—	—
冰岛	3	2	5	—	—
印度	—	13	13	—	—
印度尼西亚	—	6	6	—	—
伊朗	—	2	2	—	—
爱尔兰	—	8	8	—	—
意大利	116	48	164	370	460
日本	468	250	718	2200	2150
韩国	51	8	60	65	28
卢森堡	5	10	15	—	—
马来西亚	33	14	47	—	—
马耳他	1	1	2	—	—

续附表 6

	补贴(赠款或赠款类)[1]			贷款[2]	
	扩大以前	扩大	总计	扩大以前	扩大
摩洛哥	—	10	10	—	—
荷 兰	83	56	140	—	250
挪 威	30	15	45	90	60
巴基斯坦	—	4	4	—	—
葡萄牙	—	5	5	—	—
新加坡	20	14	34	—	—
西班牙	—	29	29	216	192
瑞 典	132	53	185	—	—
瑞 士	56	53	109	200	152
泰 国	12	5	17	—	—
突尼斯	—	2	2	—	—
土耳其	—	11	11	—	—
英 国	279	80	359	—	—
美 国	152	24	176	—	—
乌拉圭	—	2	2	—	—
小计(双边)	2233	1233	3466	4941	6341
欧佩克基金	—	—	—	—	40
特别拨款账户	—	606	606	—	—
小 计	2233	1839	4072	4941	6381
沙特阿拉伯	16	—	16	50	—
总 计	2250	1839	4088	4991	6381

* 截至 2001 年 4 月 31 日。

1. 报告的捐款数字相当于"所需的"承诺出资数,或隐含在按优惠提供的贷款或存款中。

2. 贷款按优惠利率提供,或按照特别提款权定值的一揽子货币的市场利率加权平均利率提供。

资料来源:国际货币基金组织。

主要参考文献

Lall, S., Streeten, P., *Foreign Investment, Transnational and Developing Countries*, London; Malmillell, 1977.

J.H.Dunning, *International Production and the Multinational Ecterprise*, Lodon, George Allen and Unwin, 1981.

Hal Hill and Prema-chandra Athukorala, *Foreign Investment in East Asia: A Survey*, from Asian-Pacific Economic Literature, 1998.

R.B.Dickie and T.A.Layman, *Foreign Investment and Government Policy in the Third World*, The Mamilla Press London, 1988.

K.L.Gupta and M.A.Islam, *Foreign Capital, Savings and Growth: An International Cross Section*, Holland Boston, 1983.

Kenneth A.Froot, *Foreign Direct Investment*, Chicago Univ. Press, 1993.

UNCTAD, *World Investment Report*, 1998.

UNCTAD, *World Investment Report*, 1999.

D, *World Investment Report*, 2000.

Graham Edward M., Foreign Direct Investment in World Economy, IMF working paper, 1995.

IMF: World Economic Outlook, October 2000.

〔美〕杰拉尔德·迈椰：《世界货币秩序问题》，中国金融出版社，王槐安等译，1989。

刘宇飞：《国际货币基金组织》，中国大百科全书出版社，1995。

刘　力：《经济全球化：中国的出路何在》，中国社会出版社，1999。

王元龙：《外商直接投资宏观调控论》，中国人民大学出版社，1998。

袁纲明：《跨国投资与中国》，中国财政经济出版社，1994。

张上塘等主编《中国吸收外商直接投资热点问题探讨》，中国对外经济贸易出版社，1997。

刘跃生：《国际直接投资与中国利用外资》，中国发展出版社，1999。

王洛林等：《中国工业利用外商投资研究报告》，社会科学出版社，1999。

裴长洪：《利用外资与产业竞争力》，社会科学文献出版社，1998。

王洛林等：《外商投资的经济社会效益评价——理论与方法》，鹭江出版社，1992。

袁木等：《震撼世界的亚洲金融危机》，当代中国出版社，1998。

孙健主编《金融危机与国家安全》，经济科学出版社，1999。

王雪冰主编《国际金融报告》，经济科学出版社，2000。

金立群：《新国际金融体制与中国》，经济科学出版社，2000。

王洛林、余永定主编《2000～2001年：世界经济形势分析与预测》，社会科学文献出版社，2001。

《列国志》已出书书目

2003 年度

沈永兴、张秋生、高国荣编著《澳大利亚》(AUSTRALIA)

王振华编著《英国》(BRITAIN)

徐世澄编著《古巴》(CUBA)

吴国庆编著《法国》(FRANCE)

张健雄编著《荷兰》(HOLLAND)

孙士海、葛维钧编著《印度》(INDIA)

黄振编著《阿拉伯联合酋长国》(UNITED ARAB EMIRATES)

杨鲁萍、林庆春编著《突尼斯》(TUNISIA)

马贵友主编《乌克兰》(UKRAINE)

李兴汉编著《波罗的海三国》(THE REPUBLIC OF ESTONIA、THE REPUBLIC OF LATVIA、THE REPUBLIC OF LITHUANIA)

卢国学编著《国际刑警组织》(INTERNATIONAL CRIMINAL POLICE ORGANIZATION)

2004 年度

张宏明编著《贝宁》(BENIN)

吕银春、周俊南编著《巴西》(BRAZIL)

王晓燕编著《智利》(CHILE)

徐宝华编著《哥伦比亚》(COLOMBIA)

张林初、于平安、王瑞华编著《科特迪瓦》(CÔTE D'IVOIRE)

赵常庆编著《哈萨克斯坦》(KAZAKHSTAN)

高晋元编著《肯尼亚》(KENYA)

顾志红编著《摩尔多瓦》(MOLDOVA)

王宏纬主编《尼泊尔》(NEPAL)

鲁虎编著《新加坡》(SINGAPORE)

王兰编著《斯里兰卡》(SRILANKA)

孙壮志、苏畅、吴宏伟编著《乌兹别克斯坦》(UZBEKISTAN)

相关链接

更多信息请查询：www.ssap.com.cn

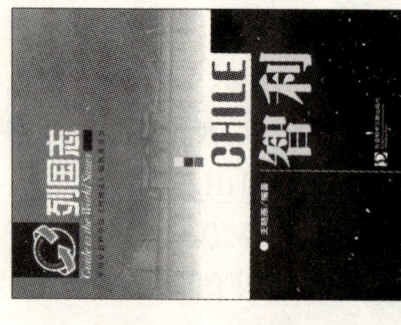

智利
王晓燕 编著
2004年6月出版
25.00元

巴西
吕银春 周俊南 编著
2004年7月出版
33.00元

新自由主义评析
何秉孟 主编
2004年6月出版
28.00元

图书在版编目（CIP）数据

国际货币基金组织/王德迅，张金杰编著．－北京：社会科学文献出版社，2004.10
（列国志）
ISBN 7－80190－385－4

Ⅰ．国… Ⅱ．①王… ②张… Ⅲ．国际货币基金组织－概况 Ⅳ．D813.7

中国版本图书馆 CIP 数据核字（2004）第 079350 号

国际货币基金组织（IMF） ·列国志·

编 著 者／	王德迅　张金杰
审 定 人／	谈世中
出 版 人／	谢寿光
出 版 者／	社会科学文献出版社
地　　址／	北京市东城区先晓胡同 10 号　（邮政编码：100005）
网　　址／	http://www.ssdph.com.cn
责任部门／	《列国志》工作室　（010）65232637
项目经理／	杨　群
责任编辑／	宋培军　周　岩
责任校对／	咏　湖
责任印制／	同　非
总 经 销／	社会科学文献出版社发行部
	（010）65139961　65139963
经　　销／	各地书店
读者服务／	客户服务中心　（010）65285539
法律顾问／	北京建元律师事务所
排　　版／	北京中文天地文化艺术有限公司
印　　刷／	北京京科印刷有限公司
开　　本／	880×1230 毫米　1/32 开
印　　张／	9
字　　数／	190 千字
版　　次／	2004 年 10 月第 1 版　2004 年 10 月第 1 次印刷
书　　号／	ISBN 7－80190－385－4/K·093
定　　价／	22.00 元

本书如有破损、缺页、装订错误，
请与本社客户服务中心联系更换

版权所有　翻印必究

《列国志》主要编辑出版发行人

出 版 人	谢寿光
总 编 辑	邹东涛
项目负责人	杨　群
发 行 人	王　菲
编辑主任	宋月华
主任助理	宋培军
编　　辑	(按姓名笔画为序)
	朱希淦　杨　群　宋月华
	陈文桂　李正乐　宋培军
	周志宽　范明礼　章绍武
封面设计	孙元明
内文设计	熠　菲
责任印制	同　非
编　　务	李　敏
编辑中心	电话：85111313-262、65232637
	网址：ssdphzh_cn@sohu.com